著作權法

案例式

林洲富 ｜著

五南圖書出版公司 印行

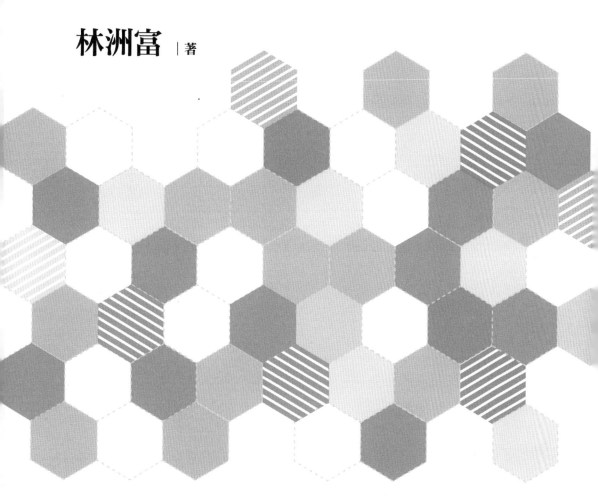

六版序

PREFACE

　　本著作緣於2008年10月初版付梓，原意係作為有志研讀著作權法者之入門書籍，近年陸續委請五南圖書公司出版智慧財產權法、專利法、商標法、智慧財產行政程序與救濟、營業秘密與競業禁止、公平交易法、智慧財產刑事案例式等專書。因智慧財產法院管轄有關智慧財產之民事、刑事及行政訴訟事件，筆者現為智慧財產法院法官，為使智慧財產案例式叢書可涵蓋智慧財產之民事、刑事及行政等程序法與實體法，得作為學習與實務入門之參考書籍，以建構智慧財產法案例式八冊。再者，本書為使考生知悉國家考試方向，茲將歷屆考題出處標示於內文，俾於掌握研讀重心。因本書自上次出版迄今已逾3年，期間適著作權法於2022年5月4日修正公布第91條、第91條之1、第100條、第117條條文、刪除第98條、第98條之1條文，同年6月15日修正公布第46條、第47條、第48條、增訂第46條之1；智慧財產案件審理法於2023年2月15日修正；智慧財產及商業法院組織法於2023年4月26日修正。除就內文依最新法規編修外，亦增列論述最新學說理論與實務見解，並增加本人指導有關著作權議題之法學碩士論文，如李文龍「新型態網路犯罪之探討」、彭佳俊「著作權侵害之刑事責任」、林詩凱「故宮數位典藏之 智慧財產保障與管理」、林爵士「文化創意產業法制之研究—以文化創意產業 發展法為中心」、黃吉良「著作權在教育之合理使用」、潘素霞「論著作權保 護之客體—以原創性之色情著作為中心」、廖婉君「攝影著作權之研究」，務必使本書增訂6版，減少繆誤與增進參考價值。承蒙法界先進之厚愛，對拙著多所指正錯誤與惠賜寶貴意見，倘有末周詳處，敬請各界賢達不吝指教。

林洲富

謹識於文化大學法律系

2023年8月1日

自序

PREFACE

　　智慧財產權法為近年熱門與新興之法律顯學，其所涉及之層面甚為廣泛與複雜，著作權雖為智慧財產權領域之一環，惟其以保護文藝性與文化性之精神活動成果為目的，相較於專利法、商標法通常涉及科技專業領域、商業經營活動，有所差異。因各種著作存在各種領域，是著作權與人民日常生活有密切之關聯，任何人除得成為著作之利用人外，亦得成為文學、科學、藝術或其他學術範圍之創作的著作人，受著作權之保護，故著作權與人民生活息息相關。著作權法為實用之法律，故研讀著作權必須培養處理具體案例之能力。因筆者從事智慧財產民事審判多年，認為著作權法為日常生活常接觸之法律，應將實務與理論相互結合，使其有效率地獲得整體之概念。故本於教學與實務之工作經驗，謹參考國內、外學說及實務見解，試以案例之方式，說明及分析法律之原則，將著作權法理論轉化成實用之學科，俾於有志研習者易於瞭解，期能增進學習之效果。從而，茲將拙著定名為「著作權法－案例式」，因筆者學識不足，所論自有疏誤之處，敬祈賢達法碩，不吝賜教，至為感幸。

林洲富

2008年8月19日

于臺灣臺中地方法院

目錄 CONTENTS

第一章

緒　論

關鍵詞

創作、伯恩公約、屬地主義、智慧財產局、創作保護主義

我國於1928年施行著作權法，其後經多次修正，最近一次之修正為2022年5月4日。本章之目標係使讀者瞭解我國著作權法之立法、著作權法之立法目的及著作權之國際保護。

第一節　我國著作權法之立法

我國著作權法自1998年以後之修正，大致係為因應加入WTO，並符合與貿易有關之智慧財產權協定（TRIPs）而作大幅度修正，最新一次修正於2022年5月4日，修正公布第91條、第91條之1、第100條、第117條條文，並刪除第98條、第98條之1條文。

例題1

著作權法之保護主義，分為註冊保護主義與創作保護主義。試問我國著作權法過往與現行規定，分別適用何立法主義？為何現行法採取創作保護主義？

壹、我國著作權法之沿革

一、修法歷程

前清宣統2年（1910年）頒布之著作權律，係我國首部之成文著作權法，其採註冊保護主義，著作物經註冊給照者，受著作權法保護（著作權律第4條）。民國建立後，著作權律仍然沿用。北洋政府嗣於1915年頒布一部著作權法。國民政府亦於1928年頒布著作權法，期間於1944年、1949年、1964年、1985年、1990年、1992年、1993年、1998年、2001年、2003年、2004年、2009年、2010年、2014年、2016年、2019年及2022年均有修正[1]。1985年修法前，作者必須申請註冊登記，始取得著作權，1985年修法後，改為著作人於著作完成時，享有著作權，係創作保護主義或稱自然發生主義。職是，註冊或登記均

---

[1] 蕭雄淋，著作權法論，五南圖書出版股份有限公司，2017年8月，8版修訂2刷，頁8。

僅具存證之性質，並非取得著作權之要件，倘當事人對於權利有爭執時，應由當事人自行提出證據證明之，並由司法機關依具體個案調查事實認定之，不應以著作權登記簿謄本之核發，作為認定著作權有無之唯一證據[2]。而經濟部智慧財產局自1998年1月23日起，已不再受理著作權登記業務，倘原登記或註冊事項，有變更者，亦無從辦理更新[3]。

二、著作權與人民生活

著作權雖為智慧財產權領域之一環，惟其以保護文藝性與文化性之精神活動成果為目的，自與專利保護實用性之技術，有所差異。因各種著作存在各種領域，是著作權與人民日常生活有密切之關聯，任何人除得成為著作之利用人外，亦得成為文學、科學、藝術或其他學術範圍之創作的著作人，受著作權之保護（著作權法第3條第1項第1款至第3款）。準此，著作權與人民生活息息相關。

貳、例題解析——取得著作權之主義

著作權之取得有註冊保護主義與創作保護主義，前者必須經註冊程序，其著作始可取得保護。後者，係作者完成作品時，自然享有著作權。我國著作權法，1985年修法前採註冊保護主義，1985年修法後，適用創作保護主義，以避免內、外國人之法律地位不平等，造成差別待遇，對我國著作權法制有重大之改變。

第二節　著作權法之立法目的

我國著作權法之立法意旨有三：保障著作人著作權益、調和社會公共利益及促進國家文化發展，此為解釋適用著作權法之基本方針。而著作權法為民法與刑法之特別法，著作權未規定者，適用民法與刑法之規定；著作權法有特別規定之事項，應依本法規定，排除其他法律之適用。

---

[2] 內政部1994年4月19日台(83)內著字第8307182號函。

[3] 經濟部智慧財產局2006年5月25日智著字第09500044420號函。

例題2

> 甲設計之罐頭塔承座，係罐頭上方之裝飾，用以一併致贈死者親屬，其圖樣多以奠字、萬字、蓮花及白鶴為元素。試問甲設計而附著於罐頭塔承座之圖樣，是否受著作權法之保護？

例題3

> 乙將其已取得著作權之A美術著作，使用於所生產之安全玩具商品作為標示，丙見乙產品市場反應良好，逐將A美術著作稍微改變而持之向智慧財產局申請商標註冊，並於取得商標註冊後，用於其生產之指定商品。試問丙是否有侵害乙之著作權？理由為何？

壹、立法目的

　　為保障著作人著作權益，調和社會公共利益，促進國家文化發展，特制定本法（著作權法第1條）。準此，著作權法之立法目的有三：保障著作人著作權益、調和社會公共利益及促進國家文化發展。

一、保障著作人著作權益

　　著作權法為使精神勞動創作之文學、科學、藝術或其他學術受到保護（著作法第3條第1款）。此為精神所有權理論所致，由國家賦予所有權之保護，以保障著作人之著作權益。著作人著作權益，包含著作人格權及著作財產權（著作權法第15條至第17條、第22條至第29條）。經由著作權法之明文保障，除能阻止他人侵害其著作權，以保護精神勞力成果，不被他人惡意剽竊，並得經著作財產權之授權，取得創作心血之經濟利益，此誘因可鼓勵著作人不斷從事創作[4]。再者，基於契約自由之原則，著作財產權人於法律之規範，得

4　潘素霞，論著作權保護之客體—以原創性之色情著作為中心，國立中正大學法律學系研究所碩士論文，2015年7月，頁95至96。

自由行使著作財產權，其有讓與或授權著作財產權之自由，當事人依據私法自治之原則，有權對讓與或授權契約之內容，加以決定、變更、補充、解除或終止[5]。

二、調和社會公共利益

任何思想之創作（creation），均間接或直接依據前人思想之啓發而爲。例如，古典文學作品常取材某些古代民間故事之情節，而加以重寫，並非憑空而起。準此，爲調節著作人之私益與社會之公益，除賦予著作財產權人享有著作財產權外，對其使用範圍，應有一定界限與限制，以符合公共利益。調和社會公共利益，係指限制著作人著作權之享有，有如後之限制：(一)時間之限制（著作權法第30條至第34條）；(二)標的之限制（著作權法第9條）；(三)事務之限制（著作權法第44條至第65條）；(四)著作人之限制（著作權法第4條）；(五)強制授權之限制（著作權法第69條）。

三、促進國家文化發展

著作權法保護著作人之權益，使著作人從事創造活動，以促進國家文化之發展與永續，足見著作權制度之最終目的，在於希望能促進國家文化發展與進步，是如何促進國家文化之發展，爲修正著作權法制時，應掌握之核心問題。至於著作之價值，應委由一般公眾與歷史評價，非交由法院或國家機關判定[6]。

貳、著作權之主管機關

因著作權標的之利用具有經濟利益，而與經濟事務相關，故著作權法之主管機關爲經濟部（著作權法第2條第1項）。著作權業務，由經濟部指定專責機關辦理（第2項）。經濟部智慧財產局自1999年1月26日起，爲著作權業務之專責機關[7]。掌理有關著作權之事項如後：(一)著作權政策、法規、制度之研究、擬訂及執行事項；(二)製版權登記、撤銷、使用報酬率之訂定、強制授權之許

---

[5] 黃立，契約自由的限制，月旦法學雜誌，125期，2005年10月，頁7。

[6] 蕭雄淋，著作權法論，五南圖書出版股份有限公司，2017年8月，8版修訂2刷，頁67。

[7] 1999年1月26日前由內政部著作權委員會負責實際之著作權業務。

可、著作權仲介團體之設立許可、輔導與監督、出口視聽著作及代工雷射唱片著作權文件之核驗事項；(三)智慧財產權觀念之宣導、侵害智慧財產權案件之調解、鑑定及協助取締事項；(四)智慧財產權與相關資料之蒐集、公報發行、公共閱覽、諮詢服務、資訊推廣、國際合作、資訊交流及聯繫事項；(五)其他與智慧財產權有關之事項（經濟部智慧財產局組織條例第2條第1款、第4款、第5款、第6款、第7款）。

參、例題解析

一、調和社會公共利益

　　著作權法之立法目的，在於保障著作人著作權益，調和社會公共利益，促進國家文化發展。是對於原創性低之著作加以保障，固可保障著作人之現實利益，惟同時使原已存在而為眾人共享之文化、民俗資產成為排他性權利，致剝奪全民使用機會，甚至可能侵害憲法第11條規定，保障人民表現自由之基本人權。準此，甲設計之罐頭塔承座係罐頭上方之裝飾，用以一併致贈死者親屬，其圖樣多以奠字、萬字、蓮花、白鶴為元素，甲附著於罐頭塔承座之圖樣，社會已行之多年，其為民間流傳習俗，該罐頭塔承座不具創作性[8]。是甲設計於罐頭塔承座之圖樣，不具原創性，不受著作權法之保護。

二、著作權與商標權之關聯

　　著作權與商標權係屬不同法律保護之範疇，縱取得商標權者，仍不得侵害他人之著作權。依據題意所示，乙既已取得著作權在先，丙以改作之方法，將乙之A美術著作小幅修改，雖取得商標權，惟其使用於指定之商品，且所使用之商標圖樣與乙之美術著作相類似，可認侵害乙之著作權[9]。

---

[8] 臺灣高雄地方法院93年度易字第504號刑事判決。

[9] 臺灣高等法院79年度上更(一)字第126號刑事判決、臺灣高等法院臺中分院79年度上更(一)字第1號刑事判決。

第三節　著作權之國際保護

著作權之保護固具有屬地性，然著作權有國際普及保護的必要，是締結國際著作權公約，由各國著作權法共同遵循，以統一法律之適用。我國於2002年1月1日成為世界貿易組織（World Trade Organization, WTO）會員，我國為WTO之會員國，著作權法亦具有國際性，我國為配合世界趨勢，期與國際規範相結合，自應符合貿易相關之智慧財產權協定（Agreement on Trade-Related Aspects of Intellectual Property Rights, TRIPs）內容，修改著作權法之規範。在行動通訊與網路技術之迅速發展與應用，導致著作之利用及保護衍生出著作權侵害之議題，較傳統侵害著作權之認定，更為複雜與多元化[10]。

例題4

依據TRIPs協定，WTO會員應遵從伯恩公約，我國為會員之一，亦應遵守之。試問：(一)伯恩公約之四大原則為何？(二)對我國著作權之規定，有何影響？

壹、國際公約

著作權重要之國際條約有1961年著作鄰接權公約（International Convention for the Protection of Performers, Producers of Phonograms and Broadcasting Organizations）、1971年伯恩公約（The Berne Convention for Protection of Protection of Literary and Artistic Works）、1971年世界著作權公約（Universal Copyright Convention）、1971年保護錄音製作人防止未經授權重製其錄音物公約（Convention for the Protection of Producer of Phonograms Against Unauthorized Duplication of Their Phonograms）、1974年關於播送由人造衛星散布載有節目訊號之公約（Convention Relating to the Distribution of Programmed-Carrying Signals Transmitted by Satellite）、1979年避免對著作權使用費雙重課稅之多邊

---

[10] 馮震宇，網路最新著作侵權案例講解分析，101年度智慧財產法院法官在職研修課程，司法院司法人員研習所，2012年8月8日，頁1至2。

公約（Multilateral Convention for the Avoidance of Double Taxation of Copyright Royalties）、1994年與貿易有關之智慧財產權協定（Agreement on Trade-Related Aspects of Intellectual Property Rights, TRIPs）、1996年世界智慧財產權組織著作權條例（The WIPO Copyright Treaty, WCT）、1996年世界智慧財產權組織表演及錄音物（The WIPO Performances and Phonograms Treaty, WPPT）[11]。該等國際公約之內容，大致均與我國著作權法之立法宗旨相契。

貳、例題解析——伯恩公約之四大原則

我國為WTO之會員，應遵守TRIPs協定，依據TRIPs協定第9條第1項規定，會員應遵從伯恩公約第1條至第21條及附錄之內容，而伯恩公約為歷史最悠久之著作權法國際公約，並影響我國著作法之規範[12]。職是，研讀我國著作權法，必須知悉伯恩公約之四大原則。

一、國民待遇原則

所謂國民待遇原則（the principle of national treatment），係指一個國家對他國國民之待遇，不得低於其給予本國國民的待遇而言[13]。故受本公約保護之著作，其著作人在源流國以外之本聯盟各會員國，應享有各會員現行法或未來法律所賦予其國民之權利，暨本公約特別賦予之權利（伯恩公約第5條第1項）。

二、最低限度保護原則

所謂最低限度保護原則（the principle of minimum standard of protection），係指伯恩公約各成員國得依據各成員國國內法規定，對享有國民待遇之外國國民提供著作權及其相鄰權之保護。其不論於保護之範圍、期限等條件，均不得低於公約所特別規定之最低要求（伯恩公約第2條、第2條之2第1項、第10條、

---

[11] 蕭雄淋，著作權法論，五南圖書出版股份有限公司，2017年8月，8版修訂2刷，頁33至34。

[12] 李茂瑋，TRIPs協定第13條於兩岸具體實踐之研究，國立中正大學財經法律學研究所碩士論文，2011年6月，頁13。

[13] 羅明通，著作權法論1，群彥圖書股份有限公司，2005年9月，6版，頁43。

第10條之2第1項、第2項）。

三、自動保護原則

伯恩公約會員國於各會員國內，享有及行使著作權及其相鄰權等權利，不需履行任何形式要求（伯恩公約第5條第2項前段）。職是，自動保護原則採用創作保護主義，排除適用註冊保護主義。

四、獨立保護原則

(一)屬地主義

著作人權利享有與行使，應獨立於著作源流國既存之保護規定。換言之，各會員國對於應保護之著作，依各會員國之法律保護之，不問該著作在其他國家係如何規範（伯恩公約第5條第2項後段）。除本公約另有規定外，其保護範圍及賦予著作人保護其權利之方法，應專依主張保護所在地國家法律定之（伯恩公約第5條第3項）。準此，著作權之保護應依主張保護所在地之法律保護之。申言之：1.著作人為何人？2.著作權範圍及歸屬如何？3.有無侵害著作權？均應依法庭地法定之，此為屬地主義之內涵。

(二)涉外民事法律適用法

以智慧財產為標的之權利，依該權利應受保護地之法律（涉外民事法律適用法第42條第1項）。因智慧財產權，無論在內國應以登記為成立要件者，或不以登記為成立要件者，均係因法律規定而發生之權利，其於各國領域內所受之保護，原則應以各國之法律為準，俾使智慧財產權之種類、內容、存續期間、取得、喪失及變更等，均依同一法律決定。故著作權人主張行為人在我國侵害其著作權，自應適用我國著作權法認定有成立侵害著作權之法律關係[14]。

---

[14] 智慧財產及商業法院102年度民著上字第23號民事判決。

著作權主體

關鍵詞

肖像權、舉證責任、職務著作、互惠原則、出資關係

　　原則上著作人格權及著作財產權屬著作人享有，故欲確定著作權之主體，必須先探討何人爲著作人。本章之目標在於使研讀者瞭解著作權之取得方式、著作人之確定、著作權歸屬及外國人著作之保護。

第一節　保護著作權主義

　　我國著作權對著作權之享有，係採創作保護主義。準此，著作人實際創作完成著作時發生著作權，毋庸爲著作權登記，或者送主管機關報備或審查。有關書籍版權頁記載「版權所有，翻印必究」文字，其中版權一詞係日文用語，「版」者爲「copy」，「權」者則指「right」，是版權與著作權之內容相同[1]。

例題1

　　甲完成民法概論之著作，其尚未對外發表或出版，甲將該著作置於桌面，詎乙趁甲外出時，竟將該著作原本取走。試問乙未經甲同意而擅自出版，甲是否得主張民法概論之著作權受侵害？

壹、著作權之取得方式

一、註冊保護主義

　　我國於1929年制定著作權法時，採取註冊保護原則，必須經登記程序，始能取得著作權，造成登記始有權利，未登記即無權利之情事，導致產生諸多缺失。職是，自1985年修正著作權法，改採創作保護原則。

---

[1]　智慧財產及商業法院97年度民著上易字第2號民事判決。

二、創作保護主義

(一)原則與例外

　　所謂創作保護主義者[2]，係指著作人（author）於著作完成時，得享有著作權而受著作權法之保護，毋庸履行登記或註冊之手續（著作權法第10條），亦稱創作自動保護主義。我國原則上採創作保護主義，例外情形，爲製版權採登記保護主義（著作權法第79條第4項）。再者，著作僅要表達之狀態存續，該著作即客觀存在，不因其載體之變更或某類載體之消失，即生所謂著作滅失問題[3]。

(二)著作權人之舉證責任

　　我國著作權法雖適用創作保護主義，著作人於著作完成時即享有著作權，然著作權人所享著作權，屬私權之範疇，其與一般私權之權利人相同，對其著作權利之存在，自應負舉證之責任。職是，著作權人爲證明著作權，應保留其著作之創作過程、發行及其他與權利有關事項之資料，作爲證明自身權利之方法。倘日後發生著作權爭執時，應提出相關資料由法院認定之。故著作人於法院提出創作過程所需之一切文件，其爲訴訟上之證據方法[4]。例如，美術著作創作過程中所繪製之各階段草圖。申言之，著作權人之舉證責任，在訴訟上至少必須證明下列事項[5]：

1.著作人身分

　　證明著作人身分，藉以證明該著作確係主張權利人所創作，此涉及著作人有無創作能力、是否有充裕或合理而足以完成該著作之時間及支援人力、是否能提出創作過程文件[6]。例如，甲爲心臟血管外科醫師，並開設A診所，專精於治療靜脈曲張，爲使一般大眾易於瞭解有關靜脈曲張之成因、類型、症狀、自我檢查、醫療檢查、治療方式、預防保健等相關醫學知識，其架設診所網

---

[2] 1985年7月10日修正前之著作權法第2條規定：著作物之註冊，由內政部掌管之，內政部對於依法令應受審查之著作物，在未經法定審查機關審查前，不予註冊。係採註冊保護主義，不符合伯恩公約之精神。

[3] 智慧財產及商業法院98年度民著上易字第2號民事判決。

[4] 智慧財產及商業法院106年度民著上字第7號民事判決。

[5] 最高法院92年度台上字第1664號刑事判決。

[6] 最高法院92年度台上字第1664號刑事判決。

站。職是，參諸甲之身分，可知其有創作靜脈曲張著作能力，亦有充裕與合理期間足以完成靜脈曲張著作[7]。

2.著作完成時間

證明著作完成時間，即以著作完成之起始點，決定法律適用準據，確定是否受著作權法保護。著作人得藉由著作之發表或出版，證明著作完成之佐證。例如，著作權法為便利著作人或著作財產權人之舉證，在著作之原件或其已發行之重製物上，或將著作公開發表時，以通常之方法表示著作人、著作財產權人之本名或眾所周知之別名，或著作之發行日期及地點者，推定為該著作之著作人或著作權人（著作權法第13條）[8]。職是，著作人應利用法律賦予之推定利益，以保護自身之著作權。

3.獨立創作

證明係獨立創作，非抄襲他人者，藉以確認著作人為創作時，未接觸參考他人先前之著作[9]。因獨立創作為免於侵權責任之事實，倘著作權人之已盡舉證責任，被訴侵權人欲免責，必須其著作為獨立創作，其屬反證事實，自應由被訴侵權人負舉證責任（民事訴訟法第277條本文）。

貳、例題解析——創作保護主義

我國就著作權之取得方式，係採創作保護主義，著作人於著作完成時，得享有著作權而受著作權法之保護，毋庸履行登記或註冊之手續。準此，甲所著「民法概論」，倘符合著作已完成、具有原創性、具有獨特性、人類精神之創作及必須具有一定之表現形式等要件，符合取得著作權之要件。甲自該著作完成時，毋庸經發表、註冊或出版，即可取得著作權。乙不得擅自出版甲之著作，是乙重製甲所著「民法概論」著作之行為，已侵害甲之著作財產權。

第二節　著作人

所謂著作權，係指著作完成所生之著作人格權及著作財產權。原則上，著

---

[7] 智慧財產及商業法院103年度民著上字第26號民事判決。

[8] 智慧財產及商業法院98年度民著訴字第42號民事判決。

[9] 最高法院92年度台上字第1664號刑事判決。

作人格權及著作財產權由著作人享有。準此，欲確定著作權主體，必須先認定何者為著作人。

例題2

丙受雇於A出版公司從事翻譯日文之文學著作，其於任職期間完成之翻譯著作。試問依據我國著作權法之規定，應由何人取得日文翻譯著作之著作權？

例題3

丁為新型專利之專利權人，其委託專利師戊撰寫專利說明書。試問：(一)何人為專利說明書之著作人？(二)何人得取得專利說明書之著作財產權或著作人格權？

例題4

臺中市政府要求其員工完成介紹市政府文獻之美術插圖。試問：(一)美術著作之著作權，應歸屬何人？(二)倘出資委請非員工完成市政府之美術插圖，美術著作之著作權，其歸屬為何？

例題5

己男與庚女至B婚紗公司拍攝結婚專輯照片，並至國立中正大學出外景。試問：(一)由何人取得該攝影著作之著作權？(二)肖像權與著作權有何關聯？

壹、著作人之定義

一、著作人之認定

　　確定著作人之方式有二：認定與推定。所謂著作人，係指創作著作之人（著作權法第3條第1項第2款）。著作行為係事實行為而非法律行為，故著作人不以具備行為能力為限。準此，直接創作之人，即可認定其為著作人。倘僅提供觀念、啟示、主題及其他賦予創作動機者，或著作人之助手，均非著作人[10]。例如，研究生僅幫助教授蒐集資料，其不得對教授之研究結果，主張分享著作權。而著作人不以自然人為限，法人於一定之條件，亦得為著作人，取得著作權（著作權法第11條、第12條）。申言之，著作人係指創作著作之人，包含自然人與法人。參照著作權法第1條後段規定，本法未規定者，適用其他法律之規定。而民法之規定，人係包括自然人與法人，是著作權法第3條第1項第2款所稱著作人，並無明文排除法人之規定[11]。

二、著作人之推定

　　所謂著作人之推定（presumption of authorship），係指在著作之原件或其已發行之重製物上，或將著作公開發表時，以通常之方法表示著作人之本名或眾所周知之別名者，推定為該著作之著作人（著作權法第13條第1項）。當事人就著作人之認定或推定，發生爭議時，欲主張不受認定或推定者，自應舉證以實其說。申言之：(一)所謂發行者，係指權利人散布能滿足公眾合理需要之重製物（著作權法第3條第1項第14款）；(二)所謂公開發表者，係指權利人以發行、播送、上映、口述、演出、展示或其他方法向公眾公開提示著作內容（著作權法第3條第1項第15款）；(三)是否達眾所周知，係以國內為標準，而非以國際為標準，委由法院認定之[12]。

---

[10] 蕭雄淋，著作權法論，五南圖書出版股份有限公司，2017年8月，8版修訂2刷，頁71至72。

[11] 內政部1988年10月11日台(77)內著字第637635號函。

[12] 蕭雄淋，著作權法論，五南圖書出版股份有限公司，2017年8月，8版修訂2刷，頁72。

貳、職務或委聘著作之著作人

一、因僱傭關係完成之職務著作（98、90年檢察事務官）

(一)受雇人之職務著作

所謂僱傭者，係指當事人約定，一方於一定或不定之期限內為他方服勞務，他方給付報酬之契約（民法第482條）。而受雇人於職務上（within the scope of employment）完成之著作，原則以受雇人為著作人。例外情形，係契約約定以雇用人為著作人者，從其約定（著作權法第11條第1項）。以受雇人為著作人者，著作人格權、著作財產權分歸受雇人與雇用人享有。但契約約定其著作財產權歸受雇人享有者，從其約定（第2項）。例如，甲雖為報社記者，然其所撰寫之文章，係其私下請假外出採訪後所作成，故該文章非屬職務上著作，依著作權法第11條第1項本文、第2項之反面解釋，甲得主張享有著作權[13]。

(二)公務員之職務著作

受雇人之範圍包括公務員（著作權法第11條第3項）。著作權法所稱之公務員採最廣義之公務員（civil servant），係指刑法與國家賠償法之公務員。例如，甲為市立醫院之家醫科醫師，擔任公務員，基於工作需要而設計健康檢查系統，應與其職務有關，其於職務上完成之著作，除其與醫院有另約定外，其著作財產權亦應歸屬於該醫院（著作權法第11條第2項、第3項）[14]。再者，因法人無法服勞務，且勞務必須親自為之，是受雇人以自然人為限。職務上完成之著作，必須以工作性質作實質判斷，其與工作時間及地點無必然關係。

二、因出資關係所完成之著作

(一)委任關係與承攬關係

出資聘請他人完成之著作，除第11條情形外，原則以受聘人為著作人。例外情形，係契約約定以出資人為著作人者，從其約定（著作權法第12條第1項）。出資關係主要適用委任與承攬關係，故出資人係指委任關係之委任人及

---

[13] 智慧財產及商業法院98年度民著訴字第36號民事判決。
[14] 智慧財產及商業法院97年度民著訴字第19號民事判決。

承攬關係之定作人，而受聘人係指委任關係之受任人及承攬關係之承攬人。倘以受聘人為著作人者，其著作財產權依契約規定歸受聘人或出資人享有。未約定著作財產權之歸屬者，其著作財產權歸受聘人享有（第2項）。

(二)出資得利用著作

著作財產權歸受聘人享有者，出資人得利用該著作（著作權法第12條第3項）。出資人得利用著作之範圍，應依出資人出資或契約之目的定之，在此範圍內所為之重製、改作自為法之所許。而出資人之利用權係本於法律之規定，並非基於當事人之約定，其與著作完成之報酬給付，並非立於互為對待給付之關係，自無同時履行抗辯之可言[15]。倘利用之範圍不明確時，解釋上應依出資之目的及其他情形綜合判斷，決定出資人得利用著作之範圍。原則上出版契約未約定版數，出版人僅得出一版（民法第518條第1項）。而出資人得利用著作，並非出版之版權關係，係出資關係，倘出資人與受聘人並無其他約定，出資人得永久利用著作，不受版數之拘束，亦無須另外付費。

(三)出資人利用之範圍

著作權法第12條第3項所指出資聘請他人完成之著作，出資人得利用該著作，係本於法律之規定，其利用之範圍，應依出資人出資或契約之目的，認定利用使用著作之範圍，在此範圍內所為之重製或改作，自為法之所許。至出資目的之範圍，應探求當事人間之真意；而契約之合意，不以文字為限[16]。行為人雖為著作之出資人，著作權法有保障出資人利用著作之權利，然其利用權並非毫無限制，仍需本於法律規定或契約之約定。準此，當事人得以契約約定出資人利用著作之期間、方式及範圍，應受契約之拘束[17]。

三、著作財產權歸屬契約

當事人互相表示意思一致者，無論其為明示或默示，契約即為成立（民法第153條第1項）。故出資聘請他人完成著作，其性質為諾成契約，法律上並非要式行為，因當事人意思表示一致而成立，除當事人間曾約定應用一定方式

---

[15] 最高法院100年度台上字第1895號民事判決。

[16] 最高法院107年度台上字第553號民事判決。

[17] 智慧財產及商業法院108年度刑智上易字第32號刑事判決；智慧財產及商業法院108年度民著上更(一)字第4號民事判決。

為之外，明示或默示均可成立，是著作財產權歸屬契約，不以作成書面為必要[18]。職是，不論僱用或出資聘請他人完成著作之情形，均得以契約約定著作人、著作權人及著作財產權之歸屬[19]。

四、派遣人員所完成之著作

派遣員工受其所屬之人力派遣公司，指派至需求人力之公司工作，因派遣員工與需求人力公司間無僱傭契約關係，僅派遣員工與人力派遣公司間有派遣員工之契約關係，故派遣員工非需求人力公司之受雇人，派遣員工在需求人力公司工作期間所完成之著作，亦非基於其與人力派遣公司間契約所為，故人力派遣公司與需求人力公司均無法成為著作人（著作權法第11條）。職是，得經由契約之法律關係，約定派遣員工之著作財產權轉讓予人力派遣公司所有，繼而由人力派遣公司與需求人力公司間約定，將著作財產權轉讓予需求人力公司[20]。

參、外國人著作之保護（91年檢察事務官）

一、首次發行之保護

(一)要　件

在中華民國管轄區域內首次發行，或於中華民國管轄區域外首次發行後30日內，在中華民國管轄區域內發行者。且以該外國人之本國，對中華民國人之著作，在相同之情形下，亦予保護，並經查證屬實者為限（著作權法第4條第1款）。首次發行（the principle of first publication）情形有三：1.該著作於世界各國均尚未發行，而第一次在中華民國管轄區域內發行；2.在中華民國區域外與區域內同步首次發行之著作；3.在中華民國管轄區域外首次發行後，30日內在中華民國管轄區域內發行之著作。

---

[18] 智慧財產及商業法院100年度民著上字第9號民事判決。
[19] 最高法院99年度台上字第481號民事判決。
[20] 蕭雄淋，著作權法職務著作之研究，經濟部智慧財產局，2010年8月15日，頁167。

(二)審酌因素

如何達到散布能滿足公眾合理需要之重製物的發行要件，應考量當時之市場規模、市場狀態、著作種類、該產品之生命週期、市場占有率、銷售狀態或其他足以影響市場運作之相關因素等，並於個案中依具體情況加以衡量而定（著作權法第3條第1項第12款）[21]。所謂發行者之範圍，必須係由權利人散布之情形，始屬相當。倘由國內進口商自行由第三人處，買入真品在國內販賣者，則與權利人本人在國內販賣散布之情形不同[22]。

二、互惠原則之保護

依條約、協定或其本國法令、慣例，中華民國人之著作得在該國享有著作權者（著作權法第4條第2款）。我國於2002年1月1日加入WTO，應受TRIPs之拘束，WTO會員應將本協定規定之待遇給予其他會員之國民，其保護之標準係採國民待遇與最惠國待遇原則（the principle of most-favored-nation treatment）（TRIPs第1條第3項、第3條第1項、第4條）。準此，目前加入WTO會員之國民著作，我國均採互惠原則（the principle of reciprocity）保護之。例如，日本影音光碟，依我國著作權法第4條第1款規定，享有著作權。我國對於同屬世界貿易組織會員國國民之著作，應加以保護，日本亦為世界貿易組織之會員國，故日劇影音光碟，依著作權法第4條第2款規定，應受我國著作權法之保護[23]。

三、立法院決議

條約或協定有約定，並經立法院議決通過者，外國人之著作亦得取得我國著作權之保護，此為著作權法之特別法（著作權法第4條但書）。例如，有關美國人之著作於美國國內首次發行1年內，由中華民國人或法人取得專屬發行之授權而發行之著作，須具備已可在任何一方領域內對公眾流通之要件，始受我國及美國著作權法之保護（北美事務協調委員會與美國在臺協會著作權保護

---

[21] 最高法院93年度台上字第946號、93年度台上字第6442號、94年度台上字第925號、94年度台上字第3039號刑事判決。
[22] 最高法院91年度台非字第330號刑事判決。
[23] 智慧財產及商業法院98年度刑智上易字第9號、第26號刑事判決。

協定第1條第4項）[24]。

肆、例題解析

一、因僱傭關係完成之職務著作

受雇人丙於職務上完成之日文翻譯著作，原則以丙為著作人。例外情形，係契約約定以雇用人A公司為著作人者，從其約定（著作權法第11條第1項）。原則以受雇人丙為著作人者，丙享有著作人格權，其著作財產權歸雇用人A公司享有。例外情形，係契約約定其著作財產權歸受雇人丙享有者，丙同時享有著作財產權與著作人格權（第2項）。

二、因出資關係所完成之著作

專利權人丁出資聘請戊撰寫專利說明書，原則上以受聘人戊為著作人。例外情形，係契約約定以出資人丁為著作人者，從其約定（著作權法第12條第1項）。以受聘人戊為著作人者，其著作財產權依契約規定歸受聘人戊或出資人丁享有。未約定著作財產權之歸屬者，其著作財產權歸受聘人戊享有（第2項）。著作財產權歸受聘人戊享有者，出資人丁得利用該著作（第3項）[25]。

三、著作權之歸屬

(一)職務著作或非職務著作

作者係臺中市政府之員工，且美術插圖是職務上完成之著作，因雙方未約定著作權歸屬時，以員工為著作人，臺中市政府為著作財產權人，故臺中市政府身為著作財產權人自得行使權利，無須再徵得原著作人的同意。反之，美術插圖是臺中市府員工非職務上完成之著作，應視雙方是否有出資聘人關係存在，其情形與非臺中市府員工完成著作時相同。

(二)出資關係或創作著作人

出資關係完成之著作，雙方未約定著作權歸屬時，以實際創作著作之受聘

---

[24] 最高法院93年度台上字第4349號、94年度台上字第2088號刑事判決。

[25] 智慧財產及商業法院107年度民著上易字第4號民事判決。

人為著作人及著作財產權人，臺中市政府雖可在出資的目的與範圍內利用該著作，然並不包括授權第三人利用。再者，倘非職務上完成之著作，亦非出資聘人完成之著作，應以實際創作著作之人享有著作財產權，臺中市政府並無利用之權限[26]。

四、著作權與肖像權

己男與庚女至B婚紗公司拍攝結婚照，己男與庚女出資聘請B婚紗公司完成結婚照之攝影著作，攝影師受雇於B婚紗公司，原則上該攝影著作人為B婚紗公司之攝影師，攝影師享有著作人格權（著作權法第12條第1項本文、第11條第1項本文）；而由B婚紗公司取得著作財產權（著作權法第11條第1項本文、第12條第1項本文）。至於照片中之己男與庚女並非著作人，僅擁有人格權之肖像權。而肖像權係個人對其肖像是否公開之自主權利，故未經他人同意，擅自使用他人照片之行為，自構成對肖像權之侵害，權利人得行使損害賠償或排除侵害請求權（民法第184條第1項前段、第195條第1項前段）[27]。

---

[26] 經濟部智慧財產局2005年10月21日電子郵件字第941021號。
[27] 林洲富，民法—案例式，五南圖書出版股份有限公司，2020年9月，8版1刷，頁31。

第三章

著作權客體

目　次

關鍵詞

創作、改作、表達、原創性、著作物

受保護之著作，可分為一般著作（著作權法第5條）與特殊著作（著作權法第6條至第8條）。故本章之目標，在於使研讀者瞭解我國著作權法所規範之著作保護客體類型為何。

第一節　著作權保護要件

所謂著作者，係指屬文學、科學、藝術或其他學術範圍之創作（著作權法第3條第1項第1款）。準此，著作權法上所謂之著作，應有表現出作者之獨特性及須有原創性之精神上創作，始得作為著作權法所保護之標的。反之，對不具獨特性及原創性之作品，非屬著作權法所謂之著作，不得援引著作權法加以保護[1]。

著作權法之保護要件	說　明
原創性，包括原始性與創作性	著作人自行創作，並未抄襲或複製他人之著作
保護著作之表達方式	著作權法第10條之1
須為著作之創作	著作權法第3條第1項第1款
非不得為著作權之標的	著作權法第9條

第一項　積極要件

著作符合取得著作權（copyright）要件有五：(一)著作已完成，始有保護之必要性。所謂完成，並不以全部完成為要件，雖屬部分完成，惟客觀上已有保護之價值，亦屬著作權法所稱之著作，可取得著作權[2]；(二)具有原創性；(三)人類精神之創作；(四)必須具有一定之表現形式[3]；(五)須非不受保護之著作。其中最重要之要件為原創性、客觀表達方式及創作要件。

---

[1] 最高法院94年度台上字第7127號刑事判決。
[2] 臺灣高等法院91年度上訴字第1610號刑事判決。
[3] 趙晉枚、蔡坤財、周慧芳、謝銘洋、張凱娜，智慧財產權入門，元照出版有限公司，2004年2月，3版1刷，頁156至157。

例題1

> 　　甲於野柳拍攝女王頭，乙見甲所攝影所得照片甚美，乙嗣於相同地點與角度，拍攝之女王頭風景照片，其畫面與甲相同或近似。試問乙之攝影行為，是否侵害甲之著作權？

例題2

> 　　丙為就讀國中之未成年人，其某日在美術課經老師指導而繪製一幅中國山水之作品，具有原創性。試問該國畫由丙或指導老師取得著作權？何人為著作人？

例題3

> 　　丁在中正書店購買哈利波特之小說一本，其認為值得閱讀與保存。試問丁得否不經該小說著作權人同意或授權，複製該本小說，贈送其親友或同學？

壹、具有原創性（95、94年檢察事務官；108、110年司津）

一、原始性與創作性

　　所謂原創性者（originality），係指著作必須為著作人所原始獨立完成（independent creation），未接觸（access）或抄襲他人之著作，以表達著作人內心之思想或感情，而具有最低程度之創意，始有賦予排他性權利之必要。原創性包括原始性與創作性。申言之：(一)所謂原始性，係指著作人原始獨立完成之創作，而非抄襲或剽竊而來[4]；(二)創作性之程度，不必達於前無古人之地

---

[4] 智慧財產及商業法院104年度民著上易字第3號民事判決；智慧財產及商業法院110年度民智上易字第40號刑事判決。

步，倘依社會通念，該著作與前已存在之作品，有可資區別之變化，足以表現著作人之個性即可[5]。舉例說明之：(一)「資料袋」三字，固屬著作權法第9條第3款之通用名詞，然該三字倘經以書法書寫，自足表示作者個人書法神韻之獨特風格，且其不同於他人之筆跡，可自然凸顯其原創性，而歸納為著作權法第5條第1項第4款之美術著作[6]；(二)作品並非著作人獨立創作之結果，係屬習見表達或抄襲重製而來，其非以個別獨具之創意表現於外，應無原創性可言。例如，藥品仿單之撰寫係依藥事法規定與經主管機關核定，有其一定格式與目的，是某藥品之說明書，對該藥品之使用方法、用途或特性等作單純之描述，因同種類藥品在使用、用途上之共通特徵，必須為同一或類似之描述，致其表達方法有限，故不具有原創性[7]。

二、平行創作

本於自己獨立之思維、智巧、技匠而具有原創性之創作，即享有著作權。倘非重製或改作他人之著作，縱有雷同或相似（sunbstantially similar）之平行創作，因屬自己獨立之創作，具有原創性，同受著作權法之保障[8]。至於是否具備專利法所稱之新穎性，並非所問[9]。申言之，原創性之著作要件，係我國實務與學理參考美國著作權法所使用之用語而來，其為主觀之新穎性，容許其他著作偶然與重複併存。至於專利法之新穎性，係客觀之新穎性，不容許其他發明與其併存[10]。

---

[5] 最高法院97年度台上字第1214號、99年度台上字第2314號、104年度台上字第1251號民事判決；智慧財產及商業法院98年度民著上字第7號、104年度民著上易字第3號民事判決。

[6] 最高法院87年度台上字第3449號刑事判決。

[7] 智慧財產及商業法院99年度民著訴字第13號民事判決。

[8] 最高法院81年度台上字第3063號民事判決；最高法院89年度台上字第2787號刑事判決。

[9] 最高法院83年度台上字第5206號刑事判決；最高法院97年度台上字第1214號民事判決。

[10] 蔡明誠，從比較法觀點論著作之原創性及創作性要件，智慧財產訴訟制度相關論文集，1輯，司法院，2010年11月，頁664至665。

貳、客觀表達方式

一、思想與表達區分

著作必須將人之思想與感情依一定形式表現於外部，是著作權係保護著作之客觀表達形式（expression），而非其所表達之思想（ideas）、程序（procedure）、製程（process）、系統（system）、操作方法（method of operation）、概念（concept）、原理（principle）、發現（discovery）或發明（invention），此為思想與表達區分原則之法制（著作權法第10條之1）。舉例言之：(一)利用同一「創意點子」，而以圖畫、小說、電影或攝影等不同方式呈現，每一種表達方式均受著作權法保護。然創意點子之本身，其性質為構想或概念，不受著作權之保護；(二)將某地點之景物予以繪圖或攝影而取得著作權者，不得禁止他人至相同之風景地點，以同樣之景物及角度繪圖或攝影；(三)參考書籍之人體瑜伽示範姿勢著作雕塑作品，不得禁止他人再以該姿勢創作雕塑作品；(四)程式設計師撰寫之程式，雖於著作完成時即享有著作權，然撰寫程式之作業流程，不受著作權法保護[11]；(五)商品說明書之記載，對商品之使用方法或用途、特性等作單純之描述，或因同種類商品在使用或其用途之共通特徵使然，而必須為同一或類似之描述，故其表達方法實屬有限，而不具有原創性，不受著作權法之保護[12]。職是，著作權法所保障者為觀念之表達方式，而非觀念之本身[13]。

二、附著於媒介或載體

著作之表達，通常附著於一定之媒介或載體，以供他人知覺著作之存在及其內容。無論著作附著於何種媒介，著作權人均享有同等之著作權保護，其標的物包含書籍、期刊、磁碟片、錄音帶、電子儲存媒介等實體物。而媒介除指實體儲存媒介外，亦包括溝通或娛樂系統、表達模式，此為「媒介中立原則」概念。隨著科技之發展，著作所附著之媒介隨著科技而有不同之面貌，媒介中立原則可廣泛解釋成「科技中立原則」。準此，著作權自應存在於各種現存及

---

[11] 經濟部智慧財產局2010年6月18日電子郵件字第990618a號函。
[12] 智慧財產及商業法院99年度民著訴字第13號民事判決。
[13] 內政部1987年7月7日台(76)內著字第5093839號函。

未來新興之媒介，甚至未來新式媒介之轉移或改變，均不影響其著作權[14]。

參、創　作

一、最低程度之創意

　　所謂著作（work），係指屬於文學、科學、藝術或其他學術範圍之創作（著作權法第3條第1項第1款）。著作必須具有創作性（creativity），足以表現出作者之個別性或獨特性而具有最低程度之創意（minimal requirement of creativity），即顯示著作人之個性者[15]。至於著作之品質與美感，則非創作性考量之要素，此為美國著作權法之美學不歧視原則（the principle of aesthetic non-discrimination）或德國著作權法之小銅幣理論之涵義[16]。

二、知識性與文化性

　　因著作屬知識性與文化性之概念，故機械性之實用技術物品，非屬該領域之範疇，自無法以著作權加以保護，因其非基於人類之精神作用，以表達思想與感情，並表現其個性。例如，電腦分析圖表之分析圖產生，有賴使用人輸入相關參數後，電腦軟體依據該參數自行運算，並製作出分析圖，是分析圖之產生或變化，係電腦軟體依據輸入之參數運算後之結果，此結果係依據數學運算而得，自非人之精神創作，自非著作權法所保護之標的。故各類必要費用之電腦分析圖表，係本於上開方式產生，其內容亦非人之精神創作[17]。再者，著作與著作物為不同之概念，前者為創作者智慧之表達，屬無形之智慧財產權，不一定有物之存在；後者係指著作原件與著作物，屬所有權之概念[18]。

---

[14] 智慧財產及商業法院98年度民著訴字第2號民事判決。

[15] 最高法院83年度台上字第5206號刑事判決。

[16] 所謂小銅幣理論，係指某些著作不需特別之創作高度，僅要求適度創意。有如一枚小硬幣之厚度，單純而剛好具著作保護能力之創作。

[17] 智慧財產及商業法院98年度民著上字第16號民事判決；最高法院99年度台上字第1024號民事裁定。

[18] 章忠信，著作權法逐條釋義，五南圖書出版股份有限公司，2017年8月，4版修訂3刷，頁11。

肆、例題解析

一、原創性之概念

　　凡具有原創性之人類精神上創作，且達足以表現作者之個性或獨特性之程度者，即享有著作權。非抄襲或複製他人之著作，縱二創作相同或極相似，因兩者均屬創作，均應受著作權法之保護。故重製他人之風景照片，雖為侵害著作權，然二人在相同地點、角度、拍攝之風景照片，兩者之畫面縱屬相同，仍屬具有原創性之創作，均享有著作權[19]。職是，乙於相同地點與角度，拍攝所得風景照片，雖其畫面與甲相同，然未侵害甲之著作權。因原創性為免於侵權責任之事實，其屬反證事實，倘甲對乙提起侵害著作權之民事訴訟時，自應由乙負舉證責任（民事訴訟法第277條）。

二、創作行為之性質

　　創作行為非法律行為，其係一種事實行為，著作人於著作完成時享有著作權（著作權法第10條本文）。職是，丙繪製之國畫，具備著作權之保護要件，縱使丙為未成年人，仍可取得該美術著作之著作權（著作權法第5條第1項第4款）。

三、著作與著作物之區別

　　丁在書店購買哈利波特之小說一本，其雖取得該著作物之所有權，然該小說之著作權屬於作者或著作權人。準此，丁未經同意或授權不得複製該本小說，否則將侵害著作財產權人之重製權（著作權法第22條第1項）。

第二項　消極要件

　　基於社會公益或創作性之考量，某些創作雖符合著作之積極要件，然無法以著作權加以保護。職是，著作權法第9條第1款至第5款有列舉不得為著作權之標的。

---

[19] 最高法院81年度台上字第3063號民事判決。

例題4

　　關於我國各公私立國中或高中之模擬考、複習考或隨堂測驗。試問：(一)是否得為著作權法保護之標的？(二)學校教師或補習班可否利用該等試題？

壹、憲法、法律、命令或公文

　　本款所定之文書，包括本國與外國所制作者（著作權法第9條第1項第1款）[20]。所謂公文者，係指處理公務之文書（公文程序條例第1條）。而公文之範圍，涵蓋公務員於職務上正式或草擬之令、呈、咨、函、公告、講稿、新聞稿及其他文書（公文程序條例第2條）。例如，法院判決書、行政機關之行政處分。個別之法條雖不受著作權法之保護，惟其整體內容符合編輯著作之保護要件，仍受著作權法之保護。再者，公務員基於職務完成「公文以外」著作，倘公務員在公法人企劃下完成職務上之著作，應適用著作權法第11條規定；因公務員係受公法人之聘用，並在公法人企劃下而完成之著作，除有應適用第11條之情形者外，亦有第12條規定之適用[21]；反之，未經公法人企劃之情形，公務員個人完成之著作，公務員為著作人，該著作與公法人無關。

貳、中央或地方機關就前款著作作成之翻譯物或編輯物

　　本款之機關，包含本國與外國機關（著作權法第9條第1項第2款）。例如，內政部所編印「內政法令解釋彙編」、行政院大陸委員會編印「大陸工作法規彙編」。是翻譯物或編輯物之主體為中央或地方機關，不得作為我國著作權之標的；反之，倘翻譯物或編輯物之主體為私人，為我國著作權之標的。例如，學者將德國民法翻譯成中文或我國智慧財產法翻譯成英文。

參、標語及通用之符號、名詞、公式、數表、表格、簿冊或時曆

　　因其缺乏著作必須具備之最低創造要件（a minimal requirement），不視為

---

[20] 經濟部智慧財產局1999年7月9日智字第88005412號函。
[21] 內政部1992年11月17日台(81)內著字第8118583號函。

著作（著作權法第9條第1項第3款）。例如，「醉不上道、平安回家」之標語（slogan）或支票簿；抑是黃曆或農民曆屬本法第9條第3款所定「時曆」，不得爲著作權之標的。準此，引用黃曆印製於一般記事手冊中，並無違反著作權法之規定[22]。

肆、單純爲傳達事實之新聞報導所作成之語文著作

單純傳達事實之新聞報導，係就日常生活發生之事實報導，除有快速散布之必要外，亦無思想或感情創作之表現，故不具備著作之要件（著作權法第9條第1項第4款）。例如，政府首長之異動、地震或火災之報導。依據本款之文義解釋，適用本款之要件有二：(一)單純爲傳播事實；(二)僅爲語文著作，不包含報導中所引用之圖片或照片。換言之，單純爲傳達事實之新聞報導所作成之語文著作，必須符合新聞學之「6W與1H」標準，即what、where、when、who、why、which及how[23]。再者，新聞報導有加入記者個人之見解，並非單純傳達事實，自應受著作權法之保護，未經著作人之同意，將該新聞張貼於個人網站，該利用行爲屬侵害重製權及公開傳輸權之範圍。

伍、依本國法令舉行之各類考試試題及其備用試題

本款之法令，係指本國法律或命令而言，不包含外國法令在內。例如，各大學之研究所、轉學考試題不得爲著作權之標的，自無從以著作權法加以保護[24]。至於托福、新多益考試或市面出售之模擬試題，均非依據本國法令之考試，自屬著作權保護之標的。

陸、例題解析——著作權標的之限制

依法令舉行之各類考試試題及其備用試題不得爲著作權之標的（著作權法第9條第1項第5款）。有關於各公私立高中舉行之模擬考、複習考、隨堂測驗，係依據高級中學學生成績考查辦法第4條規定辦理之考試。職是，該等

---

[22] 內政部1995年3月10日台(84)內著字第8404521號函。
[23] 章忠信，著作權法逐條釋義，五南圖書出版股份有限公司，2017年8月，4版修訂3刷，頁37。
[24] 內政部1996年12月17日台(85)內著字第852007號函。

考試試題，依著作權法規定，不得為著作權之標的學校教師或補習班均可利用[25]。同理，大學學測依大學法第28條所訂定，故大學期中、期末考試依大學法及各大學學測所辦理，其試題屬著作權法第9條依法令舉行之各類考試試題及其備用試題，不得為著作權之標的[26]。

第二節　受保護之著作

著作權法第5條第1項雖有例示10款類型之一般著作，並由一般著作滋生出著作權法第6條至第8條之特殊著作。惟理論上著作權法所保護之著作類別，並不限於前揭之類型[27]。

第一項　一般著作

例題5

甲男與乙女為男女朋友，甲男為紀念渠等交往過程，遂將其與乙女之做愛過程，以攝影機拍攝之，並燒錄成光碟保存。試問甲所製作之性愛光碟，是否取得著作權，受著作權法之保護？

例題6

我國前總統丙口述其生平之政治事蹟，委由報社記者丁筆記，其全文照錄，並委託出版公司加以發行。試問：(一)丙或丁是否為著作人？(二)是否為共同著作？

---

[25] 經濟部智慧財產局2000年5月15日智著字第89004016號函。

[26] 經濟部智慧財產局2006年3月17日電子郵件字第950317b號函。

[27] 蕭雄淋，著作權法論，五南圖書出版股份有限公司，2017年8月，8版修訂2刷，頁89至117。

例題7

　　某漫畫家所著漫畫，其中連環圖之人物對白，係以文字所表現者。試問：(一)此人物之對白究屬美術著作之著作內容？抑是另行成立語文著作？(二)認定之基準為何？

例題8

　　戊未經A便利商店之同意擅自複製A便利商店所贈送或販售之神明公仔，並作為商品行銷。試問：(一)神明公仔有無著作權？(二)戊之行為是否侵害他人之著作權？

例題9

　　己將行車紀錄器安裝在自用小客車後，使用一般數位相機之功能，以自動拍攝功能，忠實加以拍攝街景，事後亦未以修圖軟體、工具，進行照片修改。試問行車紀錄器所取得之實物照片，是否為著作權法應保護之著作？

壹、語文著作

一、語言著作與文字著作

(一)定　義

　　語文著作可分為語言著作（oral works）與文字著作（literary works）：1.語言著作係以口述產生之著作，而文字著作非必實際均以文字書寫；2.使用暗號、符號、記號而得以文字轉換者，均屬文字著作[28]。語文著作包括詩、

---

[28] 蕭雄淋，著作權法論，五南圖書出版股份有限公司，2017年8月，8版修訂2刷，頁89至90。

詞、散文、小說、劇本、學術論述、演講及其他之語文著作（著作權法第5條第1項第1款）。

(二)原創性要件

受著作權法保護之語文著作，必須其內容具有作者之創意表達或創作性格，始有原創性要件[29]。舉例說明之：1.文字僅屬對該項商品之成分、用途、步驟及注意事項等作單純之描述，為同種類商品在使用或其用途上之共通特徵使然，而必須為同一或類似之描述，其表達方法不具備原創性，而非屬著作權法保護之範疇[30]；2.甲公司之貨櫃維修手冊內容，除標題部分係基於法規之要求外，其內容並非對貨櫃、貨盤產品單純之描述，該維修方法進而針對甲公司產品之特殊構造，依其專業技術詳析維修方法及注意事項，俾使購買者可經由此資訊，維持貨櫃與貨盤產品之正常使用，應認其精神作用已達到相當之程度，足以表現出作者之個性及獨特性，而具有創作性[31]；3.凡屬標語或通用名詞，不得作為著作權之標的。縱非屬通用名詞或單句，因其無任何著作物之內涵與表達，仍非著作權保護之標的。例如，「熊手包」與「熊的食」文字，除不具書法或特殊字型之形式外，亦無任何著作物之內涵與表達方式。況該等文字為極短字數之名詞，不應賦與著作權之保護，否則人類得夠使用之語言文字，將越來越少，妨礙人類文明發展，顯有礙保護人類使用語法之自由。準此，「熊手包」與「熊的食」，精神作用未達到相當程度，不足表現出作者之個性與獨特性，不具原創性，均無語文著作之保護要件[32]。

二、繁體及簡體中文著作

繁體中文字與簡體中文字雖均屬廣義之中文字，然其字體既有繁簡之分，且臺灣地區人民與大陸地區人民對繁體字與簡體字之熟悉程度及使用情形，並非一致。準此，授權證明書有特別限定其授權之版本為繁體字中文版，

---

[29] 智慧財產及商業法院98年度民著訴字第41號、第42號、110年度民著上字第8號民事判決。

[30] 最高法院95年度台上字第684號刑事判決；智慧財產及商業法院98年度民著訴字第42號民事判決。

[31] 智慧財產及商業法院98年度民著訴字第41號、第42號民事判決。

[32] 智慧財產及商業法院104年度民著上字第12號、107年度民著上字第14號民事判決。

被授權人自無權散布及販售簡體字中文版書籍；反之亦同[33]。

三、產品編號代碼

　　產品編號代碼係由公司簡寫再加上數字及字母，並無字面上獨立之意義，此等編號難認有所謂文學、科學、藝術、或學術上之價值，對於社會文化之促進，亦無任何助益。倘此英文字母及數字之組合，賦與著作權法之保護，不啻給予此英文字母及數字組合之獨占性，對於社會文化促進反而造成阻礙。職是，英文字母及數字組合而成之產品編號代碼，非屬著作權法保護之標的，不因其組合使用而具有原創性。

貳、音樂著作

一、歌詞、樂曲及樂譜

　　所謂音樂著作（musical works），係指以聲音或旋律加以表現之著作，其為訴諸聽覺之藝術。其包括樂曲、樂譜、歌詞及其他之音樂著作（著作權法第5條第1項第2款）。例如，音樂劇、交響曲、合唱曲等。音樂著作，除歌詞外，主要分成樂曲與樂譜。音樂著作本身為原始創作之音符、音調之音樂旋律、文字之詞曲及人聲演唱之組合體，故依不同授權方式，授權之音樂著作可區分為音樂旋律、詞曲之演奏、伴奏或整體音樂著作演唱之授權等。而電腦伴唱機業者，通常係取得音樂旋律及詞曲之伴奏授權，以達消費者音樂伴唱之目的[34]。

二、音樂著作與錄音著作

　　歌詞係著作權法第5條第1項第2款所稱之音樂著作，而錄成CD之音樂或歌曲，屬同條項第8款所稱之錄音著作，兩者係不同種類之著作，一首歌曲之錄音著作權人及歌詞著作權人，並非必然相同[35]。

---

[33] 最高法院92年度台上字第1372號刑事判決。
[34] 智慧財產及商業法院98年度民著上字第11號民事判決。
[35] 最高法院97年度台上字第944號刑事判決。

參、戲劇與舞蹈著作

　　戲劇著作（dramatic works）與舞蹈著作（choreographic works），係依身體動作所表現之著作，其包括舞蹈、默劇、歌劇、話劇及其他之戲劇、舞蹈著作（著作權法第5條第1項第3款）。所謂戲劇著作，係指以富有感情之身體動作，表演特定之劇情[36]。例如，將紅樓夢之內容，經由演員之情感表現，加以闡釋該語文著作。而舞臺劇或相聲之表演，亦屬戲劇著作之類型[37]。所謂舞蹈著作，係指以動作表現特定思想或感情之娛樂性藝術或故事[38]。例如，雲門舞集之狂草舞蹈表演。

肆、美術著作

一、純粹美術與應用美術

　　所謂美術著作（artistic works），係指以美感為特徵而表現思想或感情之創作，其包括繪畫、版畫、漫畫、連環圖、卡通、素描、法書、書法、字型繪畫、雕塑、美術工藝品及其他之美術著作（著作權法第5條第1項第4款）[39]。美術著作為訴諸視覺之藝術，可分純粹美術著作（fine art）與應用美術（applied art）著作兩大類型。舉例說明之：(一)蘭花圖及海芋圖之花朵、枝數、角度、姿態、用色、留白、光影及構圖等項目，經由創作者之巧思創意與美感技巧，其以淡彩色調及柔和之對比，表達出清新寧靜之氛圍，充分彰顯作者創作之獨特性及其所欲表達之意涵，符合創作性之要件[40]；(二)所謂字型繪畫，係指就中國常用字之整體文字之字群，作一致性之繪畫設計，一般多係使用在電腦字型或印刷、刻印之字型。如我國印刷常用之篆體、明體、宋體、仿

---

[36] 著作權案例彙編3—戲劇、舞蹈著作篇，經濟部智慧財產局，2006年9月，2版，頁2。

[37] 臺灣臺北地方法院91年度重訴字第2674號民事判決；臺灣高等法院92年度重上字第419號民事判決。

[38] 著作權案例彙編3—戲劇、舞蹈著作篇，經濟部智慧財產局，2006年9月，2版，頁2。

[39] 智慧財產及商業法院106年度刑智上易字第62號刑事判決。

[40] 智慧財產及商業法院97年度刑智上訴字第19號刑事判決。

宋體等[41]；(三)較簡單之商標圖案，雖不符合著作要件，然商標圖案具有原創性，除可爲美術著作外，亦同時爲商標法與著作權法保護之客體。

二、以美感為特徵之創作

美術著作係以描繪、著色、書寫、雕刻、塑型等平面；或立體之美術技巧，表達線條、色彩、明暗或形狀，以美感爲特徵而表現思想或感情之創作。準此，藉由電腦程式之設計與操作，繪製所成之繪畫、書法或字型繪畫，雖以電腦程式操作爲創作之輔助工具，惟符合原創性之要件，亦無著作權法第9條所定不得爲著作權標的之情形者，該作品屬美術著作，得依著作權法受保護。反之，操作者僅是單純將電腦圖庫中之創作稍作大小、長度變更，未表現操作者個人之創作性者，即無操作者思想或感情之表現者，該完成之作品不受著作權法保護。簡言之，藉由電腦程式設計操作繪製所成之繪畫、書法或字型繪畫等，是否爲美術著作，應視該利用電腦所繪製之作品，有無原創性而定[42]。

三、美術技巧之表現

作品是否爲美術著作，須以是否具備美術技巧之表現爲要件。作品非以美術技巧表現思想或感情者，亦未能表現創作之美術技巧者，難認爲美術著作。例如，以自然動物貓型態予以擬人化，強調貓咪清透無辜眼神，而與貓自然動物型態顯然不同，具有原創者獨特思想、感情及意境之表現甚明，屬我國著作權法之美術著作。反之，圖樣僅係一般貓咪之剪影，而與自然界之貓咪之外觀與型態大同小異，其表達方式並無特殊之處，難認以美術技巧表達作者之感情與思想，不具原創性[43]。

四、商品之功能性形狀非以美術技巧表現思想或感情

(一)實用性功能未能表現創作之美術技巧

所謂實用功能性，係指商品之設計能使產品有效發揮其功能，或者確保

---

[41] 最高法院90年度台上字第350號刑事判決。

[42] 內政部1997年11月24日台(86)內著字第8616210號函。

[43] 最高法院104年度台上字第1251號民事判決；智慧財產及商業法院104年度民著上字第9號民事判決。

商品功能而爲之設計，並非以美術技巧表現思想或感情者，作爲主要之創作目的。申言之，商品形狀本身具有實用功能性，該特定實用功能於同類競爭商品中具有競爭優勢，而同業爲獲得該商品實用功能時，並無可替代之形狀，或者雖有替代形狀，惟需投入重大成本始能達到相同之功能，就維持公平競爭之觀點，倘准許具有實用功能之商品取得著作權，以達長期獨占壟斷，將嚴重影響同業競爭者之權益，將產生不公平之現象。準此，商品形狀本身具有特定使用之功能，使商品較有效發揮其使用目的或製造之經濟效益，取得市場競爭之優勢，足認該造型設計之主要目的，並非滿足美感需求，未以美感爲特徵，作爲創作之思想或情感表達。基於公共政策與公平競爭之考量，縱使有長期使用，仍無法成爲著作權法所保護之美術著作。

(二)商品之實用功能性形狀不符美術著作要件

商品設計是應用於物品外觀之具體設計，以供產業上利用，此與著作權法所保護之純藝術創作或美術工藝品，兩者不同。是商品形狀爲達成其功能所必要者，屬應用於物品型狀之具體設計，並非以美術技巧表現之思想或感情者。商品之實用功能性形狀，雖可供產業上利用，然未能表現創作之美術技巧，不得取得美術著作之保護。故具有實用技術性及功能性之商品形狀或設計，並非美術著作所保護之客體。職是，美術著作必須有美術技巧表現之思想、感情因素，否則非屬著作之範圍。以實用性功能爲目的所作成之商品，不符合美術著作之要件，非著作權法所保護之標的[44]。

伍、攝影著作

一、定　義

所謂攝影著作（photographic works），係指以思想、感情表現一定影像之著作，其包括照片、幻燈片及其他以攝影之製作方法所創作之著作（著作權法第5條第1項第5款）。隨著科技發展，攝影製成方式逐漸多元化，由傳統之機械至數位電子攝影，增加人們對攝影之便利性，傳統攝影須要注重光線、整體色調之前置作業，而數位時代修圖軟體之發展，增加攝影著作製成之多元性，

---

[44] 智慧財產及商業法院107年度民著上字第15號民事判決。

使攝影作品之製成更為簡易[45]。

二、原創性要件

(一)非單純僅為實體之機械式再現

攝影者將其心中所浮現之原創性想法，其於攝影過程中，選擇與安排標的，運用各種攝影技術，決定觀景、景深、光量、攝影角度、快門或焦距等事項，進而展現攝影者之原創性，並非單純僅為實體之機械式再現，自應賦予著作權之保護[46]。申言之，攝影著作雖須以機械及電子裝置，再利用光線之物理及化學作用，將所攝影像再現於底片或紙張，始能完成，惟攝影者如將其心中所浮現之原創性想法，在攝影過程選擇標的人、物，安排標的人、物之位置，運用各種攝影技術，決定觀景、景深、光量、攝影角度、快門、焦距等項目，進而展現攝影者之原創性，並非單純僅為實體人、物之機械式再現，著作權法即賦予著作權之保護[47]。例如，原告拍攝之昆蟲圖片，均於其旁註記拍攝日期與地點，且於自然環境之實地拍攝，依照各昆蟲特色進行主題選擇，並於拍攝過程，安排及調整昆蟲之位置與角度，挑選拍攝之一定觀景、景深、光量、攝影角度、快門、焦距等，對光影之處理、修飾、組合或其他藝術之賦形方法，利用具一定功能之相機，立基於攝影者之學識、經驗進行布局、拍攝及後製成品，藉此繁複過程展現昆蟲之外觀，使主題昆蟲更為凸顯特色，觀看者可由此圖片，知悉昆蟲之外觀及攝影者所欲表現之本意。況昆蟲非屬一般靜物，可任由攝影者隨意擺布，而單純以相機對之拍攝。職是，攝影者有關思想與感情之表達，具有原創性者，應受著作權法之保護[48]。

(二)創作者思想與感情之表達

現代科技進步，智慧型手機有建置不同之拍攝模式可選擇，故評價攝影者所為作品，是否為具有創作性之攝影著作，不能再以傳統之攝影者，是否有進行光圈、景深、光量、快門等攝影技巧之調整，作為判斷基準，應認僅要攝影者於攝影時，將心中所浮現之原創性想法，而於攝影過程中，對拍攝主題、拍

---

[45] 廖婉君，攝影著作權之研究，國立中正大學法律學系碩士論文，2016年7月，頁4。
[46] 智慧財產及商業法院100年度民著上字第9號民事判決。
[47] 智慧財產及商業法院104年度民著上易字第6號、105年度民著上易字第7號民事判決。
[48] 智慧財產及商業法院98年度民著訴字第2號民事判決。

攝對象、拍攝角度、構圖等項目，有所選擇及調整，客觀上可表達創作者之思想、感情，即應賦予著作權之保護[49]。

三、實用性之照片

攝影著作必須有思想、感情表現之因素，否則非屬著作之範圍。申言之，身分證、駕照、護照及考試用途之半身照，係以實用爲目的所作成之照片，除非有明顯符合思想或感情創作表現之著作要件，否則不符合攝影著作之要件，此非著作權法所保護之標的，僅得請求肖像權之保護[50]。

四、合成或編輯照片

將他人所拍攝之數張照片，合成爲一張照片，係單純再現該數張攝影著作之內容者，應屬重製之行爲並非創作，其所剪接翻拍成之作品，屬數張攝影著作之重製物，不具創作性，自非攝影著作。反之，就原數張攝影著作加以選擇與編排，且具有創作性者，剪接而成之作品，爲攝影著作之編輯著作[51]。

五、數位典藏品

數位典藏品之圖像化所依靠之3D攝影技術，係於各個相距不遠角度架設照相機，由照相機所拍攝照片後，再行製作，藉由各個角度影像整合後，始能產生可調整角度之數位典藏品。職是，典藏品之著作類型，屬著作權法第5條第1項第5款之攝影著作[52]。

六、文物藝術品

對於文物藝術品之攝影是否受著作權法保護，在判斷上首應區別文物藝術品本身是否仍受著作權之保護，倘其本身仍受著作權之保護，不論是平面或

---

[49] 智慧財產及商業法院110年度刑智上易字第51號刑事判決。

[50] 蕭雄淋，著作權法論，五南圖書出版股份有限公司，2017年8月，8版修訂2刷，頁96至97。

[51] 內政部1996年7月27日台(85)內著字第8512113號函。

[52] 林詩凱，故宮數位典藏之智慧財產保障與管理，逢甲大學財經法律研究所碩士論文，2014年12月，頁54。

立體形式，其以攝影方式重製之行為，依著作權法第3條關於重製及改作之定義，均屬重製行為。反之，不受著作權保護之文物藝術品，其影像檔案是否受著作權保護，應重新認定影像檔案本身是否具備著作權保護之要件，不論是平面或立體之古文物藝術品。倘其影像檔案涉及攝影師取景角度、調整光圈、快門等攝影之安排及選擇，可認定具有原創性，即屬應受保護之攝影著作[53]。國立故宮博物院攝影團隊在拍攝館藏文物前，對於拍攝標的文物之研究、縝密規劃之分鏡腳本、拍攝場地之布置、燈光選擇與設定、電腦調校設定、文物懸掛與擺放之技術、文物全景與局部之照相選擇、最後顏色校正之專業判斷等項目，均有融合經驗及專業所發揮之創意巧思。攝影團隊基於其獨立之思維、智巧、技匠及人格精神，藉由相機、鏡頭、燈光、角度、焦距之選擇及環境的布置等進行獨立創作，且攝影團隊就光量與光線之擷取、焦距之調整、快門之掌握、景深之判斷、顏色校正及後製等項目，均具有原創性。準此，博物館拍攝書畫文物之主要目的在於保存真實，在保存真實之過程，所涉及之所有環節，自可表現出攝影團隊藉由個人經驗、專業及管理模式所發揮出之原創內涵，顯然並非任何人具有相同知識，即可複製該結果。攝影師及文物研究人員係透過拍攝圖檔表達其對院藏文物之思想及感情，所拍攝之照片圖檔創造出攝影師及文物研究人員認為最能呈現原文物美感之境界[54]。

陸、圖形著作

一、平面圖與立體圖

　　所謂圖形著作（pictorial and graphical works），係指以思想、感情表現圖形之形狀或模樣之著作，其包括地圖、圖表、科技或工程設計圖及其他之圖形著作，圖形著作包含平面圖與立體圖（著作權法第5條第1項第6款）。所謂科技或工程圖形著作，係指器械結構或分解圖、電路圖或其他科技或工程設計圖形及其圖集著作，附有說明文字者亦同。但製造、操作、營造之手冊或說明書

---

[53] 馮震宇，論文物藝術品攝影著作之保護與利用，月旦法學雜誌，249期，2016年2月，頁87。

[54] 國立故宮博物館文創行銷處，國立故宮博物院照相室拍攝書畫類文物照片原創性說明，博物館館藏創新運用及其智慧財產權保護與管理—以國立故宮博物院平面文物攝影著作為例，2016年4月26日。

不屬之[55]。舉例說明：(一)車床設計圖面或機械零件圖樣為科技範圍之創作，均為圖形著作[56]；(二)就六角螺帽外觀、構造、功能、材質等之工程圖而言，該等工程圖並非簡單之平常構圖，自其表現方式觀之，足以彰顯著作人之個性或獨特性，具有原創性要件，為著作權法所保護之圖形著作[57]。

二、實用物品原則

　　所謂實用物品原則，係指圖形著作之構圖簡單平常，僅在於單純表現實用性物品之形狀或特徵，由於此等物品之形狀或特徵多屬固定，已為眾所習知，該圖形著作不具有原創性。因實用物品之形狀，大抵採用固定之幾何圖形組合而成，圖形設計未能超脫物品習知或通常之形狀，不具原創性。再者，倘著作權保護及於單純表達實用物品形狀之圖形設計，無異給予該圖形著作人有實施物品造型之專屬排他權利，顯有礙於人類創作之思維及構想，將嚴重影響文化活動之發展。參諸著作權所保護者，係人類文化、精神上創作之利益。就產品或技術本身具有產業上價值者，是有關實用物品之形狀，應屬專利權之範疇，而非著作權法保護之對象[58]。

三、單純通用表格

　　標語及通用之符號、名詞、公式、數表、表格、簿冊或時曆，不得為著作權之標的（著作權法第9條第1項第3款）。例如，系爭矩形圖以外觀似菱形「3×4×5×4×3」矩形所組成，並以紅、藍、綠三色為底色，在每欄矩形圖外圍上方分別加註數字1、2、3、4、5。就整體觀之，系爭矩陣圖僅為簡易之長方形矩陣圖，單就系爭矩陣圖而言，僅為一表格，並未表達創作人內心之思想或感情，且為普遍存在於日常生活之表達，並無創意及獨特性之表現，不具有原創性[59]。

---

[55] 內政部1987年3月7日台(76)內著字第460395號函。
[56] 智慧財產及商業法院97年度民著上字第1號、第6號民事判決。
[57] 智慧財產及商業法院103年度民著上字第14號民事判決。
[58] 臺灣高等法院87年度上更(一)字第330號刑事判決。
[59] 智慧財產及商業法院107年度民著上字第4號民事判決。

柒、視聽著作

一、定　義

視聽著作（audiovisual works）之重點，在於同時產生視覺與聽覺之效果，其包括電影、錄影、碟影、電腦螢幕上顯示之影像及其他藉機械或設備表現系列影像，不論有無附隨聲音而能附著於任何媒介物上之著作，故視聽著作須以固定物固定為要件（著作權法第5條第1項第7款）。多媒體（multimedia）與視聽著作不同，因多媒體係指單一媒體中包含不同種類之著作而言。例如，一部DVD之電影中包含文字、聲音、圖像、電腦程式等數種著作在內，宜另行明定為數位著作（digital works），使之成為單一著作加以保護[60]。

二、視聽著作之權利

視聽著作係著作權法規定之著作，視聽著作中所需之音樂或歌曲，經音樂著作、錄音著作之著作權人同意，即得加以利用而成視聽著作內容之部分，整體視聽著作之著作權即歸其著作人所享有，原音樂著作或錄音著作之著作權人，不得就該視聽著作中音樂、歌曲或聲音部分，再行主張著作權。除有反對之約定外，視聽著作之著作權人得重製整體視聽著作之[61]。

捌、錄音著作

一、定　義

錄音著作（sound recordings）是否取得著作權，在於錄音時是否有錄音之原創性，其包括任何藉機械或設備表現系列聲音，而能附著於任何媒介物之著作。但附隨於視聽著作之聲音，不屬錄音著作（著作權法第5條第1項第8款）。錄音物在英美法系大多以著作權加以保護，而大陸法系大多以著作鄰接權加以保護。判斷錄音著作權之歸屬，首重者應為該錄音著作，究竟係依何人之精神作用所為之表達。因有權決定錄音著作之曲風、意境、何種樂器表現、旋律之抑揚頓挫及由何位歌手演唱等事項者，均屬錄音著作內容所反映主事

---

[60] 陳櫻琴、葉玟妤，智慧財產權法，五南圖書出版股份有限公司，2005年3月，頁347。

[61] 最高法院85年度台上字第1167號民事判決。

者,所欲向外界表達之創作客體。是同一曲目,經由不同人詮釋,或同一歌手在不同人之指導下演唱同一首歌曲,其予人感受各有不同,所獲評價亦各有千秋[62]。

二、音樂設備數位介面

所謂音樂設備數位介面(Musical Instrument Digital Intrface, MIDI),係指將聲音轉換為一種電子儀器或設備可讀取之資訊。MIDI可使不同介面之數位儀器設備,均可讀取或瞭解此訊號之意義,並進而將其呈現。此數位資料可傳送音調或是聲音信號強弱程度之資料,將曲調檔案轉換成為數位資料,使原檔案以不同型態之格式儲存,經由可解讀訊息之儀器或設備讀取或瞭解該等訊息,倘具有原創性要件,即為錄音著作[63]。

玖、建築著作

一、要 件

所謂建築著作(architectural works),係指將思想或感情在土地之工作物加以表現的著作,其包括建築設計圖、建築模型、建築物及其他之建築著作(著作權法第5條第1項第9款)。建築著作係保護其藝術表現形式不被非法使用,而不保護建築之風格、技術、構造及施工方法等項目[64]。職是,建築著作必須有思想或感情之表現,故一般住宅、廠房等以實用為目的之建築物,並非建築著作。建築設計圖完成後而續為之細節圖面,包含結構圖、水電圖、施工圖及室內設計圖,屬於圖形著作[65]。

---

[62] 蕭雄淋,著作權法論,五南圖書出版股份有限公司,2017年8月,8版修訂2刷,頁98至99。智慧財產及商業法院97年度民著上易字第2號民事判決。

[63] 智慧財產及商業法院102年度刑智上訴字第60號刑事判決。

[64] 蕭雄淋,新著作權法逐條釋義(一),五南圖書出版股份有限公司,2001年9月,2版3刷,頁113。

[65] 蘇南、方星淵,建築設計之著作權研究,科技法學評論,10卷2期,元照出版有限公司,2013年12月,頁148。

二、建築模型

所謂建築模型，係指建築設計之過程，係未來立體結構物之模擬物件，用以測試、確認、描述整體、部分建築之建築設計或建築本身，爲連結平面建築設計圖與完工建築成品間之橋樑，其以組合、編排之立體形狀，表現出設計方案之三度空間效果[66]。

三、室內設計為其他建築著作

(一)建築物之室內設計

內政部之著作內容例示，雖就建築著作之其他建築著作，未具體說明或解釋。然建築法第4條所定之建築物以外之其他與建築有關著作，倘具有原創性之景觀工程、庭園造景，應屬建築著作。故橋、塔、庭園、墓碑、噴水池等具有藝術價值者，應屬其他建築著作。就庭園設計及室內設計之設計圖，應屬建築著作之建築設計圖。庭園設計本身或建築物，包含塔、涼亭、拱橋、圍牆、假山、林木花草、魚池、小路等項目之安排與設計項目，屬其他建築著作。職是，建築物之設計與建築物之空間設計，應歸屬建築物之範圍。故室內設計係建築物設計後，就建築物之室內所另行設計者[67]。

(二)建築著作包含建築物之內部及外部

室內設計圖爲建築設計圖之一種，從平面到立體，爲著作權之權能所及。因室內設計圖，主要之功能爲作成建築物之室內設計。因室內設計圖，取得專利之情形甚少，爲使創作者得到應有之法律保障，故解釋上有將其納入建築設計圖之必要性。建築著作係透過建築物外觀，以表現思想、感情創作保護對象係其審美之外觀，而外觀並非僅指建築物之外觀，包含建築物之內部及外部，是室內設計爲保護範圍之內。建築物之一部或其他附屬部分，得作爲建築著作而享有獨立保護[68]。

---

[66] 蘇南、方星淵，建築設計之著作權研究，科技法學評論，10卷2期，元照出版有限公司，2013年12月，頁121至122。

[67] 智慧財產及商業法院107年度民著上字第16號民事判決。

[68] 智慧財產及商業法院107年度民著上字第16號民事判決。

(三)建築設計圖含設計平面圖與樣品屋

　　建築物為人類活動提供空間，建築行為有內部空間之構造物進行規劃、設計、建築施工。建築除包含規劃、設計，並建造反應功能之型式、空間及環境，亦應考慮技術、社會、自然環境及美學。室內設計之設計圖，應屬建築著作之建築設計圖。室內設計本身，應屬其他建築著作，自建築設計之裝飾部分所演變，係建築物內部環境之再創作。所謂室內設計，係指對室內建立之任何相關物件，包括牆、窗戶、窗簾、門、表面處理、材質、燈光、空調、水電、環境控制系統、視聽設備、家具與裝飾品之規劃。準此，設計平面圖為室內設計之設計圖，為建築著作之建築設計圖，樣品物為建築物，依設計平面圖建造樣品屋，性質為重製行為。而室內設計屬建築之內部設計，故立體室內設計為建築之一部，其與建築物為一體[69]。

(四)圖形著作不包含建築設計圖

　　著作權法第5條第1項第6款之圖形著作，係指以思想、感情表現圖形之形狀或模樣之著作，其包括地圖、圖表、科技或工程設計圖及其他之圖形著作，圖形著作包含平面圖與立體圖。所謂科技或工程圖形著作，係指器械結構或分解圖、電路圖或其他科技或工程設計圖形及其圖集著作。著作權法第5條第1項第9款之建築著作，係指將思想或感情在土地之工作物加以表現的著作，其包括建築設計圖、建築模型、建築物及其他之建築著作。建築設計圖與建築物均屬建築著作之範圍，仿他人建築設計圖建造建築物，或仿他人建築物而建造建築物，均屬重製行為，侵害建築著作之著作財產權[70]。因著作權為保護文學及藝術之領域，而建築為藝術領域之核心部分，其與科技工程設計圖之實物為應用領域，其與非藝術領域有所不同。建築設計圖之保護，較科技工程設計圖之保護範圍為廣。準此，圖形著作不包含建築設計圖。至於建築設計圖完成後而續為之細節圖面，包含結構圖、水電圖及施工圖，均屬於圖形著作[71]。

---

[69] 最高法院110年度台上字第3615號刑事判決；智慧財產及商業法院109年度刑智上易字第39號刑事判決。

[70] 經濟部智慧財產局2014年4月30日電子郵件1030430b函。

[71] 智慧財產及商業法院109年度刑智上易字第39號刑事判決。

拾、電腦程式著作

一、定　義

所謂電腦程式著作（computer programs），係指由文字、數字、符號或標記（statement）等敘述或指令（instruction）所組合，以直接或間接使電腦產生一定結果為目的所組成指令組合之著作（著作權法第5條第1項第10款）。其包含程式語言（program language）、程式規則（program rule）及程式解法（program algorithm）[72]。例如，美商微軟公司（Microsoft Corporation）之Windows XP、OFFICE等產品。Windows XP係屬作業系統，用以控制、管理整部電腦所有軟、硬體，並負責與電腦之使用者溝通，依使用者所為命令操控電腦軟硬體為使用者服務。而OFFICE屬應用程式，係安裝於作業系統之環境，係用以進行文書編輯（Word）、財務試算及表格製作（Excel）、收發電子郵件（Outlook）、簡報編輯（PowerPoint）、資料庫及統計報表製作（Access）等功能之工具[73]。

二、文字與非文字

隨電腦科技之日新月異，電腦程式著作之保護標的包含文字與非文字。程式碼為文字部分，其包含原始碼與目的碼程式。而非文字部分，包含非文字之結構（structure）、次序（sequence）及組織（organization）、功能表之指令結構（menucomm and structure）、次級功能表或輔助描述（long prompts）、巨集指令（marco instruction）、使用者介面（user interface）、外觀及感覺（look and feel）等項目。

三、使用者介面為非文字電腦程式著作

電腦程式著作包括直接或間接使電腦硬體產生一定結果為目的，所組成指令組合之著作，其由文字、數字、符號或標記等陳述或指令所組成；不論以

---

[72] 蕭雄淋，著作權法論，五南圖書出版股份有限公司，2017年8月，8版修訂2刷，頁99至100。

[73] 蕭雄淋，著作權法論，五南圖書出版股份有限公司，2006年3月，3版2刷，頁102至128；智慧財產及商業法院98年度民著上字第13號民事判決。

何種高階或低階語言撰寫或具備何種作用，均屬著作權法所稱之電腦程式著作。電腦程式之創造性，主要在於程式概念化（conceptualizing）及使用者介面，設計者欲創造合適之使用者介面，應符合高度之創造性（creativity）、原始性（originality）及洞察力（insight）[74]。所謂使用者介面（user interface），係指人與電腦間互動以完成電腦特定工作之各種設計（all devices by which the human user scan interact with the computer in order to accomplish the tasks the computer is programmed to perform）。使用者介面，包括程式指令驅動介面或圖形介面。所謂圖形介面，係指電腦使用者基本上藉由圖示與電腦互動，以達成電腦程式所欲完成之功能。具有原創性之使用者介面雖屬非文字，然爲著作權所保護之範圍[75]。職是，使用者介面及程式碼具有原創性要件，應爲著作權保護標的[76]。

拾壹、例題解析

一、著作之概念

(一)最高法院見解

著作權法第3條第1款所稱著作，係指屬於文學、科學、藝術或其他學術範圍之創作而言，色情光碟片不屬之。因著作權法之立法目的除在保障個人或法人智慧之著作，使著作物爲大眾公正利用外，並注重文化之健全發展，故有礙維持社會秩序或違背公共利益之著述，既無由促進國家社會發展，且與著作權法之立法目的有違，基於既得權之保障仍須受公序良俗限制之原則。是色情光碟片非屬著作權法所稱之著作，自不受著作權法之保障[77]。準此，甲男將其與乙女之做愛過程，以攝影機拍攝該過程，燒錄成光碟，並不受著作權法之保護。

---

[74] 最高法院99年度台上字第2800號民事判決。

[75] 最高法院94年度台上字第1530號刑事判決；最高法院98年度台上字第868號民事判決。

[76] 智慧財產及商業法院102年度民著上字第20號民事判決。

[77] 最高法院88年度台上字第250號刑事判決。

(二)本文見解

1.原創性要件

　　猥褻著作得否作為著作權保護之標的，應探討著作權法第3條之創作要件與第1條之公益文化發展之關係。所謂猥褻著作者，係指不道德、色情之文學、藝術或視聽的作品。因此等作品妨礙社會善良風俗，並戕害青少年身心，各國固有限制或禁止其自由流通，並以出版法、刑法等法律處罰散布者。惟著作權僅規範著作是否有原創性、不問創作之品質如何，倘創作品質、內容有問題，得藉由刑法等相關規定予以規範。倘猥褻作品具相當之原創性，即得稱為著作，並受著作權法之保護，排斥他人非法之侵害。因人民有創作之自由，雖其創作不容於一般社會道德或法律標準之作品時，然不應因此而否認其為著作[78]。

2.部分著作權

　　美國聯邦第5巡迴上訴法院1979年Mitchell Bros. Film Group v. Adult Theater事件，認為憲法之前言未要求任何著作權保護之著作，必須實際上有促進科學或有用技術之進步。故增進創造力之最好方法，係政府不得任意限制著作權之客體。禁止政府肆意干涉之方式，除可避免政府行為，對潛在著作人所產生令人噤若寒蟬之效果外，亦可防止主管機關或法官產生錯誤區分著作有效與無效之判斷。因憲法未要求著作應具備立即滿足身體需要之有用性，故憲法對於著作之保護，並不因著作有猥褻內容，而阻礙著作權之保護。況第三人未經授權而重製或利用某著作，該事實即可認定該著作具備有用性，故益徵著作權之保護範圍及於猥褻著作[79]。準此，第三人未經同意而擅自重製他人之猥褻著作，猥褻內容不得作為未侵害著作權之抗辯事由。縱使猥褻著作無積極散布利用之權限，僅有部分之著作權，然具有著作權法上消極排除他人侵害之權限，是猥褻著作僅能稱為相對無著作權保護能力之著作，並不能否認其為著作。況是否違反公序良俗或道德標準，並非認定創作之要件。

二、共同著作之要件

　　我國前總統丙口述委由丁記者筆記，全文照錄，並加以發行，因丁對於該

---

[78] 智慧財產及商業法院101年度刑智上易字第74號刑事判決。

[79] Mitchell Bros. Film Group v. Adult Theater, 604 F. 2d 852 (5th Cir. 1979).

著作並無思想感情之精神創作情形，自非所謂著作人，僅丙為語文著作之著作人。反之，丁有從事增刪改寫，並有自己之意思評述，丁之創作部分具有原創性，丙、丁成為共同著作人[80]。

三、著作之類型

漫畫與連環圖中人物之對白，為美術著作或語文著作，應視其有無獨立之表現方式。申言之：(一)對白係為表現漫畫或連環圖之內容者，應屬美術著作之著作內容，尚難獨立成為語文著作；(二)漫畫或連環圖中之圖形與對白無法分開，即將該對白取掉後，圖形部分無法完整表現作者之思想情感，不能形成連貫性之完整作品，是該對白應屬美術著作之著作內容，不能獨立成為語文著作；(三)漫畫或連環圖之對白與圖形分開，其對白之文字可單獨成立著作，且其圖形部分，仍可成立連貫性之完整作品，故對白之文字部分為語文著作，圖形之部分為美術著作[81]。

四、應用美術著作

便利商店所贈送或販售之神明公仔，屬工業量產之產品，該工業量產之商品是否為著作，需視其生產製造過程予以認定。在生產過程中有美術著作之產生。例如，圖畫或雕塑。該工業量產之商品即為著作之重製物，該著作為美術著作。反之，在生產製造之過程，並無美術著作之產生，該產品非屬著作權法所保護之著作，而無著作權法之適用[82]。職是，戊自行複製便利商店所贈送或販售之神明公仔，倘該神明公仔符合美術著作之要件，戊擅自複製，屬侵害著作權之行為。

五、攝影著作之原創性

攝影著作係以著作者藉由主題之選擇、構圖、角度、光線、速度等有所選擇或調整，以攝影機對實物拍攝，而具原創性之人類思想與感情之創作[83]。

---

[80] 林金吾，法官辦理民事事件參考手冊17，司法院，2008年4月，頁23。
[81] 內政部1995年5月5日台(84)內著字第8407317號函。
[82] 經濟部智慧財產局2007年12月24日智著字第09600109030號函。
[83] 最高法院96年度台上字第772號刑事判決。

因攝影著作有極大程度，係依賴機械或電子之作用及技術之操作，在製作時需決定主題，並對被攝影之對象、構圖、角度、光量、速度進行選擇及調整，有時尚須進行底片修改，故對被攝影像之選擇、觀景窗之選景、光線之選取、焦距之調整、快門之掌控、影深之判斷或其他技術等攝影行為，具有原創性，始符合著作權法之著作而加以保護[84]。簡言之，攝影著作係經由主題之選擇，光影之處理、修飾、組合或其他藝術之賦形方法，以攝影機產生之著作，始受保護。故通常以攝影機對實物拍攝之照片，難認係著作權法所指著作[85]。準此，將行車紀錄器安裝在自用小客車後，使用一般數位相機，以自動拍攝功能，忠實加以拍攝即得，事後亦未曾以修圖軟體、工具，進行照片修改，僅屬對實物之一般單純攝影，難認已具體表現出作者之獨立思想或感情之表現，而具有個性或獨特性之程度，顯然缺乏攝影著作所需具備之原創性，非受著作權法保護之著作[86]。

第二項　特殊著作

特殊著作係由一般著作所產生之著作，特殊著作與原著作為不同之著作，兩著作之著作權各自獨立。故兩著作之著作人可同為一人，亦可分屬不同人。

例題10

甲為英文著作之著作財產權人，乙就甲之英文原著作翻譯成中文。試問丙為出版商，其欲取得中文出版權，丙是否應經甲同意？抑是經乙同意或授權即可？

---

[84] 最高法院97年度台上字第6410號刑事判決。
[85] 最高法院98年度台上字第1198號刑事判決。
[86] 智慧財產及商業法院102年度刑智上易字第89號刑事判決。

例題11

　　將他人平面之美術或圖形著作，附著於物品上，或者轉變為立體形式。試問：(一)其究屬重製行為或改作行為？(二)重製行為或改作行為有何區別。

例題12

　　結合著作與共同著作有何區別？我國著作權法有無相關規範。試說明：(一)兩者之定義與不同處；(二)共同著作是否以著作人間有意思聯絡為必要？或需同時完成。

壹、衍生著作（98年檢察事務官；105年律師）

一、要　件

　　所謂衍生著作（derivative works）或改作著作，係指以翻譯（translation）、編曲（musical arrangement）、改寫（revision）、拍攝影片（filming）或其他方法就原著作另為創作（著作權法第3條第1項第11款）。衍生著作之主要特徵，在於自衍生著作中，得推知原著作之存在。就原著作改作之創作為衍生著作，以獨立之著作保護之。衍生著作之保護，對原著作之著作權，不生影響（著作權法第6條）。例如，判斷錄音著作權之歸屬，首重者應為該錄音著作，究竟係依何人之精神作用所為之表達。因有權決定錄音著作之曲風、意境、何種樂器表現、旋律之抑揚頓挫及由何位歌手演唱等事項者，均屬錄音著作內容所反映主事者，所欲向外界表達之創作客體。是同一曲目，經由不同人詮釋，或同一歌手在不同人之指導，演唱同一首歌曲，其予人感受各有不同，其所獲評價自有差異[87]。

---

[87] 智慧財產及商業法院97年度民著上易字第2號民事判決。

二、改作著作與原著作

(一)最高法院見解

著作人專有將其著作改作成衍生著作或編輯成編輯著作之權利（著作權法第28條）。故未經原著作人或著作財產權人同意，就原著作擅予改作，即係不法侵害原著作人或著作財產權人之改作權，其改作之衍生著作不能取得著作權[88]。換言之，第三人改作著作權法保護之原著作，應得著作財產權人授權，其改作之作品，始受著作權法之保護[89]。

(二)本文見解

1.衍生著作應具備原創性

衍生著作之保護要件，包括必須具備原創性、人類精神之創作、一定之表現形式及足以表現出作者之個別性，故衍生著作係就原著作加以改作所為之創作。申言之，衍生著作係內在存有原著作之表現形式，而在外在變更原著作之表現形式。所謂其他方法就原著作另為創作，係指以翻譯、編曲、改寫、拍攝影片以外之方法，就原著作另為創作，如圖片化或美術之異種複製[90]。

2.原著作與衍生著作各自獨立

衍生著作之保護，對原著作之著作權，不生影響（著作權法第6條第2項）。所謂對原著作權無影響，係指原著作與衍生著作各自獨立，各受著作權法保護，互不影響與牽制，原著作不會因被改作而減損其權利之完全性。準此，自著作權法保護創作之立場，具備原創性之衍生著作，未得著作權人同意或授權，雖侵害原著作之改作權，然改作著作已取得獨立之著作權，第三人自不得侵害改作著作之著作權[91]。例如，將英文版之哈利波特翻譯成中文版之譯本，縱使翻譯人未經原著作財產權人同意，亦受著作權法之保護，第三人不得侵害該衍生著作。故侵害原著作之改作權與衍生著作取得著作權，兩者為不同之法律構成要件與效果[92]。衍生著作有關著作權之得喪變更，不受原著作之影響。已不受保護之原著作，不因保護有原創性之衍生著作，導致對原著作應重

---

[88] 最高法院87年度台上字第1413號、102年度台上字第548號民事判決。

[89] 羅明通，著作權法論1，群彥圖書股份有限公司，2005年9月，6版，頁251。

[90] 智慧財產及商業法院97年度民著上字第2號民事判決。

[91] 謝銘洋，衍生著作及相關問題研究，台灣法學雜誌，338期，2018年2月28日，頁83。

[92] 司法院，司法院106年度智慧財產法律座談會，2017年5月，頁51至52。

新加以保護[93]。換言之，改作者為具有原創性之著作，為鼓勵著作之流通與使用目的，應受著作權法保護。改作內容引用原著內容，倘符合合理使用者，即不成立侵權；反之，非合理使用者，成立侵害重製或改作權[94]。

貳、編輯著作

一、要 件

就資料之選擇及編排具有創作性者為編輯著作（compilation work），以獨立之著作保護之，亦稱第二次著作，雜誌為典型之適例。故編輯著作必須就資料之選擇及編排，能表現一定程度之創意及作者之個性者，始足當之。反之，僅辛勤蒐集事實，而就資料之選擇、編排欠缺創作性時，縱使投入相當時間、費用，自難謂係編輯著作享有著作權[95]。至於資料素材或據以編排之內容，是否有原創性，在所不問。例如，系爭不動產交易流程之表格，係整理習見之不動產交易流程，該資料之編排屬常見之排列方式，故資料選擇與編排均不具創作性，就系爭交易流程著作物之內容與整體編輯外觀，未見作者主觀上精神、智慧、文化或創意之表現，其不足表現出作者之個性及獨特性，自難謂有何原創性[96]。編輯著作之保護，對其所收編著作之著作權不生影響（著作權法第7條）。

二、創作性應依整體判斷

編輯著作所保護者，係就資料之選擇與編排之創作行為，其就資料之選擇與編排，能表現一定程度之創意與作者之個性者，即以獨立之編輯著作保護之，不論編輯選擇之客體，是否為著作權法保護之著作，對於編輯著作之保護不受影響。依據編輯者個人之知識、經驗，將既存散見於各處之資料，予以整理、分類及歸納為完整資料，其選擇與編排已含有個人之創意及智慧之表達，

---

[93] 內政部1985年1月27日台(84)內著字第8401635號函；智慧財產及商業法院104年度民著上字第2號、第5號民事判決。

[94] 熊誦梅，變調的涼山情歌—解開衍生著作的緊箍咒，收錄於黃銘傑主編，著作權合理使用規範之現在與未來，元照出版有限公司，2011年9月，頁438。

[95] 最高法院91年度台上字第940號民事判決。

[96] 智慧財產及商業法院97年度民著訴字第21號民事判決。

其具一定之創作性。準此，就編輯著作之創作性，應就著作整體爲判斷，不得將著作割裂爲數個零散部分，個別加以論斷[97]。

三、著作類型

編輯著作之著作類別與其所選擇著作之類別相同，舉例說明之：(一)將某歌手最受歡迎之歌曲匯集成精選輯，該等歌曲爲錄音著作，所編輯完成之精選輯亦屬錄音著作。倘編輯人對於原著作另有創作之行爲，不論是否得著作財產權人之授權或同意，均受我國著作權法之保護。至於是否侵害著作財產權人之編輯權，其與編輯著作得否著作權之保護無關[98]；(二)選擇及編排之資料均爲語文著作，故有原創性之編輯著作，其所受之保護應與語文著作相同[99]。再者，編輯著作其受著作權保護標的，爲著作人對資料之選擇及編排而具有創作性之部分，並未及於著作人所選擇或編排之資料本身[100]。

四、電子資料庫

舉凡著作、資料，其他獨立素材之集合，倘係以一定之系統或方法，加以蒐集選擇者，經由資料中擷取應用其部分資訊，或由編排整理資料中擷取應用其部分資訊，並得以電子或其他方式以較高之效率，檢索查詢其中資料，不論原始收編資料是否受著作權之保護，僅要對所收編資料之選擇及編排具有創作性，即應受到著作權法關於編輯著作相關規定之保護[101]。

五、汗水理論

所謂汗水理論，係指創作性不應僅以其改變之多寡而論，應以其創作過程中所付之努力高低爲斷。簡言之，以創作之難易度爲判斷取得著作權之標準，其難易度低者，不認爲具有原創性，倘其難易度高，即可認爲具有原創性。職

---

[97] 智慧財產及商業法院104年度民著上易字第3號民事判決；智慧財產及商業法院104年度刑智上訴字第47號刑事判決。

[98] 章忠信，著作權法逐條釋義，五南圖書出版有限公司，2007年3月，頁31至32。

[99] 智慧財產及商業法院104年度民著易字第3號民事判決。

[100] 最高法院99年度台上字第2314號、104年度台上字第1654號民事判決。

[101] 智慧財產及商業法院104年度刑智上訴字第47號刑事判決。

是，從事創作固需要付出勞力，然勞力之投注縱使龐大，倘無創意表現於其中，仍不受到著作權之保護。編輯物係最明顯之案例，因編輯著作之著作權，並非存在於所蒐集之資料本身，而是存在於資料之選擇及編排，所表達之創意，縱使蒐集資料投入相當之心力，然其選取及編排時欠缺原創性，自不得享有著作權。因創作為人格精神成果，其與勞動成果著重於產業或技術之物質文明，應有不同，自不能以選編之辛勞，作為主張創作之依據。例如，整理他人著作雖倍極辛勞，拍攝手稿亦投入大量金錢。惟攝影本身為重製方法之一，僅將著作手稿拍照，復無加入其個人創意，顯非著作權法保護標的。因攝影著作應有思想、感情表現，倘對物品之拍攝，其目的係求物品內容之真實再現，而非照片之角度、布局或光影之選擇與安排，屬著作權法第3條第1項第5款之單純重製行為，為不具有創作性之創作行為。故不得藉由重製公共財之著作之方式，主張該著作為其所有[102]。

參、共同著作（104、105年律師）

一、要　件

　　所謂共同著作者，係指二人以上於創作之際具有共同關係，進而共同完成之著作（joint work），其各人之創作，不能分離利用者而為單一型態者（著作權法第8條）。故共同著作之要件有三：(一)二人以上共同創作；(二)創作之際具有共同關係；(三)其為單一著作，各人之貢獻無法分離而分別利用[103]。而共同著作不以著作人間有意思聯絡為必要，亦無需同時完成。舉例說明之：(一)甲生前著有A學術著作，乙針對A學術著作加以訂正補充，倘乙之創作有提高A學術著作之價值時，甲與乙應為A學術著作之共同著作人；(二)甲將足以表達其教學創意之微積分講義資料，交予乙編輯、整理及繕寫。甲所提供之微積分著作資料，係其原始獨立完成之創作而具原始性。乙繼而將甲提供具原始性之資料，加以編輯、整理及繕寫，使該資料呈現與前已存在作品，有可資區別之變化，已足以表現乙之個性，亦具有創作性。職是，甲、乙為該微積分著作

---

[102] 林洲富，營業秘密與著作權之並存保護要件—評最高法院107年度台上字第303號民事判決，月旦裁判時報，83期，2019年5月，頁60至67。智慧財產及商業法院104年度刑智上訴字第47號刑事判決。

[103] 最高法院86年度台上字第763號刑事判決。

之共有著作權人[104]。

二、碩博士論文之著作人

　　學生在校期間，教師僅給予觀念之指導，而由學生自己蒐集資料，以個人之意見，重新詮釋相同想法或觀念，而以文字表達其內容，撰寫研究報告，學生為報告之著作人，應受著作權法之保護，享有與行使著作權。因判斷是否抄襲他人著作，主要考慮之基本要件，為被侵害之著作應是表達而非思想，故行為人必須有接觸或實質相似之抄襲行為。學生雖接受教師上課指導，然教師上課僅係作觀念或思考之指導，學生報告由學生嗣後自行蒐集資料，綜合判斷考量後，而獨力以文字撰寫完成，學生自享有系爭報告之著作權[105]。同理，碩士、博士學生撰寫之論文，指導教授僅為觀念指導，學生為著作人；反之，指導教授參與內容表達與學生共同完成，且不能分離利用者，即成為共同著作，其著作權行使，應徵得學生或指導教授同意或授權後，始得為之[106]。

肆、表演著作（93年檢察事務官）

　　所謂表演，係指對既有著作以演技、舞蹈、歌唱、彈奏樂器或其他方法加以詮釋所成之著作[107]。而表演人對既有著作或民俗創作之表演，以獨立之著作保護之。準此，個別獨立之表演，均屬著作權保護之範圍。是我國著作權法對於表演，係以著作權之方式保護，而非以著作鄰接權之模式（neighboring rights）加以規範。表演之保護，對原著作之著作權不生影響（著作權法第7條之1）。例如，甲就乙之音樂著作加以演唱，乙為音樂著作之著作人，甲為表演著作之著作人，乙之音樂著作欲授權第三人，固無需得甲之同意。然甲之表演著作，欲授權第三人利用，應得甲、乙之同意[108]。

---

[104] 智慧財產及商業法院98年度民著上字第7號民事判決。

[105] 最高法院99年度台上字第2109號民事判決。

[106] 經濟部智慧財產局2006年1月25日智著字第09516000230號函。

[107] 蕭雄淋，著作權法論，五南圖書出版股份有限公司，2017年8月，8版修訂2刷，頁108。

[108] 林金吾，法官辦理民事事件參考手冊17，司法院，2008年4月，頁53。

伍、例題解析

一、衍生著作之效果

甲為英文著作之著作財產權人，乙就甲之英文原著作翻譯成中文，乙之中文譯本為衍生著作，乙之中文著作以獨立著作保護之（著作權法第6條第1項）。對甲之英文著作的保護，並不因衍生著作而受影響（第2項）。準此，出版商丙其欲取得該中文著作之出版權，應取得甲與乙雙方同意。

二、將平面美術或圖形著作轉變立體形式

(一)平面附著為重製行為

將平面之美術或圖形著作轉變為立體形式究屬重製或改作，自應就平面之美術或圖形著作與轉變後之立體物，加以比較認定。就平面附著而言，美術或圖形著作之著作內容，係以平面形式附著作於立體物者，即為美術或圖形著作重複製作，屬重製行為。例如，美術圖平面附著作於茶杯。

(二)單純平面直接轉立體為重製行為

以立體形式單純再現平面美術或圖形著作之著作內容，立體物為平面美術或圖形著作之重製。例如，小鴨卡通圖製成立體之小鴨玩具，且該玩具再現小鴨卡通圖之著作內容者，其為重製之行為。

(三)有創意平面轉立體為改作行為

立體物除呈現平面美術或圖形著作之著作內容外，亦另有新的創意表現，且此有創意之立體物，復為著作權法第5條第1項所例示保護之著作，即屬改作之行為。換言之，倘在立體物上以立體之形式，重新表現原平面之美術或圖形著作之著作內容，而有新創意表現成為新創作者，應屬改作。例如，將地圖之圖形著作變成地球儀之圖形著作；或將素描繪畫之美術著作變成雕塑之美術著作[109]。上開立體物屬著作權法第6條第1項所稱之衍生著作，雖受著作權法之保護。然立體物製成者，自應取得平面圖形著作財產權人之同意，否則有侵害改作權之情形[110]。因有認為未經原著作人或著作財產權人同意，就原著作擅

---

[109] 內政部1994年3月18日台(83)內著字第8303793號函。

[110] 最高法院92年度台上字第515號、94年度台上字第6398號、98年度台上字第4571號刑

予改作，係不法侵害原著作人或著作財產權人之改作權，其改作之衍生著作自不能取得著作權[111]。然本文認縱使未經原著作人或著作財產權人同意，行為人亦可取得衍生著作之著作權。

(四)重製與實施行為之區別

平面著作之內容，依按圖施工之方法，並循著作標示之尺寸、規格或器械結構圖，將著作之概念製成立體物，倘其外觀與工程圖相同者，此為單純之著作內容再現，其屬重製行為性質；反之，外觀與工程圖不同者，則為實施行為，並非著作權法規範之範圍。因著作權法對圖形著作，並未保護實施權[112]。

三、結合著作與共同著作之區別

所謂結合著作者，係指多數人為共同利用之目的，將其著作互相結合。結合著作與共同著作之不同處，在於結合著作之各著作間，可獨立分離而分別利用，是結合著作間於創作時，並無共同關係，其並非單一之共同著作[113]。例如，一首歌分別由不同人填詞與譜曲，而歌詞與歌曲得分別利用，其應為兩個著作，而非共同著作。

事判決。

[111] 最高法院87年度台上字第1413號民事判決。

[112] 最高法院97年度台上字第6410號刑事判決。

[113] 陳櫻琴、葉玟妤，智慧財產權法，五南圖書出版股份有限公司，2012年9月，4版1刷，頁271至272。

第四章

著作權之內容

目　次

關鍵詞

二元說、衍生著作、辛勤原則、暫時性重製、出租權耗盡原則

　　我國著作權法就著作權之本質採二元說，係著作人之權利有著作人格權與著作財產權：(一)前者有公開發表權、姓名表示權及不當變更禁止權；(二)後者可分有形利用權、無形傳達權及改作與編輯權。本章之目標係使研讀者瞭解著作人格權、著作財產權及著作鄰接權。

第一節　著作人格權

　　著作人格權具有專屬性與不可轉讓性，縱使著作財產權轉讓予第三人，作者仍保有著作人格權，亦不因作者死亡而消滅。著作人享有公開發表權、姓名表示權及不當變更禁止權等三種人格權，其屬廣義之人格權。

著作人格權	法條依據	說明
公開發表權	著作權法第15條	著作人向公眾發表其著作
姓名表示權	著作權法第16條	表示本名、別名或不具名
不當變更禁止權	著作權法第17條	禁止他人以損害其名譽之方式利用其著作

例題1

　　甲受僱於中正精密機械股份有限公司擔任機械設計工程師，甲於職務上完成A車床設計圖，並約定公司為著作人。試問中正精密機械股份有限公司，得否限制甲公開發表A車床設計圖？

例題2

　　乙為臺中市政府之公務員，其於職務上完成臺中市歷史沿革之著作，乙為著作人，著作財產權歸臺中市政府機關享有。試問：(一)乙有無公開發表臺中市歷史沿革之權利？(二)乙有無姓名表示權？

例題3

　　著作人丙將其C著作之著作財產權與著作人格權，全部讓與丁出版有限公司。試問丁出版有限公司，是否具有C著作之著作財產權與姓名表示權？其理由為何？

壹、定　義

　　我國著作權之本質採二元說，故著作人就其著作分別享有著作人格權（moral rights）與著作財產權（著作權法第3條第1項第3款）。著作人格權爲權利之一種，係指著作人基於其著作人之資格，爲保護其名譽、聲望及其人格利益，在法律上享有之權利，其屬人格權之一環。

貳、性　質

一、專屬性

(一)不得讓與或授權

　　所謂著作人格權，係指著作人就其著作所享有之人格利益，作爲保護標的之權利[1]。其爲人格權之一種，其與權利主體之人格有不可分離之關係，具有專屬性及不可讓渡性。準此，著作人格權專屬於著作人本身，其係不得讓與或繼承之權利（著作權法第21條）。當事人間僅得約定著作人格權不得行使，而無法依據契約自由之方式，讓與或授權著作人格權與他人[2]。

(二)強制執行之限制

　　基於保護著作人格之立場，未公開之著作不適合作爲執行之標的。故未公開發表之著作原件及其著作財產權，除作爲買賣之標的或經本人允諾者外，不得作爲強制執行之標的，以保護著作人之公開發表權（著作權法第20條）。再者，共同著作之著作人格權，非經著作人全體同意，不得行使之。各著作人無

---

[1] 蕭雄淋，著作權法論，五南圖書出版股份有限公司，2017年8月，8版修訂2刷，頁119。

[2] 內政部1992年10月2日台(81)內著字第118200號函、1994年3月18日台(83)內著字第8304406號函。

正當理由者，不得拒絕同意（著作權法第19條第1項）。

二、永久保護性

著作人格權不因著作人之死亡或消滅而滅失（著作權法第18條本文）[3]。準此，對於無著作財產權或著作財產權消滅之著作，為公共所有，任何人固得自由利用，惟其利用行為仍不得侵害該著作人之著作人格權。例如，逾保護期間之音樂著作，任何人雖得自由利用，然不得侵害其著作人格權。例外情形，係依利用行為之性質及程度、社會之變動或其他情事可認為不違反該著作人之意思者，不構成侵害，以平衡著作權人之私益與社會公益（但書）。再者，著作人格權具有專屬性，自不得為繼承之標的，故著作人死亡或消滅後，就著作人之人格利益之保護，係基於國家公益目的，並非著作人固有之著作人格權依然存在[4]。

參、著作人格權之類型

一、公開發表權

(一)定　義

所謂公開發表權，係指著作人得向公眾發表其著作之權利，包含是否發表著作、何時發表及何種方式發表之決定權[5]。其公開發表之方式係以發行、播送、上映、口述、演出、展示或其他方法向公眾公開提示著作內容（著作權法第3條第1項第15款）。著作人就其著作享有公開發表之權利，其僅限於尚未發表之著作有第1次之公開發表權（著作權法第15條第1項）。倘著作已公開發表，第三人加以利用，其屬侵害著作財產權之問題，自不得再行主張公開發表權。例外情形，係公務員依據著作權法第11條、第12條規定為著作人，而該著作財產權歸該公務員隸屬之法人享有者，該公務員並無公開發表權（著作權法

---

[3] 著作權法第18條本文規定，著作人死亡或消滅者，關於其著作人格權之保護，視同生存或存續，任何人不得侵害。此與自然人之一般人格權權有所不同，因自然人之一般人格權係始於出生而終於死亡（民法第6條）。

[4] 蕭雄淋，新著作權法逐條釋義(一)，五南圖書出版股份有限公司，2001年9月，2版3刷，頁232至233。

[5] 智慧財產及商業法院98年度民著訴字第23號民事判決。

第15條第2項、第12條第3項）。

(二)推定同意公開發表

1.要　件

　　公開發表權之行使，通常被涵蓋於著作之利用權範圍，故著作權法規定，有下列情形之一者，推定或視為著作人同意公開發表其著作（著作權法第15條第2項）：(1)著作人將其尚未公開發表著作之著作財產權讓與他人或授權他人利用時，因著作財產權之行使或利用而公開發表者，此為著作財產權之優先性（第1款）；(2)著作人將其尚未公開發表之美術著作或攝影著作之著作原件或其重製物讓與他人，受讓人以其著作原件或其重製物公開展示者，此為物權之優先性（第2款）；(3)依學位授予法撰寫之碩士、博士論文，著作人已取得學位者，為學術流通之目的，使公眾易於參考其著作，法律推定著作人同意公開發表其著作（第3款）；(4)著作財產權依第11條、第12條規定，由雇用人或出資人自始取得尚未公開發表著作之著作財產權者，因其著作財產權之讓與、行使或利用而公開發表者，視為著作人同意公開發表其著作（第3項）。

2.性　質

　　所謂公開發表權，係指禁止他人積極將本人之著作公開發表之消極權利，並非請求第三人將本人尚未公開發表之著作，加以發表之積極權利，除非著作人與第三人間有契約關係，著作人得依據其與第三人間之法律關係，積極請求第三人公開發表[6]。

二、姓名表示權（110年檢察事務官）

(一)原　則

　　著作人於著作之原件或其重製物上或於著作公開發表時，有表示其本名、別名或不具名之權利，其亦稱著作人稱號決定權或著作人資格之承認權（the right to claim the authorship of works）。故利用他人著作時，應尊重他人之著作人格權，應以合理方式明示著作人之姓名或名稱。倘故意不為或刪除著作權標示文字，則侵害著作人之姓名表示權[7]。再者，著作人就其著作所生之

---

[6] 蕭雄淋，新著作權法逐條釋義(一)，五南圖書出版股份有限公司，2001年9月，2版3刷，頁214。

[7] 智慧財產及商業法院106年度民公上更(一)字第1號民事判決。

衍生著作,亦有相同之權利(著作權法第16條第1項)。

(二)例 外

1.公務員著作之除外

公務員依據著作權法第11條、第12條規定為著作人,而該著作財產權歸該公務員隸屬之法人享有者,該公務員並無姓名表示權(著作權法第16條第2項、第15條第1項但書)。

2.利用人之標示

利用著作之人,得使用自己之封面設計,並加冠設計人或主編之姓名或名稱。例如,依據出版慣例,出版商會委託第三人設計封面。例外情形,著作人有特別表示或違反社會使用慣例者,著作人不得主張不與封面設計人同時掛名(著作權法第16條第3項)。

3.社會使用慣例

依著作利用之目的及方法,對著作人之利益無損害之虞,且不違反社會使用慣例者,得省略著作人之姓名或名稱(著作權法第16條第4項)。舉例說明之:(1)編輯百科全書,自無須於每一則解說事例後註明所有著作人[8];(2)電影劇本之著作人,固得要求在電影片上被指名係劇本之著作人,然無權要求在該影片之宣傳廣告或放映告示板,被指名為劇本之著作人;(3)室內環境音樂(background music)之播放,依著作利用之目的,自得省略著作人之姓名[9]。

三、不當變更禁止權(105年律師)

(一)定 義

著作人享有禁止他人以歪曲(distortion)、割裂(mutilation)、竄改(modification)或其他方法(derogatory action)改變其著作之內容、形式或名目致損害(prejudicial)其名譽(reputation)之權利,此為同一性保持權(著作權法第17條)。其目的在於確保著作之完整性,避免著作因他人之竄改而貶損價值,導致名譽受損,亦稱禁止醜化權。是否構成侵害著作人之不當變更禁

---

[8] 章忠信,著作權法逐條釋義,五南圖書出版股份有限公司,2017年8月,4版修訂3刷,頁64。

[9] 蕭雄淋,著作權法論,五南圖書出版股份有限公司,2017年8月,8版修訂2刷,頁125。

止權，端視改變結果是否影響著作人之名譽爲斷，並非謂任何改變行爲，即屬侵害行爲[10]。舉例說明之：1.著作人之法定繼承人將作品放大做爲公共藝術品，倘其行爲並非以歪曲、割裂、竄改或其他方法改變其著作之內容、形式或名目致損害著作人名譽，未構成侵害不當變更禁止權[11]；2.以侵害著作人名譽之方法利用他人著作者，該行爲侵害著作人格權，應負民事與刑事責任（著作權法第87條第1項第1款）[12]。再者，公務員對於其職務著作，雖無公開發表權與姓名表示權（著作權法第15條第1項但書、第16條第2項）。然得對第三人主張禁止不當更改權，防止侵害其名譽[13]。

(二)廣義人格權

著作權法所以保護著作人格權者，其因在於著作人經由其著作之風格、手法及形式，展現其個人在創作之能力與價值，著作人此價值之高低，通常係經由其著作之品質及其著作所展現之內涵，透過市場上之選擇機制，而決定其價值。倘第三人冒用原著作人之風格、筆觸或手法，致使人混淆之情事，誤以爲係原著作人所創作之作品時，其結果將使原著作人無法控制形式上爲其著作之品質與內涵，卻須承擔因此對其名譽所造成之損害，對著作人而言，顯然係侵權行爲。準此，任何第三人於未獲得著作人同意、授權或許可之情況，不得冒用或施用不當方法，使他人誤爲不實著作，確爲原著作人著作之權利。此權利之保護客體有二：名譽權與著作人格權，爲民法之廣義人格權[14]。

肆、共同著作之著作人格權

共同著作之著作人格權，非經著作人全體同意，不得行使之。各著作人無正當理由者，不得拒絕同意（著作權法第19條第1項）。共同著作之著作人，得於著作人中選定代表人行使著作人格權（第2項）。對於前項代表人之代表權所加限制，不得對抗善意第三人（第3項）。觀諸其立法意旨，係以共同著作之著作人格權因非屬財產權，而無由依民法第831條而準用民法共有規定。

---

[10] 智慧財產及商業法院106年度民著上易字第4號民事判決。

[11] 經濟部智慧財產局1998年8月15日台(87)內著會發字第8705268號函。

[12] 智慧財產及商業法院98年度民著訴字第23號民事判決。

[13] 張玉英，新修正著作權法之介紹及其對審判之影響，104年智慧財產法院法官在職研修課程，司法院司法人員研習所，2015年9月9日，頁12。

[14] 臺灣高等法院93年度智上字第14號民事判決。

因共同著作係由多數人共同創作，各著作人之著作人格權與共同著作間，存有連繫關係，彼此不可分，故其各自獨立之著作人格權必須本於全體著作人之同意，始得行使。職是，共同著作之著作人格權，因具有人身專屬性，而無從分割享有，其行使自應經著作人全體之同意，否則不得為之[15]。

伍、例題解析

一、職務著作之公開發表權

受雇人於職務上完成之著作，得約定雇用人為著作人，其著作財產權與著作人格權均歸雇用人享有（著作權法第11條第1項但書、第2項本文）。雇用人為著作人時，得享有公開發表權（著作權法第15條第1項本文）。準此，甲受僱於精密機械公司擔任機械設計工程師，甲於職務上完成A車床設計圖，公司為著作人時，精密機械公司得限制甲公開發表A車床設計圖。

二、公務員職務著作之公開發表權與姓名表示權

公務員於職務上完成之著作，雖以公務員為著作人，其著作財產權歸國家享有（著作權法第11條）。然公務員非私人之受雇人，均不得享有公開發表權與職務著作之姓名表示權（著作權法第15條第1項但書、第16條第2項）。準此，乙為臺中市政府之公務員，其於職務上完成臺中市歷史沿革之著作，乙為著作人，著作財產權歸臺中市政府機關享有者，乙並無公開發表臺中市歷史沿革之權利，亦無在職務著作上為姓名表示之權利。

三、姓名表示權

著作權法第16條第1項規定，姓名表示權屬著作人格權之一，依同法第21條規定，著作人格權專屬於著作人本身，不得讓與或繼承。準此，丁出版公司僅可自著作人丙處受讓取得C著作之著作財產權，雖無法得取得著作人之姓名表示權，惟丁出公司仍得於著作重製物，標明自己為出版者之文字（著作權法第16條第3項）。

---

[15] 最高法院100年度台上字第417號民事判決。

第二節 著作財產權

　　所謂著作財產權，係指法律承認得以就各類型著作為經濟利用之支配權，其屬著作之利用權[16]。詳言之：(一)重製權、公開展示權、出租權、散布權及輸入權，屬有形利用權利；(二)公開口述權、公開播送權、公開上映權、公開傳輸權及公開演出權，屬無形傳達之權利；(三)編輯權、改作權則為改作、編輯之權利[17]。

第一項 概 述

　　著作財產權人雖於權利存續期期間，享有獨占利用與處分著作之權利。然權利期間屆滿後，著作財產權即成為公共財，任何人均得利用之，不成立侵害著作財產權。

例題4

　　甲拍攝已無著作財產權之中國古畫清明上河圖，並將照片置於個人之網站，乙自甲之網路上複製該中國古畫照片。試問乙之重製行為，有無侵害拍攝人甲之權利？

壹、定 義

　　所謂著作財產權（economic rights），係指著作人或依法取得著作上財產權利之人對於屬於文學、科學、藝術或其他學術範圍之創作，享有獨占利用與處分之類似物權的權利[18]。職是，著作財產權具有經濟價值與排他性之權利[19]。所謂依法取得著作上財產權利之人，如依第11條第2項或第12條第2項規

---

[16] 陳律師，智慧財產權法，高點文化事業有限公司，2005年3月，10版，頁2至80。

[17] 智慧財產及商業法院109年度民著上易字第5號民事判決。

[18] 蕭雄淋，著作權法論，五南圖書出版股份有限公司，2017年8月，8版修訂2刷，頁129。

[19] 劉瀚宇，智慧財產權法，中華電視股份有限公司，2005年8月，頁33。

定,取得著作財產權之雇用人或出資人,專有第22條至第29條規定之權利(著作權法第29條之1)。

貳、性　質

著作財產權屬無體財產權,其性質屬準物權,其內容依據我國著作權法第22條至第29條之1規定,故未經本法明定之著作財產權,並不受保護。著作財產權爲財產權之一種,其得自由轉讓(著作權法第36條)。因著作財產權無專屬性,可依法繼承之(民法第1148條)。

參、例題解析——著作財產權之保護期間

乙自網路上複製甲拍攝之中國古畫照片,因中國古畫已成爲公共財,倘甲於拍攝過程,僅單純顯示中國古畫之內容,並無原創性時,該攝影行爲屬原畫之複製性質。職是,乙複製該攝影照片,並無侵害攝影著作權之問題。

第二項　類　型

著作財產權	法條依據	說明
重製權	著作權法第22條	有形、固著及可理解性
公開口述權	著作權法第23條	限於語文著作
公開播送權	著作權法第24條	必須藉助接收器轉換訊息
公開上映權	著作權法第25條	限於視聽著作
公開演出權	著作權法第26條	限於語文、戲劇、音樂或舞蹈著作
公開傳輸權	著作權法第26條之1	網路傳輸具有互動性
公開展示權	著作權法第27條	限於未發表之美術與攝影著作
改作權	著作權法第28條	其爲衍生著作與獨立著作
編輯權	著作權法第28條	資料之選擇、整理、組合及編排
出租權	著作權法第29條、第60條	原則應適用權利耗盡原則,例外情形,係錄音及電腦程式著作,不適用之
散布權	著作權法第28條之1	使著作物於市場交易或流通
輸入權	著作權法第87條第4款	禁止真品平行輸入

例題5

丙開設ATT音樂公司，除經營CD買賣外，並從事CD之出租業務。試問：(一)丙經營買賣CD與出租CD之行為，有無侵害他人之著作財產權？(二)丙可否出借CD？

例題6

丁經戊之同意，將戊之多則文章蒐集出版成A書，在市面甚為暢銷，己未經授權或同意，竟盜版A書出售。試問丁、戊分別係何類型著作財產權受侵害？

例題7

B科技股份有限公司邀請庚學者至該公司演講保護著作權之議題，B公司欲在庚演講時，加以錄音、錄影或製作講稿。試問是否應經庚之同意或授權？理由為何？

例題8

廣播電臺或電視電臺取得錄音著作之著權財產人授權，播送錄有音樂著作之錄音著作。試問該等電臺從事公開播送行為時，是否須徵得音樂著作之著作財產權人同意或授權？

例題9

甲以中文完成鄭成功傳記之語文著作，乙經甲同意，將其翻譯成英文本。試問丙欲將鄭成功傳記英文本翻譯成日文本，是否應經甲或乙之同意？

例題10

　　演藝人員在婚喪喜慶場所演奏或演唱他人音樂著作，或業者受顧客委託在婚喪喜慶場所播放CD。試問演藝人員或業者，是否應先得著作財產權人授權或同意？

例題11

　　甲醫師在醫療診所內，播送廣播節目或無線電視臺之節目，提供病患或其家屬收聽或收看以減少候診之不安。試問甲醫師有無侵害他人之著作財產權？理由為何？

壹、重製權（110、100、94年檢察事務官）

一、定　義

　　所謂重製者（reproduce），係指以印刷、複印、錄音、錄影、攝影、筆錄或其他方法直接、間接、永久或暫時之重複製作（著作權法第3條第1項第5款前段）。重製權屬有形之利用權，係著作人最基本之著作財產權，各類著作之著作人均享有重製權。重製之要件有三：(一)有形要件（the tangibility）；(二)固定要件（the fixation requirement）；(三)可理解性要件（the intelligibility requirement）[20]。例如，對他人著作之文字進行調整、刪減而不具有創作性者，屬重製他人著作行為；倘其調整具有原創性者，即可能產生受著作權法保護之衍生著作，因改作係屬著作財產權人之權利，應徵得其同意後方得為之[21]。

---

[20] 蕭雄淋，著作權法論，五南圖書出版股份有限公司，2017年8月，8版修訂2刷，頁130至131。

[21] 經濟部智慧財產局2014年3月5日智著字第10300014390號函。

二、重製概念之擴張

所謂重製概念之擴張，係指於劇本、音樂著作或其他類似著作演出或播送時予以錄音或錄影；或依建築設計圖或建築模型建造建築物者，亦屬之（著作權法第3條第1項第5款後段）。準此，將機械圖作成實際之機械，其為實施行為，並非重製行為；反之，將建築設計圖建造建築物，則屬重製行為。

三、權利主體

著作人除本法另有規定外，專有重製其著作之權利（著作權法第22條第1項）。是著作人就任何著作均有重製權。表演人（performer）專有以錄音、錄影或攝影重製其表演之權利（第2項）。職是，對於表演以錄音、錄影或攝影以外方式，加以重製表演，不須表演著作財產權人之同意。例如，以素描之方式重製表演。

四、暫時性重製

專為網路合法中繼性傳輸，或合法使用著作，屬技術操作過程中必要之過渡性、附帶性，而不具獨立經濟意義之暫時性重製（temporary reproduction），原則不成立侵害著作財產人之重製權。例外情形，係電腦程式著作，不在免責之範圍（著作權法第22條第3項）。網路合法中繼性傳輸之暫時性重製情形，包括網路瀏覽、快速存取或其他為達成傳輸功能之電腦或機械本身技術上所不可避免之現象（第4項）。舉例說明之：(一)電腦或影音光碟而經由隨機取存記憶體（RAM）達成傳送之效果；(二)網站上觀看非法影片，未再將該影片以下載重製、公開傳輸方式傳輸予他人，其所發生之屬技術操作過程中必要之過渡性、附帶性而不具獨立經濟意義之暫時性重製，不涉及侵害重製權之問題[22]；(三)為公開傳輸而將實體電視之節目內容，同步上傳至特定網址之行為，因同步播出之重製，僅暫存幾秒鐘時間，且播出後即不存在，僅要廣播業者已取得合法公開傳輸之授權，就其以串流技術同步傳輸過程，所產生之暫時性重製，無須另行取得授權[23]。

---

[22] 經濟部智慧財產局2013年3月25日電子郵件字第1020325號函。
[23] 經濟部智慧財產局2012年10月17日智著字第10116005010號函。

五、變更著作物之載具

著作物之載具會隨技術之進步而演進，因記憶媒體與其播放器具之不同，導致記載媒體所載著作物無法在新播送器具播放，著作物權利人為使之能在新播放器具播放，其所採取之轉錄行為，就技術而言，雖屬重製行為，然未侵害權利人之重製權[24]。例如，KTV業者所購得之伴唱帶係支付相當對價所購得合法重製，且得於KTV營業場所使用之公播版，倘KTV業者基於市面上已不再製造VHS放影機，將VHS伴唱帶轉錄成電子檔案供VOD系統使用，此等轉錄或重製行為係因媒體載具變更，非為此等轉錄行為，即無法達成原授權利用之目的，其利用之結果對著作潛在市場與現在價值，亦未造成變動或影響，即有主張合理使用之空間[25]。

貳、公開口述權

一、定　義

所謂公開口述（public recitation），係指以言詞或其他方法向公眾傳達著作內容，公開口述權為無形傳達權（著作權法第3條第1項第6款）。所謂公眾，係指不特定人或特定之多數人（著作權法第3條第1項第4款本文）。著作人專有公開口述其語文著作之權利，其他著作之著作人並無公開口述權（著作權法第23條）。例如，著作人將其演講稿在公開場所，加以演講。

二、向公眾直接與完整傳達著作內容

公開口述為口述者向公眾直接、完整傳達著作之內容，未加以其他之演繹及創作，始足當之。例如，甲之文字著作係簡報檔，將教學內容提綱挈領舉其大要，以輔助教學，乙授課時，係以口語方式將SEM結構方程式之數據、圖表、模型、公式、專有名詞及軟體操作畫面，以學員易理解之方式解說，並非完全照本宣科，讀誦重複講義之內容。職是，乙依甲之文字著作上課，然僅為將該著作之表達，加以演繹後而為觀念之傳遞，非屬著作權之公開口述行為。

---

[24] 劉孔中，著作重製、改作與案例分析，101年度智慧財產法院法官在職研修課程，司法院司法人員研習所，2012年8月8日，頁6。

[25] 經濟部智慧財產局2005年4月29日智著字第09400023831號函。

申言之，因上課需要而編寫之講義，係將課程重點濃縮摘要、提綱挈領，使學習者易於掌握，故乙上課之口語講授，並未侵害甲所有文字著作之公開口述權[26]。

參、公開播送權（103、97、99年檢察事務官）

一、定　義

所謂公開播送（public broadcast），係指基於公眾直接收聽或收視為目的，以有線電、無線電或其他器材之廣播系統傳送訊息之方法，藉聲音或影像，向公眾傳達著作內容，其為無形傳達權。所謂再播送，係指由原播送人以外之人，以有線電、無線電或其他器材之廣播系統傳送訊息之方法，將原播送之聲音或影像向公眾傳達者（著作權法第3條第1項第7款）。系統業者利用其設置之纜線，將自頻道業者端接收之節目內容，以類比或數位訊號傳送與提供一般家庭用戶收視[27]。

二、權利主體

著作人除本法另有規定外，原則上專有公開播送其著作之權利（著作權法第24條第1項）。例如，甲為A音樂著作之著作人，乙未經甲同意，將甲之音樂在廣播電臺播送，乙之行為侵害甲之公開播送權。例外情形，係表演人就其經重製或公開播送後之表演，不得再主張公開播送權（第2項）。公開播送之播送與接收時間，係由著作人單向提供著作內容，時間由提供人決定，接收者處被動或無選性接受著作內容。

三、裝設碟形天線接收無線或衛星電視節目

旅館業者自行裝設碟形天線接收國內外無線或衛星電視節目，由於該行為旅館需先裝置接收器材接收信號，而後藉纜線傳送信號至各房間，倘其係基於公眾接收訊息為目的，屬著作權法所定公開播送或同步播送之行為，應徵得該

---

[26] 智慧財產及商業法院104年度民著上易字第3號民事判決。

[27] 劉明芳，我國有線電視產業節目訊號播送之法律問題研究，國立中正大學財經法律學研究所碩士論文，2015年1月，頁14。

等節目著作財產權人之同意或授權後，始得為之[28]。

四、有線電視業者接收衛星電視業者訊號

(一)非屬公開播送行為

有線電視業者接收衛星電視業者訊號之目的，係將解碼後之節目傳輸至末端家用戶消費者，縱以有線電、無線電或其他器材之廣播系統傳送訊息之方法傳達著作內容，然僅屬供一般公眾接收訊號傳輸之前置傳輸行為，其地位與衛星相同，具傳輸訊號中繼站性質，屬技術操作過程之過渡性與附帶性，非為向公眾播送，不具獨立經濟意義。衛星電視業者將其鎖碼之節目上鏈至衛星，再下鏈至有線電視業者，有線電視業者繼而將自衛星接收之節目傳送至收視戶，屬整體不可分割之公開播送行為。職是，有線電視業者接收衛星電視業者訊號，非屬公開播送行為[29]。

(二)單純技術傳達

衛星電視業者將其鎖碼之節目上鏈至衛星，再下鏈至有線電視者，有線電視業者再自衛星接收之節目傳送至收視戶，是有線電視業者居於類似平臺業者之地位。且於衛星電視業者下鏈至有線電視業者階段，為單純技術傳遞，無音樂著作欣賞利用之行為，其與實體遞送節目帶方式無異，無音樂著作之社會擴散利用效果。申言之，著作利用行為，係在有線電視業者至收視戶階段。而「衛星電視業者下鏈至有線電視業者」及「有線電視業者至收視戶」，為完整之節目播送流程，利用人僅需支付1次費用，著作財產權人不得重複收費[30]。

肆、公開上映權（96、99年檢察事務官）

一、定　義

所謂公開上映（public presentation），係指以單一或多數視聽機或其他傳送影像之方法於同一時間向現場或現場以外一定場所之公眾傳達著作內容（著

---

[28] 最高法院88年度台非字第269號刑事判決；內政部1996年7月2日台(85)內著會發字第8510668號函、1998年8月13日台(87)內著字第8705222號函。
[29] 智慧財產及商業法院104年度行著更(二)字第1號行政判決。
[30] 智慧財產及商業法院104年度行著更(二)字第1號行政判決。

作權法第3條第1項第8款）。著作人專有公開上映其視聽著作之權利，其他著人之著作人並無公開上映權（著作權法第25條）。故構成公開上映之要件有四：(一)以單一或多數視聽機或其他傳送影像之方法為工具；(二)以影像之傳送傳達視聽著作之內容；(三)於同一時間；(四)向現場或現場以外一定場所之公眾傳達。公開上映為無形傳達權。所謂之現場或現場以外一定場所，包含電影院、俱樂部、錄影帶或碟影片播映場所、旅館房間、供公眾使用之交通工具或其他供不特定人進出之場所（著作權法第3條第2項）。例如，MTV、KTV、遊覽車、飛機、圖書館或辦公室均屬公開上映之場合。

二、旅館房間

　　旅館房間究否屬於公共場所或公眾得出入之場所，應就具體個案衡酌案發當時該房間之實際使用情形而定。申言之：(一)因旅館房間於出租予旅客時，該旅客對於該房間即取得使用與監督之權，此時該房間於客觀上不失為住宅之性質；(二)旅客將其租用之旅館房間，供多數人共同使用或聚集。例如，供作開會之場所或以之供作不特定多數人隨時得出入之場所，應視為公共場所或公眾得入之場所[31]。

三、單純接收訊息

　　公共場所單純打開電視機接收有線播送系統業者所傳達之節目內容，提供第三人觀賞，該電視機為接收節目之必然設備，該公共場所僅為單純接收訊息者，並未有公開上映之行為[32]。例如，旅館業者由有線電視播送系統安裝纜線至旅館房間，其中並無加裝任何接收器材，無公開播送之行為，該傳送節目之型態與亦無公開上映之行為。

伍、公開演出權（104年律師；97、99、105、110年檢察事務官）

一、定　義

　　所謂公開演出（public performance），係指以演技、舞蹈、歌唱、彈奏樂

---

[31] 法務部1994年8月2日(83)法檢字第16531號函。
[32] 內政部1998年8月11日台(87)內著字第8705023號函。

器或其他方法向現場之公眾傳達著作內容。以擴音器或其他器材，將原播送之聲音或影像向公眾傳達者，亦屬之（著作權法第3條第1項第9款）。例如，唱片行藉音響播送音樂著作、公眾場所藉音響播送音樂著作或公眾場所歌唱。公開演出包含公開上演、公開演唱及公開演奏，其為無形傳達權[33]。

二、公開演出之客觀事實

(一)伴唱機有未經授權之歌曲

就違反公開演出之要件而言，行為人客觀上須有著作權法第3條第1項第9款文義所示之行為時，始得構成，而該行為之有無為客觀事實要件，即必須行為人確實有以演技、舞蹈、歌唱、彈奏樂器或其他方法向現場之公眾傳達著作內容，或以擴音器或其他器材，將原播送之聲音或影像向公眾傳達之事實行為存在，並經查獲者，始構成對著作權人公開演出權之侵害。倘僅單純放置機器，尚未有公開演出之事實，不得僅因該放置之機器內，有未經授權之歌曲存在，即認定有公開演出之事實。換言之，伴唱機內有未經授權之歌曲，不等同於公開演出之行為，故著作權人所使用之蒐證人員，其目的在於蒐集行為人或相關消費者，是否有公開演出之客觀外在行為，蒐證人員僅能從旁取證。因未經授權之歌曲並非違禁物，持有未經授權之歌曲，不當然構成對公開演出權之侵害，至多僅能說明行為人持有未經授權公開演出之歌曲，不能證明行為人有公開演出之事實。否則不僅有違證據法則，亦與刑事法有關行為罰法之理論未符[34]。

(二)販賣電腦點唱機

在電器行或賣場販賣電腦點唱機，其門市固有歡迎試唱之字樣，惟其用意僅在於吸引顧客俾以促銷該點唱機，主觀上並無以公開演出之方式，侵害他人著作權之犯意，顧客縱有試唱，然亦僅為測試該點唱機之品質及功能，並無向現場公眾傳達著作內容之行為，難認定有侵害著作財產權人之公開演出權[35]。

---

[33] 蕭雄淋，著作權法論，五南圖書出版股份有限公司，2017年8月，8版修訂2刷，頁138至139。

[34] 智慧財產及商業法院98年度刑智上易字第130號刑事判決。

[35] 臺灣高等法院89年度上字第1318號民事判決。

三、權利主體

(一)著作類型

著作人除本法另有規定外，原則上專有公開演出其語文、音樂或戲劇、舞蹈著作之權利（著作權法第26條第1項）。例外情形，係表演人僅專有以擴音器或其他器材公開演出其表演之權利。倘將表演重製後或公開播送後再以擴音器或其他器材公開演出，表演人不得主張有公開演出權（第2項）。例如，甲將乙之歌曲加以演唱，由丙作成錄音帶，丁未經授權將該錄音著作公開演出，則丁固侵害乙之音樂著作著作權，然未侵害甲表演著作之著作權，亦未侵害丙錄音著作之著作權。因丙之錄音著作並無公開演出權，甲雖有表演著作之著作權，然該表演已經重製而喪失公開演出權[36]。

(二)錄音著作

錄音著作經公開演出者，錄音著作人僅得請求公開演出人支付使用報酬，公開演出人不須經錄音著作人同意（著作權法第26條第3項）。例如，利用人於公開場所播放CD，錄音著作人得請求播放行為人，給付使用報酬。倘利用人未付報酬，錄音著作人並無排他之公開演出權，其僅屬民事責任，而無著作權法第六章與第七章之侵害著作權之責任。

陸、公開傳輸權（100、104、110年檢察事務官）

一、定　義

所謂公開傳輸（public transmission），係指以有線電、無線電之網路或其他通訊方法，藉聲音或影像向公眾提供或傳達著作內容，包括使公眾得於其各自選定之時間或地點，以上述方法接收著作內容（著作權法第3條第1項第10款）。公開傳輸為網路科技之重要特色，無論一對多之單向網路廣播電視傳播（webcasting）或多對多之雙向互動式傳播（interactive transmission），均使消費者與著作者處於互動傳播（on-demand）模式。而設置網站係最典型之公開傳輸的型態，其為無形傳達權。例如，甲未經著作權人乙之同意或授權，將乙之著作內容放置於網站，甲除侵害乙之複製權外，亦侵害乙之公開傳輸權。

---

[36] 林金吾，法官辦理民事事件參考手冊17，司法院，2008年4月，頁79至80。

二、權利主體

　　著作人除本法另有規定外，專有公開傳輸其著作之權利（著作權法第26條之1第1項）。而表演人僅就其經重製於錄音著作（sound recordings）之表演，專有公開傳輸之權利（第2項）。準此，就現場表演或錄影帶之公開傳輸，不必取得表演人之同意。

三、使用網路著作（105年律師）

　　網際網路之資訊眾多，雖得輕易重製、公開傳輸文字或圖片，惟著作權於網路世界，亦受相同之保護。因著作之表達，通常附著於一定之媒介或載體，以供他人知覺著作之存在及其內容。無論著作附著於何種媒介，著作權人均享有同等之著作權保護。隨著科技之發展，著作所附著之媒介，亦隨著科技而有不同之面貌，是著作權存在現存及未來新興之諸類媒介。使用人無法確知網頁圖片之著作權人為何人，除可成立合理使用外，否則未經同意而使用，即成立著作權之侵害。例如，甲未積極尋求網路之圖片著作權人，亦未拒絕使用各該圖片，擅自將之使用於其網頁，並供網路使用者以滑鼠右鍵加以重製與下載，亦未標示著作人之姓名，自有過失甚明。準此，其侵害他人著作財產權之重製權、公開傳輸權及著作人格權之姓名表示權[37]。

四、公開播送與公開傳輸之區別

　　公開播送與公開傳輸之區別並非傳輸技術，而是在傳輸特性上之差異，即公開播送有時間、地域、範圍之限制，且其僅得單向傳達著作內容；而公開傳輸係無遠弗屆，無時間、地域、範圍之限制，並具有雙向互動之特性[38]。職是，公開傳輸由使用者控制資訊之接收，而公開播送由提供者控制資訊發送之內容[39]。

---

[37] 智慧財產及商業法院98年度民著訴字第2號民事判決。

[38] 智慧財產及商業法院103年度民著上字第7號民事判決。

[39] 陳秉訓，歐洲法院對封鎖侵權網站之立場與見解—以2014年UPC案判決為中心，智慧財產訴訟制度相關論文彙編，4輯，司法院，2015年12月，頁372。

柒、公開展示權

一、定　義

　　所謂公開展示（public display），係指向公眾展示著作內容，公開展示屬有形之利用權（著作權法第3條第1項第13款）。著作人專有公開展示其未發行之美術著作或攝影著作之權利，其他著作之著作人並無公開展示權（著作權法第27條）。例如，甲完成一幅國畫，尚未公開展示，乙未經甲同意，擅自持之參加展覽，乙之行為侵犯甲的公開展示權。公開展示之標的，包含原件及其重製物。所謂原件（the original）係指著作首次附著之物。準此，公開展示屬有形之利用權。

二、公開展示權與公開發表權

　　公開展示權之行使與公開發表權關係密切，是公開展示權之權利人行使其權利，必然會公開發表該著作。因公開展示為公開發表之一種方式，當著作人與著作財產權人為不同主體時，原則上，著作財產權人之公開展示權，會受著作人之公開發表權的限制。例外情形有三：(一)著作人將其尚未公開發表著作之著作財產權讓與他人或授權他人利用時，因著作財產權之行使或利用而公開發表者，推定著作人同意公開發表其著作（著作權法第15條第2項第1款）；(二)著作人將其尚未公開發表之美術著作或攝影著作之著作原件或其重製物讓與他人，受讓人以其著作原件或其重製物公開展示者（第2款）；(三)美術著作或攝影著作原件或合法重製物之所有人或經其同意之人，得公開展示該著作原件或合法重製物（著作權法第57條第1項）。

捌、改作權（105年律師）

一、定　義

　　所謂改作者（adaption），係指以翻譯、編曲、改寫、拍攝影片或其他方法就原著作另為創作（著作權法第3條第1項第11款）。例如，著作權人將其攝影著作張貼於其所有之部落格，並不表示同意任何人得任意改作，故未得到著作權人同意或授權而擅自改作，即會侵害著作權人之改作權。原則上著作人專有將其著作改作成衍生著作之權利。例外情形，係表演不適用之（著作權法第

28條）。就原著作改作之創作為衍生著作（derivative work），以獨立之著作保護之（著作權法第6條第1項）。衍生著作之保護，對原著作之著作權不生影響（第2項）。所謂對原著作之著作權無影響，係指原著作與衍生著作各自獨立，各受著作權法之保護，互不影響與牽制。

二、改作權之限制

(一)禁止不當改變權

改作權為變更原著作之型態，使其內容再現之權利，屬著作財產權人專有，倘改作人與原著作人非屬同一人，原著作財產權人雖有授權行為，然改作權人行使改作權，應受著作人之著作人格權的限制，即改作權不得逾越著作人格權之禁止不當改變權所容許之範圍[40]。

(二)電腦程式之限制

合法電腦程式著作重製物之所有人，雖得因配合其所使用機器之需要，修改其程式，或因備用存檔之需要重製其程式，然限於該所有人自行使用（著作權法第59條第1項）。前項所有人因滅失以外之事由，喪失原重製物之所有權者，除經著作財產權人同意外，應將其修改或重製之程式銷燬之（第2項）。

(三)獨立著作

所謂獨立著作，係指著作人為創作時，獨立完成而未抄襲他人先行之著作而言。著作人為創作時，從無至有，完全未接觸他人著作，獨立創作完成具原創性之著作，固屬獨立著作；惟著作人創作時，曾參考他人著作，而其創作後之著作與原著作在客觀上可區別，非僅細微差別，且具原創性者，亦屬獨立著作。將他人著作改作而為衍生著作，雖有可能涉及改作權之侵害，然獨立著作已具有非原著內容之精神及表達，且與原著作無相同或實質相似處，該著作與改作無涉，而為單純之獨立著作，並無改作權之侵害[41]。

---

[40] 林金吾，法官辦理民事事件參考手冊17，司法院，2008年4月，頁87。
[41] 最高法院106年度台上字第1635號民事判決。

玖、編輯權

一、定　義

　　除表演之外，著作人專有將其著作編輯成編輯著作之權利（著作權法第28條）。例如，甲為A、B及C著作之著作權人，甲授權乙就該等著作編輯成編輯著作，倘丙欲利用編輯著作，丙應經甲、乙之同意始可為之。再者，就資料之選擇及編排具有創作性者為編輯著作（compilation work），以獨立之著作保護之（著作權法第7條第1項）。故編輯著作，應就資料之選擇及編排，表現一定程度之創意及作者之個性者。就資料之選擇而言，倘編輯者予以衡量與判斷，並非機械式的擇取，通常得表現其創作性[42]。

二、原創性標準

　　所謂編輯著作，係指就資料之選擇與編排，能表現一定程度之創意及作者之個性者。就資料之選擇而言，編輯者予以衡量、判斷，非機械式之擇取，通常即得表現其創作性。反之，僅辛勤蒐集事實，其就資料之選擇、編排欠缺創作性時，縱使投入相當時間、費用，難謂為編輯著作而享有著作權[43]。職是，編輯著作之保護，係採原創性之標準，並非辛勤原則（sweat of the brow）或勤勞彙集準則（industrious collection）。故就資料之選擇（selection）及編排（arrangement）不具備創作性者，不因從事蒐集（collection）工作，而成為受保護之編輯著作[44]。例如，資料庫具備創意性，始得成為受保護之編輯著作。

三、著作整體判斷

　　編輯著作所保護者，係就資料之選擇與編排之創作行為，不論編輯選擇之客體，是否為著作權法保護之著作，對於編輯著作之保護不受影響。依據編輯者個人之知識、經驗，將既存散見於各處之資料，予以整理、分類及歸納為完整資料，其選擇與編排已含有個人之創意及智慧之表達，其具一定之創作性。準此，就編輯著作之創作性，應就著作整體為判斷，不得將著作割裂為數個零

---

[42] 最高法院104年度台上字第1139號民事判決。
[43] 最高法院91年度台上字第940號、104年度台上字第1139號民事判決。
[44] 臺灣臺北地方法院92年度訴字第773號刑事判決。

散部分，個別加以論斷[45]。

拾、散布權（101、102年檢察事務官）

一、定　義

　　所謂散布（distribution），係指不問有償或無償，將著作之原件或重製物提供公眾交易或流通，其屬有形之利用權（著作權法第3條第1項第12款）。著作物之散布方式，須提供公眾交易或流通。所謂公眾者，原則係指不特定人或特定之多數人。例外情形，係家庭及其正常社交之多數人，不在此限（著作權法第3條第1項第4款）。例如，僅對特定親友提供交易或流通，非屬散布行為。再者，所謂發行者，係指權利人散布能滿足公眾需要之重製物，僅限於實體物之流通，並不及於網路上數位檔案之公開傳輸[46]。

二、行使態樣

　　散布權行使之態樣有二：(一)以移轉所有權之方式，係指著作人除本法另有規定外，專有以移轉所有權之方式，散布其著作之權利（著作權法第28條之1第1項）。表演人就其經重製於錄音著作之表演，專有以移轉所有權之方式散布之權利（第2項）；(二)非以移轉所有權之方式，如出租或出借。

三、權利耗盡原則

(一)國內耗盡原則

　　耗盡原則具有衡平著作權人與相關消費者之功能，其有國際耗盡原則與國內耗盡之區別，我國著作權法適用國內耗盡原則。詳言之，在中華民國管轄區域內取得著作原件或其合法重製物所有權之人，其基於物權，得以移轉所有權之方式散布之，無須徵得著作人同意（著作權法第59條之1）。著作財產權人對於該著作原件或其合法重製物喪失著作之散布權，此為權利耗盡原則（the doctrine of exhaustion）或第一次銷售原則（the first sale doctrine）。準此，在中華民國管轄區域內取得著作原件或其合法重製物所有權之人，得主張權利耗盡

---

[45] 智慧財產及商業法院104年度民著上易字第3號民事判決。
[46] 經濟部智慧財產局2012年4月20日電子郵件字第1010420b號。

原則。反之，取得非法重製物者，自無權利耗盡原則之適用。例如，行為人單純購買盜版著作，雖利用盜版著作，不致有侵害著作財產權之情事，然盜版著作之所有人不得出售盜版著作，否則成立侵害散布權之行為。

(二)刑事責任

因著作財產權人有散布權，不論為合法或非法之著作物，除非適用權利耗盡原則，均應經著作財產權人之授權或同意，始得以移轉所有權之方式散布著作物，違反者依據著作權法第91條之1課予刑事責任[47]。是權利耗盡原則為散布權之例外，而輸入權為散布權之延伸[48]。再者，在我國加入WTO之前或2年過渡期間，未經權利人授權所完成之重製物，因未經著作財產權人同意而進入我國市場，自無權利耗盡原則之適用，故購買該重製物者不得轉賣予他人（著作權法第106條之2）[49]。

拾壹、出租權（99、101年檢察事務官）

一、著作人與表演人

著作人除本法另有規定外，專有出租其著作之權利（著作權法第29條第1項）。表演人就其經重製於錄音著作之表演，專有出租之權利（第2項）。出租權係有形之利用權，其權利客體為著作物而非著作。再者，侵害出租權之行為人，應依著作權法第92條課以刑事責任。

二、出租權耗盡原則與例外

著作原件或其合法著作重製物之所有人，原則上得出租該原件或重製物，此為出租權耗盡原則之適用（著作權法第60條第1項本文）。例外情形，係就錄音（sound recording）及電腦程式著作（computer program），不適用之（第1項但書）。此為著作物所有人出租著作物之限制，此為出租權耗盡原則之例外。而附含於貨物、機器或設備之電腦程式著作重製物，隨同貨物、機

---

[47] 經濟部智慧財產局2004年8月26日智著字第09300070650號函。
[48] 章忠信，著作權法逐條釋義，五南圖書出版股份有限公司，2015年3月，4版2刷，頁84。
[49] 經濟部智慧財產局2003年10月28日智著字第09200085300號函。

器或設備合法出租且非該項出租之主要標的物者，不適用第1項但書規定（第2項）。

三、侵害出租權之態樣

除擁有合法重製物之所有人，得將該重製物予以出租外，倘第三人欲出租著作物，均須徵得著作財產權人之授權或同意，倘未經著作財產權人之授權或同意，自不得出租，否則即會構成侵害出租權之行為。舉例說明之：(一)著作財產權人或代理商將發行之視聽著作物移轉占有，授權與簽約之店家出租，其保留視聽著作物之所有權，簽約之出租店並無所有權，其將視聽著作物移轉占有予第三人之行為，不生所有權移轉之效果。倘該視聽著作物載明所有權人為他人，其僅限簽約店授權出租專用，是第三人自無從依民法善意受讓規定，取得所有權，第三人非合法著作重製物之所有人，不得適用著作權法第60條規定出租該視聽著作物，故其將視聽著作物予以出租營利之行為，構成侵害出租權[50]；(二)著作財產權人授權店家自行重製一定數量之視聽著作物，店家逾越授權範圍重製之視聽著作物，並將非合法授權之視聽著作物出租予消費者，屬侵害出租權之行為[51]。

拾貳、輸入權

耗盡原則分為國際耗盡原則與國內耗盡原則，前者准許真品平行輸入，後者禁止真品平行輸入。我國著作權法採國內耗盡原則，故輸入未經著作財產權人授權重製之重製物，視為侵害著作權（著作權法第87條第4款）。所謂輸入者，係指自國外進口物品，其屬有形之利用權。自大陸地區將著作之重製物輸入臺灣地區，亦屬輸入行為。第三人輸入國外著作，倘未經原著作之著作財產權人同意或授權，侵害著作財產權人之專屬輸入權。準此，著作財產權人具有輸入權，採國內耗盡原則，禁止真品（genuine goods）平行輸入，除非有著作權法第87條之1所定情事。例如，為供輸入者個人非散布之利用或屬入境人員行李之一部分而輸入著作原件或一定數量重製物者（著作權法第87條之1第1項第3款）。其屬合法輸入國內之著作原件或重製物，自有權利耗盡原則之適

---

[50] 經濟部智慧財產局2004年1月8日智著字第09200116840號函。

[51] 智慧財產及商業法院98年度刑智上易字第79號刑事判決。

用，可出售於他人。為平衡社會公益，第87條之1僅適用於有著作權之商品。例如，音樂CD、視聽DVD、書籍或電腦程式，該等商品上之著作，為商品之主要用途[52]。

拾參、例題解析

一、權利耗盡原則

(一)移轉著作物之所有權

丙係中華民國管轄區域內取得合法重製CD之所有權人，其基於物權之效力，自得以移轉所有權之方式散布之，無須徵得著作人同意（著作權法第59條之1）。因該錄音著作之著作財產權人對於合法重製CD，已喪失著作之散布權。故甲開設音樂行，出售合法重製之CD，並未侵害著作財產權。

(二)非移轉著作物之所有權

著作原件或其合法著作重製物之所有人，原則上得出租該原件或重製物。惟錄音部分，則不適用之，此為著作財產權與著作重製物所有權之調和（著作權法第60條第1項）。準此，丙縱使合法取得CD之所有權，因CD係錄音著作並無散布權耗盡原則之適用。故丙從事CD之出租行為，該行為侵害著作財產權。

二、侵害著作財產權之態樣

丁經戊之同意，將戊之文章蒐集出版成A書，戊對A書之各文章有著作權，丁出版之A書係編輯著作，丁就A書有著作權。準此，己未經授權而盜版A書，係侵害戊之編輯權及侵害丁之重製權。

三、著作之利用方式

演講為語言著作，以錄音、錄影或製作講稿，均屬重製權之範圍。準此，B科技公司邀請庚至該公司演講，B公司欲在演講時錄音、錄影或製作講稿，應經庚之同意或授權。因B公司在演講所為之錄音、錄影或講稿，仍屬庚

---

[52] 經濟部智慧財產局2013年8月14日智國企字第10200064890號函。

之著作權所及，倘B公司欲將錄音、錄影或講稿作為保存目的以外之利用，應得庚之同意或授權[53]。

四、公開播送權

(一)授權範圍

音樂著作、錄音著作均屬著作權法所稱之著作，其著作人就自己創作之音樂及錄音各享有重製與公開播送等權利（著作權法第5條第1項第2款、第8款、第22條、第24條）。是灌錄他人之音樂著作錄製成錄音著作，係屬重製利用音樂著作之行為，應取得授權。至於音樂著作人之其他權利，並不因其音樂被灌錄利用而受影響。倘錄音著作人公開播送其錄有音樂著作之錄音著作，因公開播送錄音著作之同時，亦會公開播送該錄音著作內所重製之音樂著作，故仍應向音樂著作之著作財產權人取得公開播送之授權，該錄音著作之著作人不得以已獲得重製之授權，而主張得毋庸再取得公開播送之授權（著作權法第24條、第37條）。

(二)音樂著作權集體管理團體

公開播送須有廣播設備器材，故實際上僅能由電視電臺或廣播電臺始能為之，自應由電視電臺或廣播電臺向音樂著作權人徵求授權。因電視電臺、廣播電臺公開播送音樂著作，為大量利用之性質，無法逐一授權，故世界各國行之多年的作法，均係由音樂著作財產權人將公開播送權利交予音樂著作權集體管理團體，經由與電視電臺或廣播電臺1年或1年以上之長期概括授權契約，達到落實權利保護及方便利用人利用雙贏之目的[54]。

五、改作權

甲完成中文語文著作，乙經甲同意，將其翻譯成英文本，甲與乙各自享有著作權，其包括改作權（著作權法第28條）。準此，故丙欲將該英文本翻譯成日文本，丙應依著作權法第28條及第37條規定，分別取得甲與乙之授權，始得為之。

---

[53] 賴文智、王文君，校園著作權百寶箱，經濟部智慧財產局，2007年3月，頁297至298。

[54] 經濟部智慧財產局2005年12月9日智著字第09416005630號函。

六、公開演出權

公開演出權係屬著作財產權人專有，欲將他人享有著作財產權之著作公開演出，應事先徵得著作財產權人的授權，故在婚喪喜慶場所演奏或演唱他人音樂著作，其涉及公開演出他人音樂著作之行為。同理，在婚喪喜慶場所播放CD者，亦屬音樂或錄音著作之公開演出行為，應得著作財產權人之授權。再者，業者受顧客委託辦理婚喪喜慶事宜，在不同儀式上播放或演奏或演唱，應由業者就公開演出之利用行為，向著作財產權人或集管團體洽取授權；倘所利用之著作，非屬集管團體管理之著作時，應個別向著作財產權人取得授權。

七、單純接收訊息之行為

(一)接收電臺播送訊號

醫療診所內播送廣播節目，倘係以一般家用接收設備單純接收廣播電臺所播送之節目時，單純打開收音機僅屬單純接收訊息之行為，不涉及公開演出之行為。反之，在接收電臺播送之訊號外，另行加裝擴音設備或其他器材，再擴大其播送效果而傳達著作之內容時，則屬公開演出著作之行為。因著作之公開演出權屬著作財產權人專有，將他人享有著作財產權之著作加以公開演出，除有著作權法第44條至第65條之合理使用外，應徵得著作財產權人之授權，始得為之。再者，錄音著作之著作財產權人，得依著作權法第26條第3項規定，請求利用人支付使用報酬。故公開演出錄音著作，著作財產權人得請求利用人就其利用行為支付使用報酬。

(二)線纜系統傳送信號

在醫療診所內擺放單一臺電視接收電視節目訊號，未將原播送之聲音或影像，傳送至另外之收視設備者，應屬單純開機，並非公開播送之行為。反之，醫療診所播放電視節目，先由診所裝置接收器材接收電視節目之信號，繼而藉由自己之纜線系統傳送信號。至各個房間或診療室供公眾收看，即屬公開播送之行為。該公開播送之行為，涉及視聽、音樂、錄音、戲劇舞蹈或語文等著作之公開播送，而公開播送權屬著作財產權人專有，欲將他人享有著作財產權之著作予以公開播送，除有著作權法第44條至第65條合理使用規定外，應徵得著作財產權人之授權或同意。

第三節　著作鄰接權

表演雖不符合著作權法中對於著作之要件，然基於表演人之付出與文化之普及，我國著作權法對於表演人之表演，雖未享有著作權，仍提供鄰接權之保護。

例題12

知名表演團體七月雪在國父紀念堂或中正紀念堂之廣場，從事練習或表演。試問甲得否以該團體之表演，作為拍攝之主題，而未經同意加以拍照或錄影？

壹、定　義

所謂鄰接權，係指在重製或傳播他人作品時所產生之權利。著作鄰接權並非著作權之權利，其主要係針對表演人（performer）、錄音物錄製人（producer of phonogram）及廣播機構（broadcasting organization），賦予一定期限內享有權利保護，鄰接權人雖未有創作行為或其創意程度較低於著作，不符合著作權法保護之要件。然考慮其所付出之財力、勞力及文化之普及，仍應賦予鄰接權人一定之保護。例如，表演人對既有著作或民俗創作（expression of folklore）之表演，以獨立之著作保護之（著作權法第7條之1第1項）。是表演雖不符著作權法對於著作之要件，惟對表演人之表演提供鄰接權之保護。表演之保護，對原著作之著作權不生影響（第2項）。準此，表演人表演既有著作，應得著作財產權人之同意，否則可能侵犯公開演出權、公開口述權及公開發表權。

貳、著作鄰接權與著作權關係

著作鄰接權之存在，固不以著作之存在為前提。例如，錄音物之製作人對大自然或動物聲音加以錄音。然在多數之情形，鄰接權係重製或傳播他人之著作時所產生之權利，該權利與原著作之著作權關係非常密切。故對於鄰接權之保護，不得影響原著作著作財產權之保護。而鄰接權人所重製或傳播之著作，

縱使其著作財產權已逾保護期間，惟表演人、錄音物錄製人及廣播機構，仍不得侵害原著作人之著作人格權[55]。

參、對表演人保護之內容

一、重製權

表演人專有以錄音、錄影或攝影重製其表演之權利（著作權法第22條第2項），不及其他重製之方式（著作權法第3條第1項第5款）。例如，甲將乙之歌曲加以演唱，由丙作成錄音帶，丁未經授權，重製丙之錄音帶，因丙之錄音著作有利用乙之音樂著作，而音樂著作人與錄音著作人有重製權，表演著作人有以錄音重製其表演之權利。職是，丁重製丙之錄音著作，則同時侵害音樂著作、錄音著作與表演著作之重製權（著作權法第22條第1項、第2項）。

二、公開播送權

著作人除本法另有規定外，專有公開播送其著作之權利（著作權法第24條第1項）。表演人就其經重製或公開播送後之表演，再公開播送者，不適用前項規定（第2項）。準此，著作權法對於表演人之保護，僅於未經附著之第1次公開播送為限。例如，百貨公司接受廣播後，繼而以擴音器將其內容傳送供客戶欣賞，其屬公開播送行為，雖應得音樂著作與錄音著作之著作權人同意，然無須得表演著作之著作權人同意[56]。

三、公開演出權

表演人雖專有以擴音器或其他器材公開演出其表演之權利。然將表演重製後或公開播送後，再以擴音器或其他器材公開演出者，表演人不得主張此公開演出權（著作權法第26條第2項）。

---

[55] 羅明通，著作權法論1，群彥圖書股份有限公司，2005年9月，6版，頁118至119。

[56] 蕭雄淋，新著作權法逐條釋義(一)，五南圖書出版股份有限公司，2001年9月，2版3刷，頁257。

四、重製於錄音著作之表演

　　表演人就其經重製於錄音著作之表演，有如後之著作財產權：(一)專有公開傳輸之權利（著作權法第26條之1第2項）；(二)專有以移轉所有權之方式散布的權利（著作權法第28條之1第2項）；(三)專有出租之權利（著作權法第29條第2項）；(四)未經表演人授權而輸入者，不得將固著於錄音著作之表演原件或重製物，輸入我國境內（著作權法第87條第4款）[57]。

肆、例題解析──表演之保護

　　表演人對既有著作之表演，以獨立之著作保護之，即表演人就其表演得依著作權法享有著作財產權，專有以「錄音、錄影或攝影」重製其表演之權利。準此，將表演人現場表演予以錄音、錄影或攝影，除符合本法規定之合理使用之情形外，應經表演人之同意，始得為之。依題意所示，該表演團體在國父紀念堂之廣場作練習或表演，而甲以表演為拍攝之主題，而加以拍照或錄影，應該取得表演人之同意。例外情形，係甲拍攝之主題為國父紀念堂之整個廣場，僅恰巧在拍攝時，拍到表演團體在廣場之練習或表演，而有成立合理使用之情事，否則任何人要在開放之場所表演，將造成他人無法拍攝該場所之效果，顯非著作權法立法之目的。

---

[57] 羅明通，著作權法論2，群彥圖書股份有限公司，2005年9月，6版，頁28。

著作權之限制

關鍵詞

市場、引用、非營利、教育目的、支付報酬

著作權之限制有時間之限制、事務之限制及強制授權之限制：(一)時間之限制，係指著作財產權之保護期間；(二)事務之限制，係指著作之合理使用，可分符合特定條件下得自由利用著作與著作合理使用之一般條款；(三)強制授權部分，係針對著作權法第69條有關音樂著作之強制授權而言。準此，本章之目標係使研讀者瞭解著作權行使之自由與其限制之態樣。

第一節　著作權之保護期間

著作權財產權之保護期間，有兩種態樣：(一)著作人生存期間加上死亡後一定期間，為自然人著作與一般著作之保護期間；(二)公開發表後一定期間，係法人著作與特殊著作之保護期間。

例題1

甲於2000年完成著作財產概要文字著作，嗣於2010年6月6日死亡。試問甲之該文字著作何時成為公共財（public domain），可供社會大眾利用？依據為何？

壹、著作人格權之保護期間（90年檢察事務官）

著作人死亡或消滅者，關於其著作人格權之保護，雖視同生存或存續，任何人不得侵害，故著作人格權永久存在（著作權法第18條本文）。然依利用行為之性質及程度、社會之變動或其他情事可認為不違反該著作人之意思者，不構成侵害（但書）。

貳、著作財產權之保護期間（90年檢察事務官）

一、自然人

著作財產權，除本法另有規定外，存續於著作人之生存期間及其死亡後50年（著作權法第30條第1項）。此與伯恩公約第7條第1項規定相同，而美國與歐盟就著作財產權之存續期間，則規定著作人之生存期間及其死亡後70年。再

者，著作於著作人死亡後40年至50年間首次公開發表者，著作財產權之期間，自公開發表時起存續10年（著作權法第30條第2項）。例如，著作人甲於2008年1月1日死亡，原則上就著作財產權之保護期間至2058年12月31日止（著作權法第35條第1項）。甲之繼承人乙於2056年6月1日始出版甲之著作，乙之著作財產權得存續至2066年12月31日止。

二、共同著作

(一)自然人

所謂共同著作者（joint work），係指二人以上共同完成之著作，其個人之創作，不能分離利用者（著作權法第8條）。共同著作之著作財產權，存續至最後死亡之著作人死亡後50年（著作權法第31條）。例如，甲、乙共同完成中國通史一書，甲、乙先後過世，該共同著作之著作財產權，存續至最後死亡之著作人乙死亡後50年。

(二)自然人與法人

著作權法第31條之立法原意，在於使共同著作整體享有著作財產權之存續期間趨於一致，而以共同著作之著作人中所享有最長之著作財產權期間，為該共同著作之著作財產權期間。倘共同著作之著作人為自然人及法人，其著作財產權期間如何計算一節，為避免著作財產權之存續期間因著作人為自然人或法人而長短不一，產生分歧，其著作財產權期間應依同法第30條或第33條規定計算，並類推適用同法第31條規定，存續至最後屆滿之期間為止[1]。

三、別名著作或不具名著作

原則上別名著作（pseudonymous work）或不具名著作（anonymous work）之著作財產權，存續至著作公開發表後50年（著作權法第32條第1項本文）。例外情形，係可證明其著作人死亡已逾50年者，其著作財產權消滅（第1項但書）。所謂別名著作，係指現實中非以著作人本名，而係以筆名署名之著作[2]。倘著作人之別名為眾所周知者，其別名著作不適用著作公開發表後50

---

[1] 經濟部智慧財產局2000年3月13日智著字第89001367號函。

[2] 章忠信，著作權法逐條釋義，五南圖書出版股份有限公司，2017年8月，4版修訂3刷，頁87。

年，應適用著作人之生存期間及其死亡後50年（第2項）。

四、法　人

　　法人為著作人之著作，因無自然之生存期間，其著作財產權存續至其著作公開發表後50年。但著作在創作完成時起算50年內未公開發表者，其著作財產權存續至創作完成時起50年（著作權法第33條）。至於非法人團體不得為著作人，不能行使著作財產權[3]。

五、攝影、視聽、錄音及表演之著作

　　攝影、視聽、錄音及表演等著作，渠等性質特殊，其著作財產權存續至著作公開發表後50年。但著作在創作完成時起算50年內未公開發表者，其著作財產權存續至創作完成時起50年（著作權法第34條）。職是，特定著作之存續期間較一般著作為短。

六、保護期間之計算

　　著作權法第30條至第34條所定存續期間，以該期間屆滿當年之末日為期間之終止（著作權法第35條第1項）。此與民法第121條規定，係以最後之年與起算日相當日之前1日為期間之末日，兩者有所不同，為民法之特別規定，應優先適用。再者，繼續或逐次公開發表之著作，依公開發表日計算著作財產權存續期間時，如各次公開發表能獨立成一著作者，著作財產權存續期間自各別公開發表日起算。倘各次公開發表不能獨立成一著作者，以能獨立成一著作時之公開發表日起算（第2項）。前開情形，倘繼續部分未於前次公開發表日後3年內公開發表者，其著作財產權存續期間自前次公開發表日起算（第3項）。

七、回溯保護原則

(一)著作財產權期間

　　我國為加入WTO而承諾回溯保護原來不受保護之外國著作，故定有著作

---

[3] 最高法院109年度台上字第416號民事判決、智慧財產及商業法院109年度民著上易字第25號民事判決。

權法有回溯保護著作之內容，即著作完成於世界貿易組織協定在中華民國管轄區域內生效日前，未依歷次本法規定取得著作權，而依本法所定著作財產權期間計算仍在存續中者，除本章另有規定外，適用本法。但外國人著作在其源流國保護期間已屆滿者，不適用之（著作權法第106條之1第1項）。前項但書所稱源流國依1971年保護文學與藝術著作之伯恩公約第5條規定（第2項）。

(二)著作財產權之利用

利用人未經授權所完成之重製物，自本法修正公布1年後，不得再行銷售。僅得出租或出借（著作權法第106條之2第3項）。因我國於2002年1月1日加WTO，而2003年7月9日總統公布施行之本法至2004年7月10日止，期間為1年，是我國加入WTO應予回溯保護著作之過渡期間至2004年7月10日屆滿，此為回溯保護原則（the principle of restoring protection）。詳言之，凡受回溯保護著作之重製物，不論係我國加入WTO前已完成或取得，或者係加入後2年過渡期間內，合於了結現務之規定所完成或取得者，僅要未經合法授權，均有第106條之2第3項規定之適用，自2004年7月11日起，均不得再行銷售。所謂銷售者，係指實質上達到移轉所有效果之商業行為而言，包括各種態樣之買賣、以促銷其他商品為目的所為之附贈及實務常見「假出租之名，行買賣之實」商業行為，均屬之[4]。

參、例題解析──著作財產權之保護期間

甲於2000年完成著作財產概要文字著作，嗣於2010年6月6日死亡，原則上著作財產權，存續於著作人之生存期間及其死亡後50年，故該文字著作保護期間至2060年12月31日屆滿，而於2061年1月1日起成為公共財，僅要不侵害甲之著作人格權，任何人均得自由利用該文字著作。

第二節　著作財產權之利用

著作權法賦予著作人一定之獨占性經濟利益，其目的在於鼓勵具有原創性之表達，以提升國家文化之進步。因任何思想之創作（creation），均間接或

---

[4]　最高法院95年度台上字第2208號刑事判決；經濟部智慧財產局2004年4月20日智著字第0931600340-0號函。

直接依據前人思想之啓發,爲調節著作人之私益與社會之公益,並促進國家文化發展,除賦予著作財產權人享有著作財產權外,對其行使範圍,應有一定界限與限制,以符合公共利益。準此,著作權法對於著作財產權之行使設有一定限制,是著作財產權人應依據相關限制行使權利,致行使契約自由之範圍,應依法限制之。

第一項　合理使用之一般條款

合理使用爲著作權法所承認之著作權限制,係著作權法上所賦予之法律利益,被訴侵權之利用著作者,得於訴訟審理中爲合理使用之抗辯,倘有合理使用之要件者,即可免除侵害著作權之責任,具有阻卻違法事由之性質。著作權與合理使用之規範目的,在於鼓勵知識與資訊之傳遞、交流與共享,促使人類智識文化資產之永續性、豐盈化及優質化。職是,著作權法第65條第2項明文規定,合理使用之判斷基準,重在各種利用情狀之實質判斷[5]。

例題2

甲醫師撰寫介紹高血壓一文,其內容包括高血壓之治療、預防及保健。而乙診所利用甲之著作內容,撰寫有關治療高血壓之網頁文章,其參考甲醫師之著作,約1/10,亦非甲著作之核心部分。試問乙診所利用甲之著作,得否主張合理使用之適用?

壹、主觀與客觀因素

著作權法固賦予著作人各種權利,保障私益,然爲促進國家文化發展,乃規定合理使用(fair use)制度,以調和私益與公益,故對著作權人所享之著作權,予以一定限制。準此,著作之合理使用,係使用者依法享有利用他人著作權之權利,不構成著作財產權之侵害,係著作權侵害之違法阻卻事由(著作權

---

[5] 蔡蕙芳,著作權刑事責任案例分析,101年度智慧財產法院法官在職研修課程,司法院司法人員研習所,2012年8月8日,頁12。智慧財產及商業法院98年度智上更(一)字第16號民事判決。

法第65條第1項）[6]。此有利於使用人之事實，應由其舉證證明之。著作之利用是否合於第44條至第63條所定之合理範圍或其他合理使用之情形，應審酌一切情狀，並以下列四項基準，作爲判斷之依據（第2項）。著作權人團體與利用人團體就著作之合理使用範圍達成協議者，得爲前項判斷之參考（第3項）。前項協議過程，得諮詢著作權專責機關之意見（第4項）。是法院應就該四項基準，逐一依職權審酌以判定是否合於著作之合理使用[7]。倘未逐一審酌，則構成判決不適用法則或適用不當之判決違背法令[8]。申言之，有關合理使用之判斷，應以人類智識文化資產之公共利益爲核心，以利用著作之類型爲判斷標的，綜合判斷著作利用之型態與內容。而於判斷合理使用之際，應將所有著作利用之相關情狀整體納入考量，並逐一審查著作權法第65條第2項所列4款基準[9]。其中第1款判斷基準強調利用著作之人之主觀利用目的與利用著作之客觀性質，其有關利用著作性質之判斷，應審究著作權人原始創作目的爲何？是否明示或默示同意第三人得利用其著作？同條項第2款至第4款屬客觀因素之衡量[10]。

貳、合理使用他人著作之判斷基準（95、96、108、111年檢察事務官）

一、利用之目的及性質

(一)非營利與營利目的

利用目的與性質（the purpose and nature of exploitation），包括係爲商業

---

[6] 最高法院93年度台上字第851號民事判決。

[7] 司法院99年度智慧財產法律座談會彙編，2010年5月，頁10至12。

[8] 最高法院92年度台上字第4911號、93年度台上字第2176號、94年度台上字第7127號、96年度台上字第3685號刑事判決。蔡惠如，我國著作權法合理使用之挑戰與契機—以著作權第65條第2項之判斷基準爲核心，收錄於黃銘傑主編，著作權合理使用規範之現在與未來，元照出版有限公司，2011年9月，頁197至199。蕭雄淋、幸秋妙、嚴裕欽、李庭熙、胡中瑋，國際著作權法合理使用立法趨勢之研究，經濟部智慧財產局，2009年12月8日，頁223。

[9] 最高法院101年度台上字第5250號民事判決。

[10] 蔡惠如，我國著作權法合理使用之挑戰與契機—以著作權第65條第2項之判斷基準爲核心，收錄於黃銘傑主編，著作權合理使用規範之現在與未來。智慧財產及商業法院98年度民著訴字第8號、100年度民著上字第9號民事判決。

目的或非營利教育目的（著作權法第65條第2項第1款）。一般而言，非營利性之教育目的與具有營利性之商業目的，兩者利用目的相比，較容易成立合理使用。同理，無生產力（unproductive use）之使用，亦較有生產力之使用（productive use），易成立合理使用[11]。商業目的之範圍，並非以獲取利潤為必要，雖非以出售為目的，然可減免購買之花費者，亦屬以商業為目的。例如，學生下載音樂或影片供自用或借予他人適用，雖未出售牟利，仍屬商業目的之利用[12]。

(二)調和社會公共利益或國家文化發展

利用之目的及性質，雖分商業目的或非營利教育目的，然依著作權法第1條所規定之立法精神解析其使用目的，並非單純採二分法。申言之，倘使用者之使用目的與性質，有助於調和社會公共利益或國家文化發展，使用目的縱使非屬於教育目的，亦應予以正面之評價。反之，使用目的及性質，對於社會公益或國家文化發展毫無助益，使用者雖未以之作為營利之手段，然使用行為未有利於其他更重要之利益，致必須犧牲著作財產權人之利益，不應容許該使用行為，應給予負面之評價[13]。

(三)轉換性使用

所謂轉化性使用，係指利用他人著作之結果，其具有新的創意，而產生或轉化成與原著作不同之另一著作[14]。舉例說明如後：1.被告公司與告訴人公司均為法學電子資料庫業者，被告公司大量重製告訴人公司之資料庫內容，僅係為減省經濟投資，圖冀以最低成本，在最短之時間內建立自己之資料庫，藉以營利，俾與告訴人源公司之資料庫進行同業競爭，其未經告訴人公司授權而複製之資料數量，約占資料庫之80%，自己建置完成部分僅占20%，純屬將他人有著作權之資料庫之重要內容，納為自己資料庫之主要內容，未見有任何轉換之創作價值存在，核無轉換價值（transformative value）可言，難認屬合理使用

---

[11] 蕭雄淋，著作權法論，五南圖書出版股份有限公司，2017年8月，8版修訂2刷，頁212至213。

[12] 羅明通，著作權法論2，群彥圖書股份有限公司，2005年9月，6版，頁265。

[13] 最高法院94年度台上字第7127號民事判決。

[14] 林利芝，數位科技環境下合理使用著作之問題—以美國著作權法「合理使用」案例之兩極化發展為例，智慧財產訴訟制度相關論文彙編，4輯，司法院，2015年12月，頁305至306。

之行為[15]；2.利用ezPeer軟體而完全重製告訴人享有著作權之錄音著作的MP3檔案，僅供自己或交換對象之欣賞娛樂，乃單純重製，而未為任何生產性或轉化性使用，且MP3檔案以音訊方式經由相關影音軟體及播放設備後予以呈現，其與告訴人之錄音著作藉CD之播放以表現各該歌曲、音樂之原始目的，兩者並無二致，被告利用告訴人著作之結果，並無任何新生創意，而非另一著作之產生，顯非轉化或生產性之利用告訴人著作之行為，單純為告訴人錄音著作本質目的之使用[16]。

二、著作之性質

(一)被利用之著作

所謂著作之性質（the nature of the work），係指被利用著作之性質而言（著作權法第65條第2項第2款）。舉例說明之：1.在教室使用一般著作，相較於教科書，其容易成立合理使用；2.著作物之結構、體系、章次、標題雖屬著作物內容之一部，其僅係著作物之抽象架構與理論名目，尚未涉及實質內涵，作者雖予援用，然係以自己之見解，敘述或解釋其內容，且於書本註明其出處，自與剽竊抄襲有別，尚難認已構成著作權之侵害[17]。職是，創作性越高之著作應給予較高度之保護，故他人主張對該著作之合理使用機會越低[18]。

(二)隱私權為憲法保障之基本權利

維護人性尊嚴與尊重人格自由發展，乃自由民主憲政秩序之核心價值。基於人性尊嚴與個人主體性之維護及人格發展之完整，並為保障個人生活私密領域免於他人侵擾及個人資料之自主控制，隱私權為不可或缺之憲法所保障基本權利，隱私權亦為私權之保護標的（民法第195條第1項）[19]。例如，自殺事件導致自殺者與其家屬成為非自願性之公眾人物，新聞媒體固得以揭露自殺情節，使報導內容具有可信度與公信力，以促進公眾之理解，然不得以鉅細靡遺之方式，揭露當事人之隱私細節，嚴重侵害個人之隱私權。故自殺事件成為非

---

[15] 智慧財產及商業法院97年度刑智上訴字第41號刑事判決。
[16] 智慧財產及商業法院98年度刑智上更(一)字第16號刑事判決。
[17] 刑事法律專題研究6，司法周刊雜誌社，1993年6月，頁88至90。
[18] 羅明通，著作權法論2，群彥圖書股份有限公司，2005年9月，6版，頁266。
[19] 大法官釋字第603號解釋。

志願性公眾人物者，原非公眾所關注與感興趣之焦點，其之成為公眾人物，係肇因於新聞媒體所為之報導，並非因自殺者個人之因素所致，故使用文字稿以揭露自殺者與其家屬之隱私，已足以確保報導之真實性與可信度。倘未經同意而刊登自殺者已取得攝影著作之個人照片，顯無必要性，自不成立合理使用。職是，新聞自由應作適度之節制，不得任意揭露當事人之隱私[20]。

三、利用質量所占比例

認定合理使用他人著作之範圍，除考慮量（amount）之利用外，亦應審究利用之質（substantiality）（著作權法第65條第1項第3款）。例如，被告引用原告著作「黑面琵鷺照片」一張，其占被告文章之比例甚微，其為合理使用[21]。再者，著作有其精華與核心部分，故利用他人著作時，倘為全部著作之精華或核心所在，較不易主張合理使用[22]。例如，Play Boy之封面女郎照片。因寫真集之照片相較於文字內容，常為著作之精華或核心部分。反之，利用他人著作屬不重要之部分，或所利用之質量占著作之比例甚少，較易成立合理使用。

四、利用結果對潛在市場與現在價值之影響

法院衡量本款基準時，除考量使用人之使用對現在市場的經濟（the current market value）損失外，亦應參酌對市場未來之潛在市場（the potential market value）影響，兩者在判斷時應同具重要性（著作權法第65條第2項第4款）[23]。衡諸常理，利用結果越會影響著作潛在市場與現在價值者，其較不容易成立合理使用。舉例說明之：(一)著作已絕版無法經由相關消費市場取得，而教科書較易自相關消費市場取得者，故絕版著作較易主張合理使用；(二)衡諸野鳥協會網站之鳥類網頁內容，應係在介紹臺灣之野鳥之生態，並以圖像攝影著作展示其樣貌，其目的在於報導及教學，且免費供不特定人搜尋點閱；而甲之網頁內容，係簡要介紹臺灣留鳥與臺灣候鳥，其目的係在教授網頁製作，

---

[20] 智慧財產及商業法院100年度民著上字第9號民事判決。

[21] 智慧財產及商業法院98年度民著訴字第15號民事判決。

[22] 最高法院84年度台上字第419號民事判決。

[23] 羅明通，著作權法論2，群彥圖書股份有限公司，2005年9月，6版，頁267。

顯見甲引用野鳥協會網站之圖像攝影著作介紹臺灣鳥類之樣貌，應屬正當目的所必要之使用。況甲利用之質量在其整個著作所占之比例甚微，其利用結果對著作潛在市場與現在價值難認有影響，甲將野鳥協會網站之圖像重製與公開傳輸於網際網路，即屬合理使用[24]。

參、合理使用範圍之協議機制

我國著作權法仿自美國著作權法第107條之團體共同協商模式，規定著作權人團體（copyright owner organization）與利用人團體（exploiter organization）就著作之合理使用範圍達成協議者，得為判斷因素之參考（著作權法第65條第3項）。而當事人於協議過程中，得諮詢著作權專責機關之意見（第4項）。因侵害著作財產權之結果，會課予刑事責任，是著作財產權人於合理使用不明確之場合，得經由以刑逼民之方式，使利用人賠償其損害，自不會急於尋求協議解決。反之，利用人亦擔心經由協議方式，會使合理使用之範圍縮小，導致不熱衷協議解決紛爭。

肆、例題解析

創作性越高或創作性逾事實性內容之著作，應給予較高度之保護，故他人主張對該著作之合理使用機會越低。甲醫師撰寫介紹高血壓一文，其內容包括高血壓之治療、預防及保健。其為一般醫學之知識，有關領域之文字論述，無從任意杜撰，故甲之著作為事實型著作，其著作內容之表達，受到既存事實相當之限制，著作人自由創作之空間有限，故創作性不高，甲之著作受保護程度不能過廣，否則將妨害人民資訊取得之便利，不利知識之傳遞與交流。參諸乙診所利用甲之著作，撰寫有關治療高血壓之網頁文章，其參考甲醫師之著作，約1/10，亦非甲著作之核心部分。職是，乙診所之文章利用甲著作有關質與量之部分，成立合理使用[25]。

---

[24] 智慧財產及商業法院98年度民著訴字第5號民事判決。
[25] 智慧財產及商業法院103年度民著上字第26號民事判決。

第二項　合理範圍之態樣

　　我國著作權法於第三章第四節第四款著作財產權之限制，第65條規定合理使用之通則，自第44條至第63條規範合理範圍使用著作之具體態樣，此為豁免規定，本文將其分為7種類型。豁免規定與合理使用不同，豁免規定對於著作類別及專屬權種類設有限制，法院考量符合法律所定之構成要件者，即可豁免，無須再行斟酌其它合理使用之權衡要素[26]。

例題3

　　乙撰寫有關侵害專利為主題之法律碩士論文時，其未經丙之同意，逕行引用丙所著B文章之一部分。試問如何判斷乙是否侵害丙之著作權？依據為何？

例題4

　　丁為大學之教授，其為教授民法課程之故，依據課程進度，逐次影印戊之民法精義著作之全部而發給同學作為教材。試問丁有無侵害戊之著作權？理由為何？

例題5

　　A學校教師己教授心理學導論課程，其先在教室播放一部有關心理學電影予學生觀看後，繼而與上課學生進行討論或為課程解說，試問己師有無侵害該電影之著作權？理由為何？

---

[26] 最高法院103年度台上字第1352號、106年度台上字第215號民事判決。

例題6

利用他人著作雖符合著作權法第65條之合理使用規定，然其未依著作權法第64條規定，在其著作明示出處者。試問是否會構成侵害著作財產權之行為？理由為何？

例題7

B文具股份有限公司以紙雕或拼圖方式，重製臺北101大樓之外觀，並對外販售。試問該文具公司之上開行為，有無侵害臺北101建築著作之著作權？理由為何？

例題8

甲參觀國立故宮博物館收藏之王羲之「快雪時晴帖」後，大為欣賞，決定將「快雪時晴帖」作成電腦桌布。試問：(一)故宮博物館是否為「快雪時晴帖」著作權人？(二)甲之重製「快雪時晴帖」行為，是否應經故宮博物館同意？

例題9

相關消費者於影音出租店購買出租專用版之影音產品，影片明載出租專用版之文字。試問：(一)相關消費者無法知悉代理商與簽約出租店間之契約內容為何，其是否有善意取得影片著作物所有權之情形？(二)相關消費者購買專用版之影音產品，是否得出租予第三人？

壹、國家機關運用之目的

一、中央或地方機關之重製與翻譯

　　中央或地方機關，因立法或行政目的所需，認有必要將他人著作列為內部參考資料時，在合理範圍內，得重製他人之著作，本條規範政府機關內部之合理使用（著作權法第44條本文）。所謂內部參考資料（internal reference），係指僅供行政機關公務員內部參考之用，不對外贈送或販賣。合理使用之基準，應依據該著作之種類、用途及其重製物之數量、方法，判斷是否有害於著作財產權人之利益者（但書）。例如，A機關將甲所著之民法案例解析重製500本，作為A機關之員工訓練教材，其侵害甲書之潛在銷路，亦非屬僅供內部參考資料之情事，其為侵害著作財產權之態樣。再者，合於本條使用之情形者，具有翻譯權（著作權法第63條第1項）。

二、司法機關之重製與翻譯

　　專為司法程序使用之必要，在合理範圍內，得重製他人之著作專為司法程序使用之必要的合理使用（著作權法第45條第1項）。所謂專為司法程序者（judicial proceedings），除民刑事案件之裁判外，亦包含訴願、再訴願等行政機關所為之準司法程序。至於合理使用之基準，準用第44條但書之規定（第2項）。專為司法程序使用之必要，在合理範圍內，除得重製他人著作外，亦得翻譯他人著作（著作權法第63條）。不論係重製或翻譯他人著作，均應明示其出處。就著作人之姓名，除不具名著作或著作人不明者外，應以合理方式為之（著作權法第64條）。

貳、基於教育之目的

一、為學校授課之重製、改作及散布（100年檢察事務官）

　　依法設立之各級學校及其擔任教學之人，其為學校授課需要，在合理範圍內，得重製他人已公開發表之著作（著作權法第46條第1項）。依據第46條規定利用他人著作者，得改作著作（著作權法第63條第2項）。所謂依法設立之各級學校，係指依據大學法、師資培育法、職業學校法、國民教育法、幼兒教育及照顧法及私立學校法所設立之各級學校。再者，合理使用之基準，準用

第44條但書規定（著作權法第46條第2項）。倘依著作之種類、用途及其重製物之數量、方法，有害於著作財產權人之利益者，非屬合理使用範圍。而依據本條規定利用他人著作者，成立合理使用者，得散布該著作（著作權法第63條第3項）。合理使用範圍，僅限於重製、改作或實體之散布行為，不包含網路之公開傳輸活動[27]。舉例說明之：(一)甲為學校授課需要，所重製乙於「昆蟲入門」、「昆蟲圖鑑」書籍中公開發表之攝影及語文著作，係於合理範圍，合於著作權法第46條第1項規定，屬於合理使用，阻卻對於著作權侵害之不法，不構成侵害乙之著作財產權[28]；(二)教師向出版商購買教科書，出版商並提供教學PPT予教師使用，教師將教學PPT重製在教學平臺之網站，符合授課需要之合理範圍；(三)學校教師基於非營利的教育目的，播放與課程內容相關之YouTube影片，且利用質量占影片之比例甚低，其利用結果對於影片之利用市場，不會造成經濟利益影響，可依著作權法之引用規定，作為教材之一部分而在課堂上播放，不必取得授權[29]。

二、為編製教科書與其教學輔助用品之重製、改作及編輯

(一)編製教科用書之合理使用

1.教科用書

　　為編製依法令應經教育行政機關審定之教科用書，或教育行政機關編製教科用書者，在合理範圍內，得重製、改作或編輯他人已公開發表之著作，未公開發表之著作未包含在內（著作權法第47條第1項）。本條規定關於編製教科用書之合理使用規定。依據本項規定利用他人著作者，得散布該著作（著作權法第63條第3項）。例如，甲使用他人音樂著作之行為，係在於編纂教科書，且教科書於編纂完成後，尚須經教育行政機關審定，足認甲使用他人音樂著作之行為，屬合理使用範疇[30]。再者，重製、改作或編輯他人已公開發表之著作，均應明示其出處。就著作人之姓名，除不具名著作或著作人不明者外，應以合理方式為之（著作權法第64條）。

---

[27] 章忠信，著作權法逐條釋義，五南圖書出版股份有限公司，2015年3月，4版2刷，頁116。

[28] 智慧財產及商業法院98年度民著上字第5號民事判決。

[29] 經濟部智慧財產局2018年10月31日第1071031c號函。

[30] 智慧財產及商業法院98年度刑智上訴字第41號刑事判決。

2.教學用之輔助用品

原教科用書之編製者，其於編製附隨於該教科用書，且專供教學之人教學用之輔助用品，在合理範圍內，得重製、改作或編輯他人已公開發表之著作（著作權法第47條第2項）。教學用之輔助用品，應符合如後要件：(1)須附隨於教科用書之輔助用品；(2)須專供教學者教學使用之輔助用品；(3)須與原教科用書之相同編製者所編製。例如，教學手冊、唱遊課之樂譜掛圖、矯正學生英文發音之CD[31]。

(二)法定授權

1.主管機關訂定使用報酬率

依我國著作權法規定，利用他人享有著作權的著作時，除非有合理使用規定之情形外，須得到著作權人之同意或授權。準此，欲利用他人著作時，原則須取得著作權人之同意或授權，此授權之內容、條件、方式、時間或費用，雖均經由雙方之約定而決定，稱為任意授權。然著作權法為顧及特殊需求，針對編製教科書而利用他人著作訂定有法定授權，編製教科用書時，利用人在合理範圍，得重製、改作或編輯他人已公開發表之著作[32]。而利用人應將利用情形通知著作財產權人，並依主管機關訂定之使用報酬率支付使用報酬，毋須徵得所利用著作之著作財產權人的同意或授權（著作權法第47條第4項）。

2.債務不履行之民事責任

著作權法雖有法定授權之規定，然並不禁止雙方當事人，另依約定訂定較高之使用報酬或其他利用條件，基於契約自由原則，雙方既已合意訂立授權契約，自不應以有法定授權給付報酬為由，作為不履行契約之抗辯。再者，使用著作者僅支付法定報酬數額，而不支付約定之較高報酬時，其應負債務不履行之民事責任，並無侵害著作權之民事、刑事責任問題[33]。

(三)合理使用範圍

利用人於編製教科用書之合理使用範圍，僅限於重製、改作或編輯等利用行為，不包含其他利用行為。而利用人亦得散布該重製、改作、編輯他人已

---

[31] 蕭雄淋、嚴裕欽、幸秋妙，著作權法第47條第4項使用報酬率之修正評估，經濟部智慧財產局，2008年12月20日，頁23。

[32] 著作權法第47條所容許編製教科書目的之法定授權，不包含公開傳輸。

[33] 經濟部智慧財產局2003年6月13日電子郵件字第920613號函。

公開發表之著作之教科用書。例如，將已送審教科書所有圖文內容，放置在網站資料庫，倘課文之圖文，屬於他人享有著作財產權之著作者，縱所使用之網站，僅限特定之教師始能使用，並採取防盜拷措施，其仍屬特定之多數人，自屬公眾之範圍，故涉及公開傳輸他人著作。因公開傳輸行為非著作權法第47條第1項規定之合理使用範圍。職是，利用人須事先取得該等圖文之著作財產權人之同意或授權，未經同意或授權，成立侵害他人著作財產權之行為，應負擔民事賠償責任及刑事責任[34]。

三、教育目的之公開播送

　　依法設立之各級學校或教育機構，為教育目的之必要，在合理範圍內，得公開播送他人已公開發表之著作（著作權法第47條第3項）。利用人應將利用情形通知著作財產權人並支付使用報酬。使用報酬率，由主管機關定之（第4項）。倘利用人未支付報酬而利用他人著作，應屬民事債務問題，而非侵害著作財產權。

四、為身體障礙者福利之重製、翻譯及散布

　　中央或地方政府機關、非營利機構或團體、依法立案之各級學校，為專供視覺障礙者、學習障礙者、聽覺障礙者或其他感知著作有困難之障礙者使用之目的，得以翻譯、點字、錄音、數位轉換、口述影像、附加手語或其他方式利用已公開發表之著作（著作權法第53條）。該等障礙者或其代理人為供該障礙者個人非營利使用，準用第1項（第2項）。該等製作之著作重製物，得於前揭障礙者、中央或地方政府機關、非營利機構或團體、依法立案之各級學校間散布或公開傳輸。依據本條利用他人著作者，均應明示其出處。就著作人之姓名或名稱，除不具名著作或著作人不明者外，應以合理方式為之（著作權法第64條）。例如，非營利之機構或團體，為專供視覺障礙者使用之目的得依著作權法第53條規定，以數位轉換或其他方式利用已公開發表之著作，但依同法第64條規定，須註明出處[35]。

---

[34] 經濟部智慧財產局2005年1月6日電子郵件字第940106號函。
[35] 經濟部智慧財產局2016年7月29日電子郵件字第1050729b號函。

五、為考試用途之重製、翻譯及散布

　　中央或地方機關、依法設立之各級學校或教育機構辦理之各種考試，原則得重製、翻譯及散布已公開發表之著作，供為試題之用（著作權法第54條本文、第63條第1項、第3項）。本條為機關學校合理使用他人著作之規定。例如，高普特考、升等考試及留學考等考試。例外情形，係已公開發表之著作如為試題者，不得重製（著作權法第54條但書）。例如，學校編製試題時，倘利用者屬坊間教科書業者，所編製供學生練習測驗卷或學習講義之試題，係屬非依法令舉行之各類考試試題，應取得該著作之著作財產權人同意或授權，始得重製，未經同意或授權，成立侵害著作財產權之行為[36]。再者，依據本條規定利用他人已公開發表之著作，均應明示其出處。就著作人之姓名，除不具名著作或著作人不明者外，應以合理方式為之（著作權法第64條）。

參、基於學術研究之目的

一、文教機構為收藏之著作重製、改作及散布

(一)要　件

　　供公眾使用之圖書館、博物館、歷史館、科學館、藝術館或其他文教機構，而於下列情形之一，得就其收藏之著作重製、改作及散布，此為館藏著作之合理使用範圍（著作權法第48條、第63條第1項、第3項）：

1.供個人研究

　　應閱覽人供個人研究之要求，重製已公開發表著作之一部分，或期刊或已公開發表之研討會論文集之單篇著作，每人以1份為限（著作權法第48條第1款）。個人之範圍，不包含公司企業在內。利用人固得重製已公開發表著作之一部分，然分次影印一部分，以達成影印全部著作之目的，則不在合理之使用範圍內。重製已公開發表著作之一部分，其數量若干為合理使用？在具體個案依據著作權法第65條第2項所定基準認定。

2.基於保存資料

　　基於保存資料之必要者，得重製他人之著作，並不以已絕版或無法購得者為限，此為資料保存之功能（著作權法第48條第2款）。例如，倘市面上無

---

[36] 經濟部智慧財產局2004年9月29日電子郵件字第930929號函。

MP3或VCD之物品存在，圖書館將舊式之錄音、錄影帶自行轉成MP3或VCD保存，該複製本僅得在館內提供讀者閱覽，不得提供讀者借出館外散布。否則逾越保存之目的，無法主張合理使用[37]。

3.絕版或難以購得之著作

應同性質機構之要求者，得就館內絕版或難以購得之著作，加以重製，兼具資料保存與資訊提供之功能（著作權法第48條第3款）。所謂絕版者，係指著作不再出版；而難以購得者，係指市場上雖有部分著作存在，然圖書館經由正常管道向外採購，經相當期間之尋找，均無法自市場取得該著作[38]。反之，得自市場購得著作，僅因預算不足無法負擔，不符合難以購得之要件。

(二)適用對象

本條在規範圖書館或其館員之合理使用，至於一般民眾至圖書館之合理使用行為，不在本條之範圍，應依著作權法第51條規定之非為營利得重製他人著作之條件。再者，在市場流通之公播版視聽影片，雖為已授權公開上映之視聽影片，惟將公播版之影片重製在數位隨選視訊系統而供學生使用，涉及重製及公開傳輸之行為，此二行為並非公開上映，故不能認為授權公開上映，即可重製於圖書館之數位隨選視訊系統而為公開傳輸。此公開傳輸行為已逾合理使用範圍，原則應得權利人之授權[39]。因出借並非著作財產權之內容，僅要圖書館持有合法之版本，不論係公播版或家用版，均得出借予公眾[40]。

二、報導或學術目的之引用、翻譯及散布（108年律師；100年檢察事務官）

(一)要　件

依我國憲法第12條規定，人民有言論及出版之自由，故著作權法所保護之著作過於浮濫，不僅將使人民於從事出版活動時有困難，影響所及，亦將妨害人民資訊取得之便利，是著作人所創作之作品雖需加以保護，然仍需有一定之限度，以調和社會公共利益及保障一般人民之言論、出版自由等基本權利。準

---

[37] 經濟部智慧財產局2004年3月3日電子郵件字第930303號函、2004年3月25日電子郵件字第930325號函。

[38] 經濟部智慧財產局2004年9月7日智著字第09300072340號函。

[39] 經濟部智慧財產局2005年2月23日電子郵件字第940223號函。

[40] 經濟部智慧財產局2005年1月17日電子郵件字第940117號函。

此，為報導、評論、教學、研究或其他正當目的之必要，在合理範圍內，得引用已公開發表之著作或翻譯、散布該著作（著作權法第52條、第63條第1項、第3項）[41]。符合上開要件，得對已取得著作權之著作，為合理使用，而認為阻卻違法。例如，著作權人將攝影著作授權使用於鳳凰谷網站之鳥類網頁，該鳥類網頁係教育部所屬之鳳凰谷鳥園，為教學目的所製作，免費供不特定人搜尋點閱者。衡諸常情，著作權人得預期不特定人毋須為點閱攝影著作而給付對價，使用人重製使用攝影著作之性質與目的，既與著作權人將攝影著作授權使用於鳳凰谷網站之性質與目的相同，且使用人使用攝影著作之結果，對攝影著作潛在市場與現在價值不生影響。職是，使用人重製鳥類網頁之攝影著作時，應為合理使用[42]。

(二)引用之定義

所謂引用者（quote），係指利用他人著作而完成自己著作之合理利用行為，是以被引用之他人著作內容，僅係自己著作之附屬部分[43]。兩者有主從關係，自己著作為主，被利用之他人著作為輔。換言之，引用必須有自己之創作，並可區分他人創作與自己創作。舉例說明之：1.倘僅羅列他人之創作，而無自己之創作者，其屬抄襲，不符引用之要件[44]；2.無法區別自己創作與他人創作，將他人之創作當作自己之創作，非屬引用他人創作[45]。引用之方式不限於重製，其包含任何符合目的性之行為。利用著作者之引用，是否在合理範圍內，應依著作權法第65條第2項所定各款情形審酌[46]。

(三)豁免規定

著作權法第52條所定，為報導、評論、教學、研究或其他正當目的之必要，在合理範圍內，得引用已公開發表之著作，係屬豁免規定，其與同法第65條第3項所定，合於其他合理使用之情形，而不構成著作財產權之侵害，係屬

---

[41] 最高法院84年度台上字第419號刑事判決、106年度台上字第215號民事判決。

[42] 智慧財產及商業法院97年度民著上易字第4號民事判決。

[43] 臺灣高等法院89年度上字第716號民事判決。

[44] 最高法院84年度台上字第419號刑事判決；內政部1992年12月16日台(81)內著字第8124860號函、1993年1月16日台(82)內著字第8129310號函。

[45] 黃吉良，著作權在教育之合理使用，國立中正大學法律學系研究所碩士論文，2015年6月，頁101。

[46] 經濟部智慧財產局2005年9月12日電子郵件字第940912號函。

不同二事[47]。

三、論文摘要之重製

　　中央或地方機關、依法設立之教育機構或供公眾使用之圖書館，得重製下列已公開發表之著作所附之摘要（著作權法第48條之1）。重製之數量，雖不限於1份，惟重製之範圍不包含摘要以外之內容：(一)依學位授予法撰寫之碩士、博士論文，著作人已取得學位者（第1款）；(二)刊載於期刊中之學術論文（第2款）；(三)已公開發表之研討會論文集或研究報告（第3款）。本條之目的在於提供建立論文摘要所必要的合理使用。因著作權法第48條之1之主體，限於中央或地方機關、依法設立之教育機構或供公眾使用之圖書館，故該等主體販賣依據本條重製著作所附之摘要，衡諸常理，其數量亦屬有限，對於著作財產權人之利益，自無損害之虞[48]。

肆、提升或展示藝文之目的

一、美術或攝影著作之公開展示、重製及散布

　　美術著作或攝影著作原件或合法重製物之所有人或經其同意之人，得公開展示該著作原件或合法重製物（著作權法第57條第1項）。公開展示之人，為向參觀人解說著作，固得於說明書內重製該著作（第2項）。惟展覽者另印行畫冊或攝影集，應另得原著作財產權人之授權。例如，著作財產權人僅授權印製畫冊贈送，是展覽者不得印製畫冊販賣，否則有擅自以重製方法侵害他人之著作財產權罪責（著作權法第91條第1項）。依據著作權法第57條第2項規定利用他人著作者，得散布該著作（著作權法第63條第3項）。職是，著作權法第57條規定，係關於美術著作或攝影著作之公開展示權的限制。

二、長期展示之美術或建築著作的重製與散布

　　在街道、公園、建築物之外壁或其他向公眾開放之戶外場所長期展示之美

---

[47] 最高法院106年度台上字第215號民事判決。
[48] 蕭雄淋，新著作權法逐條釋義(二)，五南圖書出版股份有限公司，2001年9月，2版2刷，頁104。

術著作或建築著作，原則得以任何方法利用之，並得散布該著作。例外情形如後，應得著作權人同意或授權（著作權法第58條、第63條第3項）：(一)以建築方式重製建築物（著作權法第58條第1款）。例如，甲建造A建築著作，乙模仿甲之建築著作而另行興建建築物本身；(二)以雕塑方式重製雕塑物（第2款）。例如，將公園內之銅像作成另一個相同、縮小或放大之銅像；(三)為於本條規定之場所長期展示目的所為之重製（第3款）。例如，甲將乙在公園之雕塑繪成美術畫而漆於圖書館外壁；(四)專門以販賣美術著作重製物為目的所為之重製（第4款）。例如，以拍攝雕塑為主要對象，並將該照片印於明信片加以販賣，其屬美術著作重製物。

伍、基於資訊自由流通

一、時事報導必要之利用、翻譯及散布

(一)要　件

　　資訊之充分自由流通傳遞、言論之自由化及多元化，為現代民主社會之重要指標，故基於報導、評論之目的所為之利用著作行為，應於必要範圍內加以容許[49]。是以廣播、攝影、錄影、新聞紙、網路或其他方法為時事報導者，在報導之必要範圍內，得利用其報導過程中所接觸之著作，並得翻譯或散布該著作，本條係關於時事報導之合理使用規定（著作權法第49條、第63條第1項、第3項）。適用著作權法第49條之要件如後：1.時事報導之行為；2.使用其所接觸之他人著作；3.須未逾必要範圍。對於必要範圍之認定，法院依著作權法第65條第2項之4款因素分別加以說明[50]。職是，報導合理利用他人著作之要件，係利用人從事報導行為，其在報導過程所接觸之著作，為感官知覺所及者而言[51]。例如，A電視臺報導PUB火災事件，採用B電視臺報導本事件所攝之PUB火災照片，不符報導得利用他人著作之要件。因B電視臺在事件現場所攝之照片本身，對A電視臺而言，並非時事報導過程中所接觸之著作。反之，電視臺報導畫展時事，為使觀眾知悉展出內容，其拍攝展出現場之美術著作，並於電

---

[49] 智慧財產及商業法院101年度民著訴字第26號民事判決。

[50] 最高法院101年度台上字第5250號刑事判決；智慧財產及商業法院101年度刑智上字第7號刑事判決。

[51] 智慧財產及商業法院99年度民著訴字第85號民事判決。

視中予以播送，其為達報導之目的，合理利用該美術著作。

(二)報導過程所接觸之著作

所謂報導過程所接觸之著作，係指報導過程中，感官所得知覺存在之著作。舉例說明之：1.報導畫展時事，為使大眾瞭解展出內容，將展出之美術著作拍成照片刊載於報紙；2.報導歌唱比賽時事，為使大眾瞭解比賽情形，將參賽者之表演內容錄音或錄影，而於廣播或電視新聞報導中播出[52]。著作權法第49條是為調合大眾知之權益與著作權保護而設，其規定為時事報導者，其報導過程所接觸之著作。故利用著作自應以其進行該次時事報導時，所接觸者為限。是報導過程所接觸之著作，應限於報導該新聞事件時感官所知覺存在之著作，倘報導與他媒體相同之新聞事件，而未至現場採訪，而直接使用其他媒體就該新聞事件所刊登或製播之新聞照片、內容，作為自己報導之一部，行為人所接觸者應屬「其他媒體同業之著作」，並非報導過程所接觸之著作，不符合著作權法第49條規定[53]。

(三)時事報導

所謂時事報導，係指現在或最近所發生而為社會大眾關心之報導，其對象不問政治、社會、經濟、文化及體育等[54]。判斷是否合理使用要件時，應兼顧公共利益、人民知的權利、被害人數及使用著作對市場之影響等因素。因時事報導係單純為傳達事實之新聞報導；而新聞評論，則是就單純之新聞事件加上個人意見之論述。準此，電視臺新聞部之記者，就當日所發生之事實的單純報導，屬於時事報導之範圍，在報導之必要範圍內，得利用其報導過程中所接觸之著作。例如，報導內容係傳達反對於松山菸廠興建小巨蛋之理念，因松山菸廠之溼地為紅冠水雞之棲息地，興建小巨蛋將破壞臺北市難得之生態區，在合理使用之範圍，得使用報導過程中，所接觸之他人紅冠水雞攝影著作[55]。再者，就新聞時事另製作新聞性節目，就新聞事件作專論報導或評論，雖不屬於著作權法第49條所稱之情形，惟可依本法第52條合理使用規定，為報導之必

---

[52] 蕭雄淋，著作權法論，五南圖書出版股份有限公司，2017年8月，8版修訂2刷，頁170至171。

[53] 智慧財產及商業法院109年度民著上易字第22號民事判決。

[54] 蕭雄淋，著作權法論，五南圖書出版股份有限公司，2017年8月，8版修訂2刷，頁172。

[55] 智慧財產及商業法院98年度民著訴字第45號民事判決。

要，在合理範圍內，得引用已公開發表之著作[56]。

(四)報導攝影與藝術攝影

時事照片在性質上主要爲呈現新聞事件、傳遞新聞訊息，此項性質使其與其他攝影著作類型有所區別。依攝影著作之性質區分，常見型態爲藝術攝影、商業攝影及報導攝影。申言之：1.藝術攝影是指以攝影爲媒介之藝術創作，自與其他繪畫、雕刻等藝術作品相同，其價值來自於作品之藝術性；2.報導攝影係指爲報導特定主題所爲之攝影，其中新聞報導攝影係針對新聞時事，企圖以影像呈現新聞時事，新聞報導攝影之目的，不在於表現藝術理念，而在於呈現新聞事件，其價值主要取決該事件之重要性、相關照片之多寡等因素，而非其藝術性之高低[57]。

(五)豁免規定

著作權法第49條係豁免規定，係以新聞紙、網路等爲時事報導者，在報導之必要範圍內，得利用其報導過程中所接觸之著作，並未規定於合理範圍內爲之，得以阻卻違法，法院自無庸斟酌是否符合著作權法第65條第2項各款所定合理使用之事項，以爲判斷標準[58]。

二、機關或公法人著作之重製、公開播送、公開傳輸、翻譯及散布

以中央或地方機關或公法人之名義公開發表之著作，其具有公益之性質，任何人在合理範圍內，得重製、公開播送或公開傳輸，並得爲翻譯及散布該著作，本條規定對於政府出版品之合理使用（著作權法第50條、第63條第1項、第3項）。例如，國防白皮書、外交白皮書。再者，所謂合理範圍內，自應斟酌著作權法第65條第2項之判斷標準。例如，利用人固得引用政府出版品之統計圖表，惟不得重製該出版品之全部。

---

[56] 經濟部智慧財產局2004年11月24日電子郵件字第931124號函。

[57] 王怡蘋，新聞事件報導與著作權合理使用，智慧財產訴訟制度相關論文彙編，3輯，2014年12月，頁247。

[58] 最高法院103年度台上字第1352號民事判決。

三、廣播或電視之公開播送

(一)要　件

　　廣播或電視，為公開播送之目的，得以自己之設備錄音或錄影該著作。所謂以自己之設備錄音或錄影該著作，係指廣播企業本身之設備而錄音或錄影該著作[59]。但以其公開播送業，經著作財產權人之授權或合於本法規定者為限（著作權法第56條第1項）。本條為廣播電視得錄製他人著作之要件，係參考伯恩公約第11條之2第3項而訂定，其賦予廣播或電視得錄製他人著作之要件有三：1.為播送之目的；2.以自己之設備錄音或錄影該著作；3.其播送該特定節目之行為，業經著作財產權人之授權或合於本法規定。職是，廣播或電視須在符合上開要件時，始可依本條規定，就特定著作為播送目的之暫時性錄製，且該錄製物僅得作為經著作財產權人授權或合於本法規定之播送使用，不得再為其他利用[60]。

(二)銷燬錄製物之期間

　　錄製物除經著作權專責機關核准保存於指定之處所外，應於錄音或錄影後6個月內銷燬之（著作權法第56條第2項）。因本條項錄製行為係合理使用，縱使未依規定銷燬，然無刑事處罰之規定。準此，著作財產權人得知有未銷燬之事實，僅得依據著作權法第56條第2項規定，請求銷燬之[61]。

四、社區共同天線之轉播

(一)無線電視臺播送之著作

　　為加強或改善社區共同天線之收視效能，得以依法令設立之社區共同天線同時轉播依法設立無線電視臺播送之著作，不得變更其形式或內容或異時轉播（著作權法第56條之1）。是社區共同天線或有線電視之系統經營者所提供基本頻道，僅得轉播無線電視臺之節目[62]。所謂無線電視電臺，係指以無線電傳

---

[59] 蕭雄淋，著作權法論，五南圖書出版股份有限公司，2017年8月，8版修訂2刷，頁191。

[60] 經濟部智慧財產局2000年11月17日智著字第89010833號函。

[61] 章忠信，著作權法逐條釋義，五南圖書出版股份有限公司，2017年8月，4版修訂3刷，頁152。

[62] 蕭雄淋，著作權法論，五南圖書出版股份有限公司，2017年8月，8版修訂2刷，頁193。

播聲音、影像，藉供公眾直接之收視與收聽，且依法核准設立之電視電臺（廣播電視法第2條）。目前我國之無線電視電臺，包含臺灣電視事業股份有限公司、中國電視事業股份有限公司、中華電視股份有限公司、民間全民電視股份有限公司、財團法人公共電視文化事業基金會，並不包括利用衛星進行聲音或視訊信號之播送，以供公眾收聽或收視之衛星廣播電視[63]。

(二)不包括直播衛星播送之著作

一般大樓住戶僅係透過衛星天線接收衛星頻道節目播送之內容，因屬單純接收訊息之行為，雖不涉及公開播送之行為。然於接收衛星節目後，再透過有線電或無線電方式傳送住戶收視者，即涉及公開播送之行為，不合著作權法第56條之1之合理使用範圍。因條文所允許之合理使用，僅限於依法設立無線電視臺播送之著作，不包括直播衛星播送之著作。職是，原則上應徵得著作財產權人或經其授權之人或團體之授權或同意，始得為之[64]。

五、新聞自由

(一)要　件

揭載於新聞紙、雜誌或網路上有關政治、經濟或社會上時事問題之論述，得由其他新聞紙、雜誌轉載或由廣播或電視公開播送，或於網路公開傳輸，或為翻譯與散布該著作，此為關於時事論述之合理使用規定（著作權法第61條本文、第63條第1項、第3項）。論述之範圍，不限於報紙之社論，其包含雜誌之時事論文[65]。例外情形，係經註明不許轉載、公開播送或公開傳輸者，不在此限（著作權法第61條但書）。職是，利用人依據著作權法第61條本文規定利用他人之著作，應依同法第64條規定明示其出處。

(二)註明主體與方法

有關著作權法第61條但書之適用，應注意如後事項：1.註明之主體，係指由有關政治、經濟或社會上時事問題論述之著作財產權人本人或其所委託註明之人所為不許轉載、公開播送或公開傳輸之意思表示而言。非著作財產權人

---

[63] 經濟部智慧財產局2001年12月12日智著字第0900011282號函。

[64] 經濟部智慧財產局2002年6月17日智著字第0910005322號函。

[65] 蕭雄淋，著作權法論，五南圖書出版股份有限公司，2017年8月，8版修訂2刷，頁207。

本人或其委託註明之人所爲之表示，不發生禁止他人利用之效力；2.註明之方法，應以客觀上已足以使利用人於利用某特定揭載於新聞紙、雜誌或網路，就有關政治、經濟或社會上時事之問題論述，可明確知悉該特定論述業經著作財產權人禁止轉載、公開播送或公開傳輸者[66]。

六、維護知之權利

　　政治或宗教之公開演說、裁判程序及中央或地方機關之公開陳述，任何人得利用之（著作權法第62條本文）。所謂公開演說，係指不特定人或特定之多數人得聽取之狀態而言（著作權法第3條第1項第4款）。但專就特定人之演說或陳述，因非單純對公眾傳達，故編輯成編輯著作者，應經著作財產權人之同意，不得自由利用（著作權法第62條但書）。合於第62條規定之合理使用者，得爲翻譯與散布該著作（著作權法第63條第1項、第3項）。

七、為翻譯、改作及散布

　　依據著作權法合法利用他人著作權，其合理使用範圍包含：(一)得翻譯該著作，即依第44條、第45條、第48條第1款、第48條之1至第50條、第52條至第55條、第61條及第62條規定，得利用他人著作者，得翻譯該著作（著作權法第63條第1項）；(二)得改作該著作，係依第46條及第51條規定得利用他人著作者，得改作該著作（第2項）；(三)得散布該著作，係依第46條至第50條、第52條至第54條、第57條第2項、第58條、第61條及第62條規定，利用他人著作者，得散布該著作（第3項）。

八、應明示出處

(一)要　件

　　利用他人著作者，爲尊重著作人之著作人格權，是依第44條至第47條、第48條之1至第50條、第52條、第53條、第55條、第57條、第58條、第60條至第63條規定利用他人著作者，應明示其出處（著作權法第64條第1項）。前開明示出處，就著作人之姓名或名稱，除不具名著作或著作人不明者外，應以合理

---

[66] 經濟部智慧財產局2006年5月12日智著字第09500036710號函。

之方式為之（第2項）。所謂明示出處，係指依利用之方式，標示原著作著作人、著作名稱、出版社之名稱及利用部分[67]。利用人縱使為合理使用者，未侵害著作財產權，然違反明示出處之義務，依法應科以新臺幣5萬元以下之罰金（著作權法第96條）。倘有侵害之著作人格權，著作人得對之行使著作人格權（著作權法第66條）。

(二)明示出處與合理使用

違反著作權法第64條規定，其與著作之利用是否構成合理使用，並無必然關係。故縱使違反明示出處之義務，並非當然構成著作財產權之侵害，仍應檢視該利用行為是否合於合理使用各條文之規定。是著作財產權被侵害時，雖可能同時構成本條之違反，然本條規定，並非著作合理使用之必要條件。準此，著作縱未依本條以合理之方式明示其出處，仍無妨於合理使用之成立。反之，著作之利用雖已有合理使用之情形，然就未明示出處部分，應依著作權法第64條與第96條規定之刑事處罰[68]。本文認為未明示出處部分，至少有侵害著作人格權。

陸、非營利目的之利用

一、個人或家庭之重製與改作

(一)要　件

因科技日益發達，故以個人使用為目的之重製甚為普遍，故供個人或家庭為非營利之目的，在合理範圍內，得利用圖書館及非供公眾使用之機器重製已公開發表之著作（著作權法第51條）。例如，員工或公務員利用公司或機關之影印機影印他人著作，因該處之影印機不僅供個人使用外，亦屬供公眾使用之機器，自不得主張合理使用。本條限於個人或家庭為非營利之目的，自不得將重製物與家庭以外之人分享。例如，消費者基於自己之需求而就合法取得之CD為轉錄，其具備同一性，可主張空間轉換（space-shift）之合理使用；或者為自己收視之用而將電視節目以錄影機錄下，以便空間時觀看，可主張時間轉換（time-shift）之合理使用，均不成立著作權之侵害[69]。反之，將他人之照

---

[67] 羅明通，著作權法論2，群彥圖書股份有限公司，2005年9月，6版，頁256。

[68] 智慧財產及商業法院97年度民著上易字第4號民事判決。

[69] 羅明通，著作權法論2，群彥圖書股份有限公司，2005年9月，6版，頁389。

片或美術圖形製作成海報或公開發行刊物之封面，不符合有關私人重製合理使用規定，亦無法主張依據第63條第2項規定，將改作行為認定為合理使用。著作權法第51條為供個人非營利目的之合理使用規定，係最普遍之合理使用情形，國際間稱為家庭錄製（home taping）或私人重製（private copy）之合理使用[70]。

(二)合理範圍

著作權法第51條之合理範圍，應斟酌第65條第2項所列之4款標準。本條所稱之個人或家庭限於自然人，不包括法人在內。合於著作權法第51條合理使用之規定者，得改作該著作（著作權法第63條第2項）。本條之合理使用情形甚為廣泛，最重要之判斷標準，在於是否會構成市場替代之效果[71]。例如，自網站下載演奏曲以電腦製成活動實況影集並燒錄成CD光碟，其涉及重製他人之音樂著作及錄音著作之行為，倘僅供個人或家庭使用，在少量下載，且不至於對音樂產品市場銷售情形，造成不良影響之情況，屬於著作權法第51條所定之合理使用行為，不會構成著作財產權之侵害。反之，倘逾越合理使用範圍，縱使無營利意圖，仍屬侵害重製權，須負擔民事、刑事責任[72]。

二、公益活動之公開口述、公開播送、公開上映、公開演出及翻譯

(一)要　件

非以營利為目的，未對觀眾或聽眾直接或間接收取任何費用，且未對表演人支付報酬者，得於活動中公開口述、公開播送、公開上映或公開演出他人已公開發表之著作，本條係關於非營利活動之合理使用（著作權法第55條）。例如，勞軍或民眾之土風舞等活動，利用他人著作。合於第55條合理使用之規定者，得翻譯該著作（著作權法第63條第1項）。

(二)公益性活動之認定因素

著作權法第55條所定公益性活動，其認定要件如後：1.非以營利為目的，

---

[70] 章忠信，著作權法逐條釋義，五南圖書出版股份有限公司，2017年8月，4版修訂3刷，頁137。

[71] 章忠信，著作權法逐條釋義，五南圖書出版股份有限公司，2017年8月，4版修訂3刷，頁136。

[72] 經濟部智慧財產局2004年11月19日智著字第09300092170號函。

係指非專以經濟上利益可立即實現者。例如，企業形象活動、商業與公益結合之活動，因經濟上利益可能轉換為無形或者延後發生，均應視為以營利為目的；2.未對觀眾或聽眾直接或間接收取任何費用，解釋任何費用之範圍，包含入場費、會員費、清潔費、設備費、服務費、飲食費等與利用著作行為有關之直接、間接之相關費用；3.未對表演人支付報酬。所謂報酬，係指表演人在工作上或職務上就付出勞務所取得之必然對價。其包括工資、津貼、抽紅、補助費、交通費、工作獎金等項目，具有相對價值者[73]；4.必須係已公開發表之著作，未公開之著作不得主張合理使用；5.必須為特定活動，倘屬例行性或經常性之活動，則屬非特定性活動。例如，因教學屬經常性之事務，無法認定為特定活動。

柒、電腦程式之修改或重製

合法電腦程式著作重製物之所有人得因配合其所使用機器之需要，修改其程式，或因備用存檔之需要重製其程式，故除電腦程式外，其他類別之著作，其合法重製物亦不得備檔。經修改或備檔之電腦程式限於該所有人自行使用，不得為第三人使用（著作權法第59條第1項）。舉例說明之：(一)購買微軟公司之程式，為能在IBM之個人電腦使用，得修改該程式；(二)授權契約之授權範圍係以伴唱機內之儲存裝置為最終目的，MIDI電腦磁片或CF卡同為達成契約目的之儲存媒介，故而與著作權人簽約取得MIDI磁片之業者，將MIDI檔案灌錄於CF卡，自未逾越授權範圍，自無侵害系爭詞曲音樂著作權[74]。再者，所有人因滅失以外之事由，喪失原重製物之所有權者，除經著作財產權人同意外，應將其修改或重製之程式銷燬之（第2項）。

捌、例題解析

一、明示著作出處

乙撰寫碩士論文時，其於合理之使用範圍，縱使未經丙之同意，亦得引

---

[73] 內政部1992年7月23日台(81)內著字第8112959號函、2000年9月19日(89)智著字第89600755號函。

[74] 智慧財產及商業法院98年度刑智上訴字第3號刑事判決。

用丙所著文章之內容。然乙利用丙之著作者，應明示其出處，以尊重著作人之著作人格權（著作權法第64條第1項）。準此，乙未明示出處，倘符合理使用時，雖不成立侵害丙之著作財產權，然侵害著作人格權之姓名表示權[75]。再者，倘乙利用丙之著作，不符合理使用之範圍，成立侵害丙之著作財產權。

二、學校教學之目的

依法設立之各級學校及其擔任教學之人，為學校授課需要，在合理範圍內，得重製他人已公開發表之著作（著作權法第46條第1項）。職是，丁為學校之教師，其為教學之故，得於合理範圍內印製戊之民法精義著作。丁雖逐次印製戊之著作與同學作為教材，惟其係利用之全部著作，其結果將影響該著作於市場之銷售量，行為已逾越合理之使用範圍，其構成侵害戊之著作財產權。

三、非營利性表演活動得利用他人著作

著作權法第55條文所定公益性活動，必須係在特定活動，倘屬例行性或經常性之活動，屬非特定性活動。而教學屬經常性之事務，無法被認定屬特定活動。職是，學校教師己先播放一部家庭版之電影予學生觀看，再進行討論或解說，非屬合理使用之範圍，己師之公開上映行為，係有侵害著作權之行為。同理，倘社區經常性於社區公共設施視聽室，公開播放租用或購買之影片，將發生替代市場之結果，已逾越合理使用之範圍，為避免侵害他人之著作財產權，致生紛爭，應購買或租用公播版播放[76]。

四、未明示著作出處之刑事責任

利用他人著作，雖未依著作權法第64條規定，明示出處者，惟僅要構成合理使用之要件，不會因未註明出處而構成侵害著作財產權之行為[77]。然未明示出處之行為，得依據著作權法第96條規定科以新臺幣5萬元以下之罰金。申言之，著作權法第64條規定，並非著作合理使用之必要條件。著作之利用固有合

---

[75] 智慧財產及商業法院106年度民公上更(一)字第1號民事判決。

[76] 經濟部智慧財產局2003年8月8日智著字第09200068990號函。

[77] 章忠信，著作權法逐條釋義，五南圖書出版股份有限公司，2017年8月，4版修訂3刷，頁173。

理使用之情形，惟未明示出處部分，應依著作權法第64條及第96條處罰[78]。雖不成立侵害著作財產權，然侵害著作人格權之姓名表示權。

五、建築著作之合理使用

以紙雕或拼圖方式製作建築物之模型，雖屬著作權法所稱重製或改作行為之一種。惟依著作權法第58條規定可知，其於街道、公園、建築物之外壁或其他向公眾開放之戶外場所長期展示之美術著作或建築著作，除下列情形外，得以任何方法利用之：(一)以建築方式重製建築物（第1款）；(二)以雕塑方式重製雕塑物（第2款）；(三)為於本條規定之場所長期展示目的所為之重製（第3款）；(四)專門以販賣美術著作重製物為目的所為之重製（第4款）。第1款所稱之建築方式，不包括重製成建築模型之方式，而第4款之適用亦僅限於美術著作部分，並不包括建築著作。準此，將臺北101大樓，以紙雕或拼圖方式重製或改作成建築模型並公開販售，符合著作權法第58條本文規定之合理使用行為。

六、公共所有著作權之利用

東晉王羲之「快雪時晴帖」為美術著作，其早已成為公共財，任何人僅要不侵害其著作人格權，均得利用之[79]。公立古物保管機關或機構為研究、宣揚之需要，得就保管之公有古物，具名複製或監製。他人非經原保管機關或機構准許及監製，雖不得再複製（文化資產保存法第69條第1項）。然此項限制，並非賦予公立古物保管機關或機構享有專有權利，而是確保公有古物之複製忠於原樣。職是，甲將故宮收藏之王羲之「快雪時晴帖」複製成電腦桌布，不須故宮同意[80]。

---

[78] 智慧財產及商業法院97年度民著上易字第4號民事判決。

[79] 2011年4月20日參閱http://www.npm.gov.tw/exh97/chintang/cht_item.html。「快雪時晴帖」係行楷書短簡，前後均有署名具禮，內容為大雪之後向友人問候。自用筆以觀，本帖多圓鈍之用筆，點畫勾挑不露鋒，結體平穩勻稱，在優美姿態中，流露出質樸內斂之意韻。乾隆皇帝極珍愛本帖，譽之為「天下無雙，古今鮮對」。

[80] 章忠信，著作權一本就通，書泉出版社，2010年1月，頁142。

七、移轉著作物所有權之限制

(一)不成立善意受讓

著作人專有出租其著作之權利，著作原件或其合法著作重製物之所有人，得出租原件或重製物。故欲出租著作物，應經合法重製物之所有人或著作財產權人之授權或同意，否則會構成侵害出租權之行為。目前國內影片之出租流程，通常由影片代理商將發行之影音產品移轉占有，授權與簽約之店家出租，仍保留該影音產品之所有權，並於影音產品載明出租專用版而嚴禁轉售之文字，簽約店無權將影音產品販售予相關消費者。因影片均有明示屬出租版之文字樣，相關消費者雖無法知悉代理商與簽約出租店間之契約內容，然相關消費者明知出租店無權讓與所有權，自無依民法第801條、第948條規定，構成善意取得之情形。

(二)擅自以出租方法侵害他人之著作財產權

行為人與出售影音光碟之出賣人均明知影音光碟屬授權出租專用版，且著作權人對之採取保留所有權之授權模式。出賣人對影音光碟無處分權，其將之售予行為人，係無權處分之行為，復未經著作權人之承認，自不生效力。且行為人明知出賣人所售之影音光碟，屬授權出租專用版，並無讓與之權利，仍予以買受，自無從主張善意取得。再者，著作財產權人得就著作權之授權地域、時間、內容、利用方法或其他事項，而與各個被授權人為不同之約定，故著作權人就同一視聽著作，得有單支授權、授權出租、直銷、賣斷、保留所有權等各式類型之著作權授權模式。職是，行為人成立以出租方法侵害他人之著作財產權（著作權法第92條）[81]。

第三節　著作之強制授權

因音樂具有極強之流通性與極高之使用頻率，故音樂之利用不宜由少數人獨占。準此，我國著作權法對於錄有音樂著作之銷售用錄音著作，其發行滿6個月，欲利用該音樂著作而錄製銷售用錄音著作者，得適用法定授權制。

---

[81] 智慧財產及商業法院99年度刑智上易字第80號刑事判決。

例題10

　　甲將現有之錄音著作或視聽著作，予以收錄後，上市進行銷售，其市場銷售甚佳，乙見有商機可趁，向智慧財產局就甲之音樂著作申請強制授權。試問經濟部智慧財產局應如何處理？理由為何？

壹、音樂著作之強制授權

　　所謂強制締結著作權授權契約者，係指他人基於必須利用著作之一定正當理由，得申請主管機關准許對著作財產權人支付或提存一定使用報酬後，就其著作加以重製。職是，導致著作財產權人是否訂立契約之自由，受到應有之限制。著作權法第69條規定有關音樂著作之強制授權，其性質屬強制締約之情形。因音樂具有高度之流通性與極高之使用率，實不宜獨占。著作權法對音樂著作之強制授權要件、區域限制、撤銷、廢止及授權辦法，均有規範之[82]。

一、要　件

(一)音樂著作

　　錄有音樂著作之銷售用錄音著作發行滿6個月，欲利用該音樂著作錄製其他銷售用錄音著作者，經申請著作權專責機關許可強制授權（compulsory licesing），並給付使用報酬後，得利用該音樂著作，另行錄製（著作權法第69條第1項）[83]。準此，利用人未依據經濟部智慧財產局核定之費率給付使用報酬，即先行錄製音樂著作，會構成侵害重製權之行為，其與著作權法第47條得先使用而再付費之情形不同[84]。音樂著作強制授權許可、使用報酬之計算方式及其他應遵行事項之辦法，由主管機關定之（第2項）。利用音樂人僅要符合著作權專責機關許可強制授權及給付使用報酬等要件，自得使用音樂[85]。強制

---

[82] 智慧財產及商業法院106年度行著訴字第6號行政判決。

[83] 內政部1998年3月13日台(87)內著會發字第8704024號函：其發行區域並不限於中華民國區域。

[84] 章忠信，著作權法逐條釋義，五南圖書出版股份有限公司，2017年8月，4版修訂3刷，頁180。

[85] 2002年2月20日發布修正「音樂著作強制授權申請許可及使用報酬辦法」。依據該辦

授權之制度，使音樂著作財產權自財產權演變成報酬請求權，其爲請求使用人補償之權利（liability right）。經濟部智慧財產局之許可與否，其性質爲行政處分。著作財產權人對許可處分，得提出訴願；反之，申請人對於不許可處分或許可處分費率，亦可提起訴願救濟。

(二)商業用錄音著作

著作利用之強制授權，得申請強制授權之對象，限於音樂著作。其得作爲之標的，限於商業用之錄音著作[86]。舉例說明之：1.電腦MIDI之成品雖屬錄音著作，倘僅係電腦伴唱機之一部分，而無法單獨使用，其不符銷售用之錄音著作，自不得申請音樂著作之強制授權[87]；2.運用市場發行滿6個月之音樂著作之詞、曲，重製成MIDI碟、MP3，倘該等MIDI碟、MP3成品屬電腦伴唱機之一部分，致無法單獨用以銷售者，不得申請音樂著作之強制授權[88]。

二、著作銷售限制

爲保護著作財產權人，應限制依強制授權錄製的錄音著作之利用範圍。申言之，利用依強制授權音樂著作而創作錄音著作，該新創作之錄音著作的重製物，除僅能供銷售之用外，不得爲其他利用，且不得將其錄音著作之重製物銷售至中華民國管轄區域外，以求私益與公益之衡平（著作權法第70條）[89]。例如，第三人申請強制授權許可後，將該經強制授權而製作之錄音著作內容結合申請人所製作之影像，進而成爲視聽著作，該行爲逾利用之範圍，該錄製者非銷售用之錄音著作，其違反著作權法第69條第1項規定[90]。

法第12條規定，申請人應給付之使用報酬，其計算公式如下：使用報酬＝預定發行之錄音著作批發價格×5.4%×預定發行之錄音著作數量／預定發行之錄音著作所利用之音樂著作數量。

[86] 章忠信，著作權法逐條釋義，五南圖書出版股份有限公司，2017年8月，4版修訂3刷，頁180。

[87] 經濟部智慧財產局2002年3月25日智著字第0910002150號函。

[88] 經濟部智慧財產局2012年11月27日智著字第10100096870號函。

[89] 內政部1998年4月15日台(87)內著會發字第8704438號函。

[90] 內政部1998年3月11日台(87)內著會發字第8704117號函。

三、撤銷與廢止

取得強制授權之許可後，發現其申請有虛偽情事者，著作權專責機關應撤銷其許可，使違法之行政處分自始失效（著作權法第71條第1項）。或者取得強制授權之許可後，未依著作權專責機關許可之方式利用著作者，著作權專責機關應廢止其許可，使合法之行政處分嗣後失效（第2項）。

四、音樂著作之強制授權辦法

有關音樂著作之授權及報酬，涉及權利人之收入，經濟部智慧財產局有制定音樂著作強制授權申請許可及使用報酬辦法，作爲規範著作財產權人與音樂著作利用人之權義關係（著作權法第69條第2項）。

五、強制授權不構成著作財產權之侵害

音樂著作強制授權，係由擬利用該音樂著作錄製其他銷售用錄音著作者，向著作權專責機關提出申請，嗣經許可強制授權後，申請人即得依許可強制授權處分所核定計算方法，給付使用報酬予音樂著作之著作財產權人後，依許可方式利用該音樂著作錄製錄音著作，而不構成著作財產權之侵害。換言之，音樂著作強制授權未經著作財產權人同意，而由國家公權力介入，授權他人利用該音樂著作錄製錄音著作，而對著作財產權人獨占排他權利加以限制，是許可強制授權處分除對相對人授予利益外，亦對著作財產權人課予容忍他人利用其音樂著作之負擔，而產生法律上之不利益[91]。

貳、例題解析──音樂著作之強制授權

甲係將現有之錄音著作或視聽著作予以收錄後銷售者，係屬重製錄音著作或視聽著作之行爲，雖其重製時，亦同時重製該錄音著作或視聽著作內所利用之音樂著作，惟此與著作權法第69條規定，欲利用音樂著作錄製其他銷售用錄音著作之情形有別，自無著作權法第69條之適用。準此，乙向智慧財產局申請甲之音樂著作的強制授權，智慧財產局不應許可。

---

[91] 最高行政法院108年度判字第463號行政判決；智慧財產及商業法院110年度行著訴字第2號、第4號行政判決。

第六章

著作權之變動

關鍵詞

出版權、著作原件、專屬授權、著作重製物、目的讓與理論

　　著作財產權不同於一身專屬之著作人格權，得讓與、授權或設質予他人。準此，本章就著作權行使之變動，主要針對著作財產權而為論述。至於有關著作人格權之部分，則非討論之範疇。本章之目標，在於使研讀者瞭解著作財產權之讓與、著作財產權之授權、著作財產權設定質權、共有著作權人之行使及著作財產權之消滅。

第一節　著作財產權之讓與

　　所謂著作財產權之讓與，係指直接發生著作財產權移轉與著作財產權主體變更效果之準物權行為，其為處分行為之一種，著作權讓與契約，應與其原因行為之債權契約相區別[1]。

例題1

> 　　甲為著作權法案例式之著作人，A出版公司與著作人甲簽訂著作權讓與契約，甲將該文字著作之著作人格權與著作財產權讓與A出版公司。試問當事人有關著作權之轉讓，是否合法？

壹、定　義

一、非專屬財產權

　　著作財產權為財產權之一種，基於私法自治原則（autonomy of private law），著作財產權人得依據自由意願與他人締結著作財產權之讓與或授權，此為契約自由（freedom of contract）或稱契約自治。準此，著作財產權得全部或部分讓與他人或與他人共有（著作權法第36條第1項）。故著作權具有可分性。著作財產權之受讓人，在其受讓範圍內，取得著作財產權（第2項）。

---

[1] 最高法院86年度台上字第1039號民事判決。

二、著作權與著作物分離

(一)準物權與所有權

著作權與著作原件或著作重製物之所有權,兩者分離,此為著作權法之基本概念因著作權為無體財產,而著作物為有體物。美國著作權法第202條規定,著作權(ownership of copyright)與著作所附著之有體物所有權(ownership of material object),兩者應嚴格區分,即著作權與其內所含之任何排他權利,其與該著作所附著之有體物所有權,兩者係分離以觀。對於有體物所有權之移轉,包括該著作首次附著之原件所有權移轉,並非移轉附著於該有體物之著作的著作權中任何權利。同理,在無合意之情況,著作權或其內所含之任何排他權利之移轉,並非移轉有體物之所有權。

(二)讓與權利

將美術著作或攝影著作首次附著之原件所有權,轉讓與交付予買受人,並不等於移轉美術、攝影著作之著作財產權。著作權人雖仍保留著作權,然已難以行使其著作權。移轉著作財產權,固不以交付有體物為必要。惟著作價值僅顯現於獨一原件之情形。例如,美術著作倘未交付原件,就受讓人主觀之滿足及將來利用時之便利性而言,均較不利[2]。

(三)侵害權利

侵害著作物之所有權,不會同時對附著於該有體物上著作之著作權構成侵害。對於著作權之侵害,亦不以對特定有體物,取得實質上之支配權為必要,且通常均在未取得著作權之支配權之情況,構成侵害著作權[3]。

貳、讓與範圍

一、著作財產權具有可分性

著作財產權人專有重製、公開口述、公開播送、公開上映、公開演出、公

---

[2] 徐玉蘭,著作權法民事責任案例研討,智慧財產專業法官培訓課程,司法院司法人員研習所,2006年6月,頁36。

[3] 謝銘洋,智慧財產權之基礎理論,瀚蘆圖書出版有限公司,2004年10月,4版,頁18。

開傳輸、公開展示、改作、編輯、散布、出租及輸入等著作財產權（著作權法第22條至第29條）。因著作財產權具有可分性，是著作財產權讓與之範圍依當事人之約定；其約定不明之部分，為保護著作財產權人，採權利保留原則，推定為未讓與（著作權法第36條第1項）。著作財產權人讓與著作財產權，得約定讓與範圍、內容或其他事項，均依據當事人所創制之契約關係而加以規範。

二、著作權之取得或轉讓之要件

著作權之取得或轉讓之生效要件，本冊庸登記，在授權或受讓期間屆滿後，無須被授權人或受讓人向授權人或讓與人為同意返還著作權之意思表示，更無須被授權人或受讓人為移轉或塗銷登記後，授權人或讓與人始能取回著作權，此乃因轉讓本身附有期限限制，其於期限屆滿時失其效力（民法第102條第2項）[4]。

參、著作財產權之繼承

原則上著作財產權存續於著作人之生存期間及其死亡後50年，是著作財產權得為繼承之標的，倘著作人死亡，其繼承人於著作人死後50年內享有著作財產權（著作權法第30條）。利用人在保護期間欲利用著作者，原則上應得著作財產權人之同意或授權後，始得為之，而逾保護期間者，該著作屬公共財產（public domain），任何人均得自由利用。

肆、著作財產權之時效取得

一、肯定說

著作財產權不以登記為生效要件，故準用動產之取得時效。凡以著作財產權人之意思，10年間和平、公然、繼續占有他人之著作財產權，取得著作財產權；倘占有之始為善意並無過失者，占有5年即可取得著作財產權（民法第772條、第768條、第768條之1）。

---

[4] 最高法院92年度台上字第1658號民事判決。

(一)所有權以外財產權之取得

　　無論爲物權、債權或無體財產權，均得爲取得時效之標的[5]。是民法第768條至第772條關於因時效而取得所有權或其他財產權之規定，乃爲促使原權利人善盡積極利用其財產之社會責任，並尊重長期占有之既成秩序，以增進公共利益而設[6]。準此，準占有人以所有之意思，10年間和平、公然、繼續準占有他人之著作財產權，取得其著作財產權。倘準占有之始爲善意無過失者，5年間即可取得著作財產權。

(二)取得著作財產權之方式

　　主管機關或相關機構所核發之著作權執照雖無實質認定著作權歸屬之效力，無法作爲認定著作權是否取得之唯一證據。然當事人爲證明其意思表示，自得作爲存證，供法院依據具體個案調查事實認定之。故受讓人受讓音樂著作之著作權後，讓與人與受讓人向主管機關或相關機構辦理轉讓註冊。而受讓人以和平、公然及繼續行使著作之著作權已逾10年，著作人就受讓人行使著作之著作財產權，期間均未有異議者，即可認定受讓人以和平、公然及繼續行使音樂著作之著作財產權，並因時效而取得著作財產權。準此，著作人於時效取得期間未爭執受讓人非著作之著作財產權，縱使讓與人無權轉讓著作之著作財產權予受讓人，亦符合時效取得之要件。況系爭著作之著作權前向主管機關或相關機構爲註冊登記在案，自不容事後環境變遷或市場發展而更易，以維持法律之安定性，並衡平著作人私益與社會公共利益，促進國家文化之發展[7]。

二、否定說

(一)著作與著作物不同

　　著作（work）與著作物（copy）屬不同之概念，著作權所保護之標的爲著作，其屬於文學、科學、藝術或其他學術範圍之創作（著作權法第3條第1項第1款）。著作權之保護及於該著作之表達，雖通常附著於一定之媒介或載體，惟僅須以一定方法或形式表達呈現其創作內容，使他人得以知覺著作之存

---

[5] 謝在全，民法物權論（下），新學林出版股份有限公司，2009年6月修訂4版，頁248至249。

[6] 大法官釋字第291號解釋。

[7] 智慧財產及商業法院100年度民著訴字第32號民事判決。

在及其內容存在即可,而不以附著或固著(fixation)為保護要件。而著作物為著作依其表現形式所附著之有體物,如媒介或載體,為物權歸屬之客體。是著作之內容以一定形式對外表達後,任何人無須藉由著作人之協力,即得加以利用,具有非獨占性(non-exclusive)、無耗損性(non-rivalrous)、共享性之特質,而與物權所保護之財產標的物具有獨占性(exclusive)、耗損性(rivalrous)、自然稀少性(natural scarcity)之性質迥然有別,著作權無法如物權人僅須占有特定之有體物,即可排除他人使用[8]。

(二)不準用民法第772條

准許原著作權人以外之第三人得以準占有人之地位,以取得著作權之意思行使著作權之各項權能。例如,重製、公開口述、公開播送、公開上映、公開演奏、公開展示、編輯、翻譯、出租及改作權。第三人繼續10年或5年後,即得因時效取得著作權,任何人均得以此方式取得著作權。倘有二人以上同時主張時效取得,究竟著作權應歸屬何人,勢必造成著作權法律關係之混亂,反而無從迅速確定法律狀態,達到有效運用、配置社會資源,使社會總效益極大化之目的。故承認得以時效取得著作權,無疑鼓勵他人無待創作,即可以逸待勞,擅自行使著作權,而於10年或5年後,即可原始取得著作權,將降低著作人之創作誘因,人類智識文化資產則難以永續發展。準此,故以一定時間占有他人之物而取得物權、以尊重長期占有之既成秩序之時效取得制度,其與著作權法保障著作人著作權益,調和社會公共利益,促進國家文化發展之立法目的有別,故關於著作權,不在民法第772條準用之列[9]。

伍、著作財產權之強制執行

著作財產權為財產權之一種,原則上著作財產權人對債權人負有債務,債權人取得強制執行名義後,得對債務人之著作財產權為強制執行。例外情形,係未公開發表之著作原件及其著作財產權,除作為買賣之標的或經本人允諾者外,不得作為強制執行之標的(著作權法第20條)。

---

[8] 智慧財產及商業法院98年度刑智上訴字第44號刑事判決。
[9] 最高法院103年度台上字第5號民事判決。

陸、例題解析——著作財產權之讓與

一、讓與之性質

　　著作權包含著作人格權與著作財產權，著作人格權專屬於著作人本身，不得讓與或繼承（著作權法第3條第1項第3款、第21條）。故契約規定轉讓著作人格權，該約定違反法律之強制規定，約定係無效，當事人僅得約定著作人格權不行使。而著作財產權可全部或部分轉讓，或者轉讓應有部分而由讓與人及受讓人共有著作財產權（著作權法第36條）。準此，著作權人得將著作財產權轉讓予他人，著作權人於讓與契約所約定之讓與範圍，著作權人喪失所讓與之著作財產權。

二、出版權之性質

　　出版權為民法之概念，其與著作權有別。所謂出版者，係指當事人約定，一方以文學、科學、藝術或其他之著作，為出版而交付於他方，他方擔任印刷或以其他方法重製及發行之契約（民法第515條第1項）。投稿於新聞紙或雜誌經刊登者，推定成立出版契約（第2項）。以著作權法之範疇而言，出版權者，係指出版權授與人依據出版契約所規定範圍，授與出版人重製權與發行等權能[10]。職是，著作人授與出版權，自與著作財產權之讓與不同。

第二節　著作財產權之授權

　　著作財產權人除得自行行使權利外，亦得授權他人行使著作財產權，以達著作流通散布之目的。利用人雖經合法授權利用著作，惟著作之著作財產權仍屬原著作財產權人所有，除專屬授權之情形外，著作財產權人亦得利用其著作。著作財產權之讓與具有類似物權移轉之性質，而著作財產權之授權利用，原則上僅有債之關係[11]。

---

[10] 林洲富，民法—案例式，五南圖書出版股份有限公司，2020年9月，8版1刷，頁269。
[11] 最高法院86年度台非字第64號刑事判決。

例題2

　　日月法學雜誌社之徵稿，並註明本刊對來稿有刪改之權利，乙應約投稿，經刊載於日月法學雜誌。試問：(一)何人取得著作財產權？(二)雜誌社得否修改投稿文章？(三)假設乙再將該文章投稿至五南法學雜誌社，有無侵害著作權？

例題3

　　著作財產權人在專屬授權範圍內，未得專屬授權之被授權人之同意，仍行使該著作財產權。試問是否會構成著作財產權之侵害？或屬違約行為？

例題4

　　A公司負責人甲在電腦程式公司，購買一份單機版之個人版電腦軟體，將其安裝於A公司處，供公司內之多部電腦使用。試問甲之行為，有無侵害著作財產權？

例題5

　　丙著有電腦繪圖技術一書，其為促進銷售量，乃至網路上免費下載相關繪圖軟體試用版，並壓製成光碟，作為隨書附贈之用。試問丙重製與散布光碟之行為，有無侵害繪圖軟體試用版之著作權？

壹、範　圍（92年檢察事務官）

一、權利保留原則

　　著作財產權人得授權他人利用著作，其授權利用之地域、時間、內容、利

用方法或其他事項，依當事人之約定；其約定不明之部分，爲保護著作財產權人，採權利保留原則，推定爲未授權（著作權法第37條第1項）[12]。例如，著作財產權人投稿於新聞紙、雜誌或授權公開播送著作者，除另有約定外，推定僅授與刊載或公開播送一次之權利，對著作財產權人之其他權利不生影響（著作權法第41條）。因報社或雜誌社僅有刊載文章1次之權利，事後再登載於網站，即構成重製及公開傳輸行爲，除有合理使用情形外，應取得著作財產權人授權或同意[13]。職是，投稿至學術期刊之文章，倘未與雜誌社有特別約定者，作者可自行將論文集結成冊出版[14]。或者著作財產權人之權利，出版人於合法授權實行之必要範圍內，自可行使之（民法第516條第1項）。

二、非要式行為

因著作財產權之授權行爲，非屬民法第73條本文之法定要式行爲，其係不要式行爲，不以作成書面爲必要，明示或默示，均生授權之效力。而著作財產權經授權後，被授權人之權利，不因著作財產權人嗣後將其著作財產權讓與或再爲授權而受影響，以維護授權利用之穩定性（著作權法第37條第2項）。

貳、類　型（96、101年檢察事務官）

一、非專屬授權

(一)性　質

非專屬授權之場合，著作財產權人得授權多人利用著作。是非專屬授權之被授權人非經著作財產權人同意，不得將其被授與之權利再授權第三人利用（著作權法第37條第3項）。其與原著作財產權人之地位，尚屬有間，此爲次授權之禁止規定。因非專屬授權，並未獨占利用著作財產權，倘有第三人侵害著作財產權，其非侵害著作權之犯罪被害人，依法不得提起告訴或自訴[15]，亦不得提起民事訴訟向侵權行爲人請求損害賠償。

---

[12] 最高法院92年度台上字第2123號民事判決。
[13] 經濟部智慧財產局2008年8月20日電子郵件字第970820b號函。
[14] 經濟部智慧財產局2003年6月5日電子郵件字第920605號函。
[15] 最高法院92年度台上更(一)字第1166號刑事判決。

(二)積極實施權能

就同一著作授權範圍而言，非專屬被授權人得為多數人，其僅取得著作權之實施權，其不具備專屬被授權人之排他權能，除非有民法第242條規定之代位權，否則著作權受侵害之情形發生時，僅屬間接損害，不屬於損害賠償請求權人，其就著作權侵害而言，並無提起民事救濟之權利。故非專屬授權之場合，其僅授予被授權人之積極實施權能，並未授予消極防禦權能，消極之防禦權仍保留在原著作權人處[16]。

二、專屬授權

專屬授權為獨占性之授權，故專屬授權之被授權人在被授權範圍內，得以著作財產權人之地位行使權利，並得以自己名義為訴訟上之行為，其屬法定代位權之性質。著作財產權人在專屬授權範圍內，不得行使權利，此為強制規定，不得以契約排除之（著作權法第37條第4項）。準此，第三人侵害著作財產權，專屬授權之被授權人為侵害著作權之犯罪被害人，除得提起告訴或自訴外，亦得提起民事訴訟向侵權行為人請求損害賠償[17]。申言之，專屬授權之被授權人於授權範圍，取得獨占利用著作之權限，授權人於同一授權範圍之內容，不得再授權第三人，自己亦不得行使權利。故專屬授權之被授權人使用著作財產權之權利受侵害時，其與原著作財產權人之權利被侵害，並無不同[18]。

三、獨家授權

所謂獨家授權，係指著作財產權人於授權他人後，雖同時負有不得再行授權第三人之義務，然未排除著作財產權人自行行使權利，核與專屬授權之場合，著作財產權人於授權範圍，除不得再行授權第三人外，其亦不得行使權利，兩者授權效力有別，故非專屬授權[19]。

---

[16] 智慧財產及商業法院106年度民著上更(一)字第2號民事判決。

[17] 最高法院86年度台上字第3612號刑事判決。

[18] 最高法院88年度台非字第30號、101年度台上字第618號刑事判決。

[19] 最高法院98年度台上字第7616號、106年度台上字第31號刑事判決；智慧財產及商業法院104年度刑智上易字第44號刑事判決。

四、電腦伴唱機之公開演出授權

音樂著作經授權重製於電腦伴唱機者，利用人利用該電腦伴唱機公開演出該著作，不適用第七章規定。但屬於著作權集體管理團體管理之音樂著作，不在此限（著作權法第37條第6項第1款）。申言之：(一)KTV業者對公開演出而未加入著作權集體管理團體之權利人音樂著作，僅負民事責任，並不負刑事責任；(二)公開演出已加入著作權集體管理團體之音樂著作，而未付出共同使用管理費者，應負民事責任與刑事責任。

五、二次播送

(一)定　義

所謂二次播送者，係指將原播送之著作再公開播送，或以播音器等器材，將原播送之聲音或影像向公眾傳播。例如，旅館業者經由隨選播放系統，供旅客觀看有著作權之影片。至於業者僅單純提供電視或廣播供顧客觀看或收聽，其屬原機播送，非二次播送之範圍，均無民事與刑事責任。

(二)刑事免責要件

業者有向單一著作權集體管理團體付出管理費，有二次播送之行為時，並不適用著作權之罰則，並無刑事責任，倘有侵權之爭議，應循民事救濟途徑解決。再者，有下列情形之一者，而非屬於著作權集體管理團體管理之著作，不適用第七章規定之罰則：1.將原播送之著作再公開播送；2.以擴音器或其他器材，將原播送之聲音或影像向公眾傳達；3.著作經授權重製於廣告後，由廣告播送人就該廣告為公開播送或同步公開傳輸，向公眾傳達（著作權法第37條第6項第2款至第4款）。申言之，公開播送之二次利用行為，具有大量利用他人著作，利用人對所利用之著作無法事先得知與控制之特質，無法逐一取得所利用著作之授權，隨時面臨被告侵權之風險。且公開播送之二次利用行為，權利人所能獲取之經濟利益有限，其著作權之保護，以民事救濟應已足夠，不應以刑事處罰為必要，故將公開播送之二次利用行為回歸屬民事問題，不生第七章著作權侵害之刑事責任問題。

六、目的讓與理論

著作財產權人得授權他人利用著作，其授權利用之地域、時間、內容、

利用方法或其他事項，依當事人之約定；其約定不明之部分，固推定為未授權（著作權法第37條第1項）。惟解釋意思表示，應探求當事人真意，不得拘泥於所用之辭句（民法第98條）。是在認定著作權契約之授權範圍，首先應檢視授權契約之約定，倘契約無明文、文字漏未規定或文字不清時，再探求契約之真意或目的，或推究是否有默示合意之存在。所謂目的讓與理論，係指著作權人授與權利時，就該權利之利用方式約定不明或約定方式與契約目的相矛盾時，該權利之授權範圍，應依授權契約所欲達成之目的決定[20]。故著作權之授權契約中所授與之權利及其利用方式，應依授權契約之目的決定，不得拘泥於契約所使用之文字。倘當事人之真意不明，亦無默示合意存在時，應考量契約目的讓與理論，在契約真意不明時，亦無默示合意存在，或無法適用契約目的讓與理論，始可認係屬著作權法第37條第1項所稱之約定不明，進而推定為未授權[21]。

七、網路共享軟體之默許授權

所謂發行者，係指權利人重製並散布能滿足公眾合理需要之重製物（著作權法第3條第1項第14款）。是發行必須具備幾項要件：(一)須為權利人；(二)透過重製行為而散布；(三)著作物存在於媒介。倘未取得著作權，即非著作權人，不論意欲將著作物儲存於何種物體，均不能將他人著作為重製及散布行為。而網際網路之特性，在於不特定人均得透過網路之連接而讀取他人放置於網站之資料，在讀取或使用之同時，無可避免均會使用他人之著作物，在離線閱讀或下載之情況，會重製他人之著作。準此，在網際網路之場合，著作權人將其著作物放置於開放之網站，提供他人閱覽，即有當然使不特定人利用之默許，是著作權人有表示他人可自由複製或散布[22]。因著作財產權有多樣化，電腦程式著作權人雖同意他人可複製或散布著作，然軟體之發行權利仍屬於著作權人，故第三人不得取代著作權人自由發行或從事商業活動。

---

[20] 智慧財產及商業法院104年度民著上易字第6號民事判決。

[21] 智慧財產及商業法院98年度刑智上訴字第3號刑事判決；智慧財產及商業法院98年度民著上字第11號、107年度民著上字第18號民事判決。

[22] 臺灣高等法院88年度上訴字第69號刑事判決。

參、例題解析

一、稿件之授權範圍

(一)著作財產權之授權

著作財產權人投稿於新聞紙、雜誌或授權公開播送著作者，除另有約定外，推定僅授與刊載或公開播送1次之權利，對著作財產權人之其他權利不生影響（著作權法第41條）。準此，日月法學雜誌社之徵稿，乙應約投稿，並刊載於日月法學雜誌，當事人就授權範圍並未另外約定，故應推定僅授與刊載1次之權利，該稿件之著作財產權仍歸乙取得[23]。縱使日月法學雜誌社之徵稿啓事，註明本刊對來稿有刪改之權利，此爲日月法學雜誌社爲版面與出版之必要所設，並非當事人約定行使著作財產權之內容。同理，報章雜誌出版商未經投稿之著作權人同意，亦不得擅自將該著作置入其製作之光碟或資料庫（著作權法第37條第1項後段）。

(二)不當變更禁止權

日月法學雜誌社增刪乙之投稿文章，倘未影響該原意，並不損害乙之名譽，應不成立對乙著作人格權之侵害（著作權法第17條）。反之，增刪乙之投稿文章，已實質影響該內容，並損害乙之名譽者，應成立對乙著作人格權之侵害。

(三)著作財產權授權之告知義務

在投稿之情形，雜誌社並未取得稿件之著作權，其僅取得刊載1次之權利，著作權仍屬於乙，故乙再將該文章投稿至五南法學雜誌社，該一稿兩投之行爲，雖未侵害著作權。然自著作財產權授與之角度以觀，乙應於投稿時，將同一文章已投稿於日月法學雜誌社之情事，告知五南法學雜誌社知悉（民法第516條第3項）。

二、專屬授權之性質

專屬授權之被授權人雖得以著作財產權人之地位行使權利，惟著作財產權人在專屬授權範圍內，僅被限制不得行使著作權，其並未喪失著作財產權。關

---

[23] 經濟部智慧財產局2004年10月14日電子郵件字第931015號函。

於著作財產權之侵害，係以侵害他人之著作財產權為成立要件。準此，著作財產權人在專屬授權範圍內，未得專屬授權之被授權人之同意，仍行使該著作財產權，其僅構成違約行為，不會成立著作財產權之侵害[24]。

三、授權範圍之認定

(一)單機版之軟體

電腦軟體之使用均需安裝於電腦硬碟，倘僅購買一份單機版之軟體，原則上其授權範圍僅限於一臺電腦，因程式之安裝屬重製行為，故將個人版之電腦程式，安裝在兩臺以上之電腦而加以使用，屬逾授權範圍之重製行為，其發生重製權之侵害[25]。準此，公司負責人購買一份單機版之個人版電腦軟體，不得將其安裝於公司供多部電腦使用，倘欲合法使用，必須購買營業版之電腦軟體，否則會成立侵害著作財產權。

(二)網路之免費軟體

軟體著作權人提供他人自網路上免費下載軟體，依據線上授權條款性質，解釋上下載軟體者之使用範圍，應限於無償使用，不得作為商業使用。準此，丙為促銷其著作，將網路上免費下載之繪圖軟體試用版，壓製成光碟，作為隨書附贈之商業用途，丙之行為侵害該繪圖軟體之著作財產權。

第三節　著作財產權設定質權

著作財產權為可轉讓之權利，自得設定權利質權（lien of right）或稱準質權。權利質權，除有特別規定外，準用關於動產質權（lien of personal property）規定（民法第901條）。職是，質權人（lien creditor）得就著作財產權賣得價金，受優先清償之權（民法第884條）。

---

[24] 章忠信，著作權法逐條釋義，五南圖書出版股份有限公司，2017年8月，4版修訂3刷，頁93。

[25] 經濟部智慧財產局2007年4月9日電子郵件字第960409a號函。

例題6

丙為D著作之著作財產權人，丙向丁借款新臺幣10萬元，丙提供D著作予丁設質，倘設定質權時，無另有約定者。試問：(一)著作財產權應由何人行使？(二)質權人丁有何權利？

壹、設定質權

著作財產權得為權利質權之標的（民法第900條），而以著作財產權為質權之標的物者，除設定時另有約定外，著作財產權人仍得行使其著作財產權，而由著作財產權人使用收益或授權他人使用（著作權法第39條）。縱使設定質權時，有特別約定質權人行使著作財產權，著作財產權人仍得就第三人侵害其著作財產權主張權利，因質權設定後，著作財產權人依然是著作財產權人。例如，出質人與質權人約定出質人之著作財產權不得授權第三人使用，倘出質人未依約而授權他人使用其著作財產權者，其雖有違反契約之行為，然不成立侵害著作財產權。再者，著作財產權之設質，不以書面為必要，無論明示或默示均可成立，毋庸至主管機關辦理質權登記。

貳、共同著作應有部分之設質

共有之著作財產權，非經著作財產權人全體同意，不得行使之；各著作財產權人非經其他共有著作財產權人之同意，不得以其應有部分讓與他人或為他人設定質權。各著作財產權人，無正當理由者，不得拒絕同意（著作權法第40之1條第1項）。

參、文化創意產業之著作財產權

為因應文創產業所可能產生之著作財產權設定質權問題，有透明可鑑別之登記機制，以保障市場之交易安全。職是，以文化創意產業產生之著作財產權為標的之質權，其設定、讓與、變更、消滅或處分之限制，得向著作權專責機關登記；未經登記者，不得對抗善意第三人。例外情形，係因混同、著作財產

權或擔保債權之消滅而質權消滅者（文化創意產業發展法第23條）[26]。

肆、例題解析——著作財產權之設質

以著作財產權爲質權之標的物者，除設定時另有約定外，著作財產權人仍得行使其著作財產權（著作權法第39條）。因本件質權設定時，著作財產權人丙與質權人丁未另作特別約定，故著作財產權人丙仍得行使D著作之著作財產權。因丙向丁借款新臺幣10萬元，丙提供D著作予丁設質，倘債務屆清償期，而丙未清償時，丁得就D著作之著作財產權所賣得之價金，有優先受清償之權利。

第四節　共有著作之權利行使

共有之規定，其於所有權以外之財產權，由數人共有或公同共有者準用之（民法第831條）。例如，數人共有一限定物權、準物權、無體財產權及債權等。其共有狀態與共有所有權，並無二致，故準用分別共有或公同共有之規定，此即準共有。

例題7

> 甲、乙及丙共同完成文學著作，其各人之創作，無法分離利用，渠等亦未約定其權利之比例，詎該著作被丁非法重製，導致損失新臺幣30萬元。試問著作人如何向丁請求賠償？依據爲何？

壹、應有部分之確定

共同著作各著作人之應有部分，依共同著作人間之約定；無約定者，依各著作人參與創作之程度定之。各著作人參與創作之程度不明時，推定爲均等。

---

[26] 林爵士，文化創意產業法制之研究—以文化創意產業發展法爲中心，國立中正大學法律學系研究所碩士論文，2015年6月，頁123。

倘有認為均等不宜者，得舉證證明參與創作之程度，推翻法定之推定。共同著作之著作人拋棄其應有部分者、死亡無繼承人或消滅後無承受人者，其應有部分由其他共同著作人依其應有部分之比例分享之（著作權法第40條）。例如，甲、乙及丙共有A著作，其應有部分各1/3，甲死亡後，其無繼承人，亦無債權人與受遺贈人，該1/3之應有部分則歸屬乙、丙共同承受，即乙、丙之應有部分各1/2。

貳、權利之行使

一、著作財產權

共有之著作財產權，非經著作財產權人全體同意，不得行使之；各著作財產權人非經其他共有著作財產權人之同意，不得以其應有部分讓與他人或為他人設定質權。各著作財產權人，無正當理由者，不得拒絕同意（著作權法第40條之1第1項）。例如，被授權人曾有嚴重違約之前例，授權履約具有高度債信危機[27]。共有著作財產權人，得於著作財產權人中選定代表人行使著作財產權。對於代表人之代表權所加限制，不得對抗善意第三人（第2項）。

二、著作人格權

共同著作之著作人格權，非經著作人全體同意，不得行使之。各著作人無正當理由者，不得拒絕同意（著作權法第19條第1項）。觀諸立法意旨，係以共同著作之著作人格權因非屬財產權，而無法依民法第831條準用民法共有規定，且共同著作之著作人之著作人格權，原係個別享有，因共同著作係由多數人共同創作，各著作人之著作人格權與著作存有連繫關係，彼此不可分，故其各自獨立之著作人格權應本於全體著作人之同意，始得行使。即共同著作之著作人格權，因具有人身專屬性，而無從分割享有，其行使自應經著作人全體之同意，否則不得為之[28]。

---

[27] 章忠信，著作權法逐條釋義，五南圖書出版股份有限公司，2017年8月，4版修訂3刷，頁104。

[28] 最高法院100年度台上字第417號民事判決。

參、例題解析——共有著作之權利行使

二人以上共同完成之著作，其各人之創作，不能分離利用者，為共同著作（著作權法第8條）。公同共有關係之成立，須依法律之規定或契約之訂定（民法第827條第1項）。著作權法未規定數人合作之著作其著作權為公同共有，是數人合作之著作，其著作權歸各著作人分別共有。甲、乙及丙共同創作文學著作，既未約定其權利之比例，依據民法第831條、第817條第2項規定，各人之應有部分推定為均等，分別有1/3。丁非法重製著作，其應負侵權行為之損害賠償責任，甲、乙、丙各得於其應有權利之比例，請求丁給付新臺幣30萬元之1/3[29]。

第五節　著作財產權之消滅

所謂著作財產權之消滅，係指著作財產權本身客觀地失其存在。倘屬原主體移轉權利至他主體，並非權利之消滅，其僅為權利之變更。著作財產權之消滅後，該著作財產權成為公共財，任何人均得自由利用。

例題8

戊之著作民法概要，因發生火災而導致該著作原件滅失，無法如期交付出版公司付梓成冊。試問戊對該文字著作之著作財產權或著作人格權，是否消滅？

壹、著作權消滅之原因

一、權利期間屆滿

著作財產權因存續期間屆滿而消滅，成為公共財（著作權法第42條）。著作權法第30條至第35條，分別規定著作財產權之權利存續期間，大致可分：(一)著作財產權存續於著作人之生存期間及其死亡後50年；(二)著作財產權存

---

[29] 司法院第9期司法業務研究會，民事法律專題研究(4)，頁467至472。

續至其著作公開發表後50年。

二、著作財產權人死亡而無人繼承

著作財產權人於權利存續期間內死亡，其著作財產權依法應歸屬國庫者（著作權法第42條第1款）。詳言之，著作財產權人死亡後，其繼承人有無不明，經法院應依公示催告程序，定6個月以上之期限，公告繼承人，命其於期限內承認繼承，於期限屆滿，無繼承人承認繼承時，其遺產於清償債權並交付遺贈物後，倘有賸餘，歸屬國庫（民法第1178條第1項、第1185條）。

三、法人消滅

著作財產權人為法人，其於權利存續期間內消滅，而著作財產權依法應歸屬於地方自治團體者，不得歸屬私人所有（著作權法第42條第2款）。申言之，法人解散後，除法律另有規定外，其於清償債務後，賸餘財產之歸屬，應依其章程之規定，或總會之決議。而以公益為目的之法人解散時，其賸餘財產不得歸屬於自然人或以營利為目的之團體（民法第44條第1項）。倘無前項法律或章程之規定或總會之決議時，其賸餘財產歸屬於法人住所所在地之地方自治團體（第2項）。因著作權法第42條第2款為民法第44條之特別法，自應優先適用。

四、拋棄著作財產權

著作財產權為財產權，故權利人得全部或一部拋棄，著作財產權於拋棄之範圍內，其權利固為消滅。然共同著作之著作財產權人拋棄其應有部分者，其應有部分由其他共同著作人依其應有部分之比例分享之（著作權法第40條第2項、第40條之1第3項）。

貳、著作財產權消滅之效力

著作財產權消滅之著作，除本法另有規定外，著作應屬任何人均得自由利用，該著作屬公共所有（著作權法第43條）。所謂著作財產權消滅之著作，係指曾受本法保護之著作，其著作因存續期間屆滿而消滅，或者有本法第42條第

1款至第2款所規定之事由之一者[30]。再者，任何人均得自由利用者，係指本法第22條至第29條及第87條所定之行為而言[31]。

參、例題解析——著作物原本滅失效力

著作財產權與物權不同，有形之著作物滅失，僅該著作之所有權消滅，著作財產權並不消滅，故著作財產權不因標的物滅失而消滅。準此，戊之著作民法概要，著作原件雖因發生火災而滅失，惟戊對該著作之著作財產權與著作人格權依然存在。

---

[30] 經濟部智慧財產局2000年11月30日智著字第89011372號函。

[31] 章忠信，著作權法逐條釋義，五南圖書出版股份有限公司，2017年8月，4版修訂3刷，頁111。

第七章

製版權

關鍵詞

登記、重製、文字著述、美術著作、整理印刷

原則上我國著作權法採創作保護主義，例外情形，爲製版權採登記保護主義，是製版權之取得係採登記生效主義，必須向經濟部智慧財產局登記之。因著作權法未保護製版權人之人格權。準此，製版權僅準用著作財產權消滅及著作財產權限制規定。

第一節　製版權之內容

製版權與著作權之最大差異，在於製版權係以著作財產權消滅之文字著述或美術著作爲對象，經整理印刷，影印、印刷或類似方式重製，並經登記而取得。而製版權之內容包含製版權之定義、保護期間、登記之效力及製版權之限制。侵害製版權僅有民事責任，並無刑事責任。

例題1

> 甲有中國文學名著紅樓夢之製版權，並在經濟部智慧財產局爲製版權登記，甲雖前後將製版權分別轉讓予乙、丙，然甲與乙間未爲轉讓登記，而甲與丙間有轉讓登記。試問：(一)丙是否得請求乙不得侵害其紅樓夢之製版權？(二)乙得否以其與甲間有製版權之轉讓而對抗丙？

例題2

> 丁以電子資料庫之方式，收錄我國憲法、法律及命令等法規。試問：(一)該電子資料庫之內容，是否取得著作權，受著作權法保護？(二)丁可否向經濟部智慧財產局申請製版權？

壹、定義與要件

一、定　義

(一)文字著述或美術著作

所謂製版權（the rights of the plate maker），係指無著作財產權或著作財產

權消滅之文字著述或美術著作，經製版人就文字著述整理印刷，或就美術著作原件以影印、印刷或類似方式重製首次發行，並依法登記者，製版人就其版面，專有以影印、印刷或類似方式重製之權利（著作權法第79條第1項）。職是，製版權制度旨在保護對古籍、古代文物加以整理之投資利益以鼓勵對古籍之整理重視，法律乃賦予凡對無著作財產權或著作財產權消滅之古籍、古代文物加以重新排版整理印刷之人專有以影印、印刷或類似方式重製之權利[1]。所謂原件，係指著作首次附著之物而言（著作權法第3條第1項第16款）。

(二)製版權非著作財產權

著作權法之製版權，僅限於文字著述（literary work）製版權與美術著作（artistic work）製版權，不包含其他著作。因製版權並非著作財產權，故製版權人並無著作權法第22條至第29條之權利。申言之，製版權所保護者，乃製版權人將無著作權或著作權屆滿之著作加以整理排印，所保護者係製版人所投注之人力與財力之工作成果。製版權人僅專有重製權，他人就該版面不得重製，製版人就著作內容不得主張有著作權[2]。

(三)編輯著作之保護

因古人之文字或美術著作年代久遠，自始不受著作權法保護，屬公共所有權保護，除就其原件以影印、印刷或類似方式重製首次發行，並依法辦理製版權登記，由製版人就其版面專有以影印、印刷或類似方式重製之權利外，任何人均得自由利用。準此，古人之文字或美術著作，倘係經選擇及編排具有創作性者，得以編輯著作而獨立受著作權法保護，利用人未經授權，不得利用該編輯著作[3]。故無著作財產權或著作財產權消滅之文字著述或美術著作，除得以重新製版印行方式申請製版權保護外，亦得以編輯著作之方式加以保護，自著作完成時起享有著作權，毋庸再踐行著作權登記程序[4]。

---

[1] 經濟部智慧財產局2005年3月7日智著字第09416000940號函。

[2] 臺灣高等法院90年度上易字第217號刑事判決。

[3] 經濟部智慧財產局2002年2月5日智著字第0910000635號函。

[4] 經濟部智慧財產局2004年3月16日智著字第09316001770號函、2005年3月7日智著字第09416000940號函。

二、要　件

取得製版權之要件有五：(一)僅以文字著述或美術著作爲對象，不包含其他類型之著作；(二)無著作財產權或著作財產權消滅，其包含本國人與外國人之著作；(三)經製版人就文字著述整理印刷，或就美術著作原件以影印、印刷或類似方式重製；(四)其屬首次發行；(五)製版權必須依據智慧財產局所訂之製版權登記辦法辦理登記獲准。反之，申請製版權登記，倘經核不符製版權登記辦法之規定，應駁回申請案[5]。

貳、保護期間

製版權人之權利，自製版完成時起算存續10年（著作權法第79條第2項）。前項保護期間，以該期間屆滿當年之末日，爲期間之終止（第3項）。例如，甲於2010年10月11日就無著作財產權或著作財產權消滅之文字著述加以整理、印刷，並依法至經濟部智慧財產局登記完成製版權，其登記期間爲2011年10月11日，甲之製版權自製版完成時起算，即自2010年10月11日起至2020年12月31日止，並非自註冊完成時起算。

參、登記之效力

製版權之發生係採登記生效主義，非向經濟部智慧財產局登記，無法取得製版權。而製版權之讓與或信託，非經登記，不得對抗第三人（著作權法第79條第4項）。故製版權之讓與或信託，採登記對抗主義。製版權登記、讓與登記、信託登記及其他應遵行事項之辦法，由主管機關定之（第5項）。

肆、製版權之限制

第42條及第43條有關著作財產權消滅規定，暨第44條至第48條、第49條、第51條、第52條、第54條、第64條及第65條關於著作財產權限制規定，其於製版權準用之（著作權法第80條）。

5　經濟部智慧財產局2004年3月16日智著字第09316001770號函。

伍、製版權之消滅

一、原　因

　　製版權消滅之原因有：(一)製版權因存續期間屆滿而消滅（著作權法第80條、第42條）；(二)製版權人於權利存續期間內死亡，其製版權依法應歸屬國庫者（著作權法第80條、第42條第1款）。詳言之，製版權人死亡後，其繼承人有無不明，法院依公示催告程序，定6個月以上之期限，公告繼承人，命其於期限內承認繼承，於期限屆滿，無繼承人承認繼承時，其遺產於清償債權並交付遺贈物後，倘有賸餘，歸屬國庫（民法第1178條第1項、第1185條）；(三)製版權人為法人，其於權利存續期間內消滅，而製版權依法應歸屬於地方自治團體者（著作權法第80條、第42條第2款）；(四)製版權為財產權，故權利人得全部或一部拋棄，製版權於拋棄之範圍內，其權利消滅。

二、效　力

　　製版權因法定事由而消滅，嗣後成為公共財，除本法另有規定外，任何人均得自由利用之，自不成立侵害製版權或著作權（著作權法第80條、第42條、第43條）。

陸、例題解析

一、登記對抗主義

　　製版權之讓與採登記對抗主義，甲前後將製版權分別轉讓予乙、丙，甲與乙間未為轉讓登記，而甲與丙間有轉讓登記（著作權法第79條第4項）。職是，丙得以其受讓人地位，請求乙不得侵害其紅樓夢之製版權。

二、編輯或整理印刷不得為著作權之標的

(一)編輯著作

　　法務部全國法規資料庫網頁及立法院法律系統之網頁，其內容屬於不得為著作權之標的部分，固不得主張著作權，然該等網頁如有其他屬於本法所保護之著作，仍得依法主張著作權。同理，丁以資料庫之方式，收錄我國憲法、法

律及命令等法規，符合編輯著作之原創性要件，自應受著作權法保護，其得於其網頁標示「著作權所有，請勿任意轉載本網站內容」聲明[6]。

(二)製版權要件

申請製版權登記者，倘係以電子資料處理方式存入電子資料庫，其與整理印刷或類似方式重製版面之行為有別，不得申請製版權登記。準此，丁係以電子資料處理方式存入電子資料庫，不符著作權法第79條第1項本法所定得申請製版權登記之要件，不得申請製版權登記[7]。

第二節　製版權之侵害與救濟

製版權人之製版權受他人侵害時，權利人雖得循民事救濟及行政救濟等途徑，保護其製版權。然基於罪刑法定主義，製版權非著作權，侵害製版權者，並無刑事責任。

例題3

丁將我國著名之文學西遊記重新印行，戊未經丁之同意或授權，擅自印製丁印行之西遊記。試問戊之行為，有無侵害丁之著作權或製版權？理由為何？

壹、侵害製版權之態樣與製版權之限制

一、侵害製版權之態樣

侵害製版權之類型有二：(一)一般製版權之侵害，係指侵害製版權人就其版面，專有以影印、印刷或類似方式重製之權利；(二)擬制製版權之侵害，其有二種態樣：1.明知為侵害製版權之物而散布或意圖散布而公開陳列或持有者，視為侵害製版權（著作權法第87條第1項第2款）；2.輸入未經製版權人授

---

[6] 經濟部智慧財產局2012年2月2日智著字第10100007490號函。

[7] 經濟部智慧財產局2007年2月7日電子郵件字第960207d號函。

權重製之製版物者，視為侵害製版權（著作權法第87條第1項第3款）。

二、製版權之限制

合理使用他人著作之規定，製版權亦有適用，故第44條至第48條、第49條、第51條、第52條、第54條、第64條及第65條規定，關於著作財產權限制之規定，製版權均準用之（著作權法第80條）。準此，利用人合理使用他人經登記之製版時，並未侵害製版權。

貳、製版權侵害之救濟

一、民事救濟

(一)禁止侵害請求權

製版權人對於侵害其權利者，得請求排除之，此為排除侵害請求權；有侵害之虞者，得請求防止之，此為防止侵害請求權，均不以行為人有故意或過失為要件（著作權法第84條）。

(二)損害賠償請求權

因故意或過失不法侵害他人之製版權者，負損害賠償責任。數人共同不法侵害者，連帶負賠償責任（著作權法第88條第1項）。其損害賠償，被害人得依下列規定擇一請求：1.依民法第216條之規定請求，此為具體損害說（第2項第1款本文）；2.被害人不能證明其損害時，得以其行使權利依通常情形可得預期之利益，減除被侵害後行使同一權利所得利益之差額，為其所受損害，此為差額說（第2項第1款但書）；3.請求侵害人因侵害行為所得之利益，此為銷售總利益說（第2項第2款本文）；4.侵害人不能證明其成本或必要費用時，以其侵害行為所得之全部收入，為其所得利益，此為銷售總價額說（第2項第2款但書）；5.倘被害人不易證明其實際損害額，得請求法院依侵害情節，在新臺幣1萬元以上100萬元以下酌定賠償額。如損害行為屬故意且情節重大者，賠償額得增至新臺幣500萬元，此為法院酌定賠償額說（第3項）。

(三)銷燬請求權

製版權人依據著作權法第84條之禁止侵害請求權或第88條第1項之損害賠償請求權，對於侵害行為作成之物或主要供侵害所用之物，得請求銷燬或為其

他必要之處置（著作權法第88條之1）。

(四)判決書登載請求權

製版權人得請求由侵害人負擔費用，將判決書內容全部或一部登載新聞紙、雜誌，受害人不待勝訴判決確定，即可請求侵權行為人履行義務（著作權法第89條）。

二、行政救濟

製版權人對輸入或輸出侵害其著作權或製版權之物者，得申請海關先予查扣（著作權法第90條之1）。海關受理查扣之申請，應即通知申請人。倘認符合查扣要件而實施查扣時，應以書面通知申請人及被查扣人（第3項）。

參、例題解析——製版權之保護

我國著名之文學西遊記的著作財產權已歸於消滅，故丁得將西遊記重新印行，如經依法登記者，丁取得製版權，並享有10年之保護期間（著作權法第79條第1項）。準此，戊未經丁之同意或授權，擅自印製丁印行之西遊記，其侵害丁之製版權。

第八章

權利管理電子資訊及防盜措施

關鍵詞

規避、電子化、接觸控制、利用控制、還原工程

　　智慧財產權組織於1996年通過著作權條約（The WIPO Copyright Treaty, WCT）第12條及表演與錄音物條約（The WIPO Performances and Phonograms Treaty, WPPT）第19條均有對權利管理電子資訊加以保護之規定，此為科技保護措施（Techological Protection Measures）。準此，我國著作權法第四章之一，明定權利管理電子資訊之保護與防盜措施[1]。

第一節　權利管理電子資訊

　　在數位化之網路時代，著作權人得藉由網際網路之途徑，將著作、著作名稱、著作人、著作財產權人或其授權之人及利用期間或條件之相關電子資訊，對外傳達，俾於行銷或有效率管理。

例題1

　　甲著有A語文著作，其在自己之部落格上標註著作、著作名稱、著作人、著作財產權人或其授權之人及利用期間或條件之相關電子資訊，乙未經甲之同意，侵入甲之部落格，進而更動或竄改為錯誤訊息。試問：(一)甲應如何救濟？(二)乙有何民事責任或刑事責任？

壹、權利管理電子資訊之定義

　　所謂權利管理電子資訊（electronic rights management information），係指於著作原件或其重製物，或於著作向公眾傳達時，所表示足以確認著作、著作名稱、著作人、著作財產權人或其授權之人及利用期間或條件之相關電子資訊；以數字、符號表示此類資訊者，亦屬之（著作權法第3條第1項第17款）。易言之，權利管理電子資訊，係指將權利管理資訊以電子化之方式加以標註[2]。

---

[1]　歐盟2001年著作權指令第7條、美國著作權法第1202條及日本著作權法第2條第1項第21款均有規定權利管理電子資訊之保護。

[2]　羅明通，著作權法論2，群彥圖書股份有限公司，2005年9月，6版，頁470。

貳、數位權利管理系統

數位權利管理是基於網際網路之特性與因應網路上新興營運模式而發展之管理系統，目的在於對著作權提出完整保護與管理數位內容（digital content）之接觸與其他使用之自動化解決方案（solution）。在資訊技術之輔助，數位權利管理可落實為數位內容管理系統或軟體，以具體執行預先定義之控制政策，並利用契約條款之設置對數位內容之瀏覽、重製與散布進行授權與管理。準此，有些文獻將數位權利管理稱為內容管理系統（Content Management Systems, CMS）[3]。而數位權利管理適用之領域，包含電子書、數位出版、數位廣播、音樂、影像、數位電影服務及數位電視服務。

參、數位權利管理系統之特徵與功能

數位權利管理系統是以著作權管理為核心，整合各種不同資訊技術，以管理數位內容之接觸與使用，並創造一個環境讓使用者所從事接觸、重製、散布等各類型使用著作行為，均依據著作權人所設定之規則進行。除針對數位著作內容進行加密等保護外，更針對數位著作內容之權利與使用，作出規範與管理。再者，更與電子交易系統結合，以順利進行數位內容之交易與流通過程。採用數位權利管理系統，均具有數位內容加密、身分確認，暨利用軟體與硬體控制數位內容使用等特徵。就微軟視窗媒體（Microsoft Windows Media）之數位權利管理系統而論，使用者下載加密過數位內容檔案之同時，亦會下載一個描寫使用者使用權限之授權憑證[4]。

肆、權利管理電子資訊之保護內容

一、有關權利管理電子資訊之移除或變更

數位化網路時代，著作權人就著作、著作原件或其重製物向公眾傳播時，有關於權利管理電子資訊，倘遭移除或變更，將使接觸該著作之人，無從

---

[3] See Electronic Privacy Information Center, Digital Rights Management and Privacy, at http://www.e pic.org/privacy/drm. Last visited Oct. 8, 2015.

[4] 蔡蕙芳，數位權利管理系統之保護，著作權侵權與其刑事責任，新學林出版股份有限公司，2008年2月，頁418至419。

知悉正確之權利管理電子資訊，導致依該資訊正確利用該著作，對於著作權人權益影響甚鉅。準此，原則上著作權人所為之權利管理電子資訊，不得移除或變更，以保護權利管理資訊之完整性（著作權法第80條之1第1項本文）。例外情形，可移除或變更權利管理電子資訊。其情形有二：(一)因行為時之技術限制，非移除或變更著作權利管理電子資訊，即不能合法利用該著作；(二)錄製或傳輸系統轉換時，其轉換技術上必要之移除或變更（著作權法第80條之1第1項但書）。再者，權利管理電子資訊本身並非著作，著作權人無法援引著作權法第80條之1，主張第三人刪除權利管理電子資訊，成立侵害其著作權[5]。

二、明知移除或變更權利管理電子資訊而利用

明知著作權利管理電子資訊，業經非法移除或變更者，不得散布或意圖散布而輸入或持有該著作原件或其重製物，亦不得公開播送、公開演出或公開傳輸（著作權法第80條之1第2項）。

伍、違反權利管理電子資訊保護之責任

違反權利管理電子資訊之保護條款，有民事責任與刑事責任：(一)民事責任，係指違反第80條之1規定，致著作權人受損害者，負賠償責任。數人共同違反者，負連帶賠償責任（著作權法第90條之3第1項）。第84條之侵害排除請求權、第88條之1之侵害物銷燬請求權、第89條之1之損害賠償請求權期限及第90條之1之海關查扣等規定，違反第80條之1或第80條之2規定者，準用之（第2項）；(二)刑事責任，係指違反第80條之1規定者，處1年以下有期徒刑、拘役，或科或併科新臺幣2萬元以上25萬元以下罰金（著作權法第96條之1第1款）。

陸、例題解析——權利管理電子資訊之保護

乙未經甲之同意，侵入甲之部落格，擅自更動或竄改甲標註之A語文著作有關權利管理電子資訊，導致發生錯誤訊息，甲得主張民事救濟與刑事救濟。職是，倘乙之行為致著作權人甲受損害者，乙負民事賠償責任（著作權法第

---

[5]　智慧財產及商業法院98年度民著上易字第2號民事判決。

80條之1、第90條之3第1項前段）。並得處乙1年以下有期徒刑、拘役，或科或併科新臺幣2萬元以上25萬元以下罰金（著作權法第80條之1、第96條之1第1款）。

第二節　防盜拷措施之保護

防盜拷措施或稱科技保護措施，係指著作權人採取有效禁止或限制他人擅自侵入其著作之防護措施。其由單純之技術層面保護，提升至法律層面之保護，係將著作權侵害之預備或幫助行為，加以明文處罰之規定[6]。

例題2

丙著有B視聽著作，丙為限制他人擅自進入觀賞B視聽著作，其有設置鎖碼裝置。試問丁未經合法授權或同意，擅自將該鎖碼裝置予以解碼，丙應如何救濟？

壹、定　義

一、接觸控制措施與接觸利用措施

所謂防盜拷措施（technological protection measures），係指著作權人所採取有效禁止或限制他人擅自進入或利用著作之設備、器材、零件、技術或其他科技方法（著作權法第3條第1項第18款）。準此，防盜拷措施包含有關接觸控制措施與有關利用控制措施。防盜措施必須俱有積極性與有效性，始足當之。倘權利人未採任何防盜措施，或防盜措施在客觀上並無效果者，顯非本款所稱之防盜措施。

二、接觸著作與利用著作

所謂進入者或接觸者（access to work），係指行為人直接對於著作內容產

---

[6]　賴文智、王文君，校園著作權百寶箱，經濟部智慧財產局，2007年3月，頁79。

生收聽、收看等感官上之效果行為[7]。再者,所謂利用者,係指著作權法第22條至第29條及第87條之利用行為。舉例說明之:(一)文字著作採取防止影印之防盜拷措施,使影印機無法影印,詎行為人製造專門破解之影印機,使著作權人所採取防止影印之防盜拷措施歸於無效;(二)電腦程式著作採取防止盜拷之措施,使燒錄機無法燒錄,而行為人竟製造專門破解之燒錄機,使著作權人所採取防止盜拷之措施歸於無效;(三)隨選電視服務系統採取收視控制之措施,使未付費之家庭無法收視,因行為人專門提供破解之服務,使未付費之家庭亦得收視;(四)網際網路線上電影院採取鎖碼措施,未付費者因無密碼無法任意進入,而行為人在網路上公布密碼,使任何人均得進入自己之電腦免費觀看電影。

三、保護著作措施之機制（111年司律）

(一)遊戲光碟與遊戲主機

　　防盜拷措施之規範意旨,並非針對著作本身為保護,係針對保護著作之措施另給予保護。以遊戲光碟而言,其保護範圍非僅侷限於該光碟內所含之防盜拷程式,解釋應包括著作權人在主機硬體、遊戲卡匣所建制或授權建制可檢查、認證主機所讀取之遊戲光碟,是否為正版遊戲軟體之保護措施,始符立法目的。申言之,遊戲主機內提供有檢查、認證遊戲主機所讀取之遊戲光碟,是否係原著作權人所製造或授權製造之正版遊戲軟體之功能,在遊戲光碟放入遊戲主機執行之際,應經該主機比對遊戲光碟,是否含有防盜拷碼（copy prevention code）。倘遊戲光碟不含防盜拷碼,則遊戲主機無法讀取遊戲光碟之軟體,而無法執行,此為著作權人所採取禁止或限制他人擅自進入著作之防盜拷措施,未經著作權人合法授權,不得予以破解、破壞或以其他方法規避之,亦不得提供公眾使用破解、破壞或規避防盜拷措施之設備、器材、零件、技術或資訊[8]。

---

[7] 蕭雄淋,著作權法論,五南圖書出版股份有限公司,2017年8月,8版修訂2刷,頁257；蔡蕙芳,數位權利管理系統之保護,著作權侵權與其刑事責任,新學林出版股份有限公司,2008年2月,頁431至432。

[8] 智慧財產及商業法院98年度刑智上訴字第88號、101年度刑智上訴字第49號刑事判決。

(二)將規避防盜拷措施之零件提供公眾使用

A遊戲機公司製造之「Wii」遊戲主機及「DS」遊戲主機，均設有檢查、認證該卡匣所讀取之遊戲光碟，是否為A遊戲機公司所製造或授權製造之正版遊戲軟體之保護措施，使用者在將遊戲光碟或遊戲卡匣放入「Wii」遊戲主機及「DS」遊戲主機執行之際，均須經主機讀取是否有防盜拷碼及「追蹤圖形」無誤後，始能執行，故此由A遊戲主機公司在機體內，所建制之防盜拷碼及「追蹤圖形」資料，可檢查、認證遊戲機所讀取之遊戲軟體，是否為正版遊戲軟體之保護措施，屬A遊戲機公司即著作權人所採取禁止或限制他人擅自進入著作之防盜拷措施，未經著作權人之合法授權，不得將規避防盜拷措施之零件提供公眾使用[9]。

貳、保護之內容

一、防盜拷措施之規避

著作權人所採取禁止或限制他人擅自進入著作之防盜拷措施，未經合法授權不得予以破解、破壞或以其他方法規避之（著作權法第80條之2第1項）。此為有關接觸控制（access controls）規避措施，係控制他人無法進入或接觸著作之措施。舉例說明之：(一)消費者購買DVD之分區密碼，使用於防盜拷措施[10]；(二)電腦伴唱機，已有防盜拷措施，他人未經授權擅自破解、破壞或以其他方法規避而進入貴公司之電腦伴唱機者[11]；(三)著作權人設定之IP過濾機制，倘屬防盜拷措施者，相關消費者未經合法授權而破解、規避[12]。至於進一步利用著作之防盜拷措施，則非本項之適用範圍[13]。該利用控制（copy controls）法律效果為何，在所不論。應視其有無合理使用或是否構成侵害著

---

[9] 智慧財產及商業法院101年度刑智上訴字第21號、第33號刑事判決。

[10] 羅明通，著作權法論2，群彥圖書股份有限公司，2005年9月，6版，頁491。蔡蕙芳，數位權利管理系統之保護，著作權侵權與其刑事責任，新學林出版股份有限公司，2008年2月，頁432至433。

[11] 經濟部智慧財產局2005年5月16日電子郵件字第940516號函。

[12] 經濟部智慧財產局2014年5月16日電子郵件字第1030516b號函。

[13] 蕭雄淋，著作權法論，五南圖書出版股份有限公司，2017年8月，8版修訂2刷，頁258。

作權，而定其法律效果[14]。例如，重製或公開傳輸等行為。

二、禁止規避防盜拷措施之設備

破解、破壞或規避防盜拷措施之設備、器材、零件、技術或資訊，未經合法授權不得製造、輸入、提供公眾使用或為公眾提供服務（著作權法第80條之2第2項）。舉例說明之：(一)行為人販賣破解防盜拷措施；(二)行為人對於販賣伴唱機之門市、販賣商或消費者提供破解進入行為服務後，再為違法重製與散布行為[15]；(三)IP過濾機制係著作權人所採取之積極、有效之防盜拷措施者，提供VPN技術或服務之人，則構成對該防盜拷措施之破解、規避[16]。本項內容係規範規避行為之準備行為，違反者有民事與刑事責任。

三、防盜拷措施保護規定之例外

著作權固應保護，然對於著作人之著作保護過甚，倘有害社會公益之利用時，則應限制防盜措施之保護範圍，故於下列情形不適用之（著作權法第80條之2第3項）[17]：

(一)維護國家安全者

所謂為維護國家安全，係指依法執行維護國家安全所為之保護資訊安全或情報及其他相關事項。所謂資訊安全，係指為判別及處理政府所管領電腦、電腦系統或電腦網路之缺點所進行之行為（著作權法第80條之2第3項第1款；著作權法第80條之2第3項各款內容認定要點第5點）。

(二)中央或地方機關所為者

所謂中央或地方機關所為者，係指中央或地方機關，依法令所執行之偵查、調查或其他政府活動（著作權法第80條之2第3項第2款；要點第6點）。公立學校係各級政府依法令設置教育之機構，具有機關之地位。

---

[14] 經濟部智慧財產局2005年5月20日電子郵件字第940520號函。

[15] 經濟部智慧財產局2005年5月16日電子郵件字第940516號函。

[16] 經濟部智慧財產局2014年4月28日電子郵件字第1030428號函。

[17] 經濟部智慧財產局於2006年3月23日發布「著作權法第80條之2第3項各款內容認定要點」。

(三)評估是否取得資料所為者

檔案保存機構、教育機構或供公眾使用之圖書館，為評估是否取得資料所為者，應符合下列情形：1.無法合理獲得與該被進入著作相同之以其他形式表現之重製物；2.進入著作後，接觸著作之時間未逾善意作成是否取得著作決定所需之時間，暨未作任何其他用途。合於前開規定進入著作者，得規避禁止或限制進入著作之防盜拷措施（著作權法第80條之2第3項第3款；要點第7點）。

(四)保護未成年人者

為保護未成年者，應符合下列情形：1.為防止未成年人進入網際網路上之著作；2.未違反著作權法之規定（著作權法第80條之2第3項第4款；要點第8點）。

(五)保護個人資料者

為保護個人資料者，係指下列情形：1.防盜拷措施或被其保護之著作具有蒐集或散布足以反應個別自然人在網際網路上尋求進入著作活動之個人資料之功能；2.防盜拷措施或被其保護之著作在正常運作，未告知具有前款功能，且未提供防止或限制該功能之選擇；3.規避之效果僅限於判別及解除第1款之功能，且不影響他人進入任何著作；4.規避之目的僅限於防止第1款之功能，且其行為不違反其他任何法令之規定（著作權法第80條之2第3項第5款；要點第9點）。

(六)電腦或網路進行安全測試者

為電腦或網路進行安全測試者，係指為測驗、檢查、改正安全性之瑕疵或缺點而進入電腦、電腦系統或電腦網路。前開規定，應符合下列情形：1.進行安全測試之人限於電腦、電腦系統、電腦網路之所有人、操作人員或經其同意之人；2.安全測試所得之資訊僅用於促進電腦、電腦系統、電腦網路所有人或操作人員之安全，或直接提供予電腦、電腦系統、電腦網路之研發者；3.前開資訊之使用或保存，不侵害著作權，亦不違反侵害隱私、破壞安全、電腦犯罪或其他法令之規定（著作權法第80條之2第3項第6款；要點第10點）。

(七)進行加密研究者

所謂為進行加密研究（encryption research），係指基於提升加密技術或發展加密產品之目的，為確認及分析著作所用加密技術之瑕疵或缺點，而符合下列條件之行為：1.合法取得已公開發表著作之加密重製物或內容者；2.不規

避，即無法進行加密研究者；3.行為前曾試圖向權利人取得規避之授權而未獲同意者；4.其行為不侵害著作權，亦不違反侵害隱私、破壞安全、電腦犯罪或其他法令之規定（著作權法第80條之2第3項第7款；要點第11點）。

(八)進行還原工程者

所謂還原工程（reverse engineering），係指經合法授權使用電腦程式著作之人，為達到另行創作電腦程式著作與其他電腦程式著作間之相容性，而對該電腦程式之元素予以判別及分析（著作權法第80條之2第3項第8款；要點第12點）。

(九)合理使用著作

依據著作權法第44條至第63條及第65條規定，利用他人著作者（著作權法第80條之2第3項第9款）。準此，應限制防盜措施之保護範圍，不包含合理使用著作之行為。

(十)其他經主管機關所定情形

其他經主管機關所定情形，包括如後：1.為查明防止進入網域、網站之商業性過濾電腦程式所阻絕之網路位址名單者。但專為保護電腦或電腦系統，或單純為防止接收電子郵件，而由電腦程式所阻絕之網路位址名單，不在此限；2.因電腦程式之硬體鎖故障、損壞或淘汰，致無法進入該程式者；3.因電腦程式或數位內容產品所使用之格式業已淘汰，須使用原有媒介或硬體始能進入該程式或產品者；4.以電子書型式發行之語文著作，其所有之版本，包括被授權機構所採行之數位版本，因採用防止電子書啟動讀取功能之接觸控制裝置，使銀幕讀取裝置以特定格式表現，致盲人無法閱讀時，為達成讀取功能者（著作權法第80條之2第3項第10款；要點第13點）。

參、規避防盜措施之責任

違反規避防盜措施之保護條款，有民事責任與刑事責任。前者，係指違反第80條之2規定，致著作權人受損害者，負賠償責任。數人共同違反者，負連帶賠償責任（著作權法第90條之3第1項）。第84條之侵害排除請求權、第88條之1之侵害物銷燬請求權、第89條之1之損害賠償請求權期限及第90條之1之海關查扣等規定，準用之（第2項）。後者，係指違反第80條之2第2項規定者，處1年以下有期徒刑、拘役，或科或併科新臺幣2萬元以上25萬元以下罰金（著作權法第96條之1第2款）。

肆、例題解析——防盜拷措施之保護

　　丙著有B視聽著作，丙為限制他人擅自進入B視聽著作，有設置鎖碼裝置，丁未經合法授權，擅自將鎖碼者予以解碼，其違反著作權法第80條之2第1項，丙得主張民事救濟。詳言之，倘丁之解碼行為，致著作權人丙受損害者，丁負民事賠償責任（著作權法第90條之3第1項前段）。因著作權法第96條之1第2款，僅對違反著作權法第80條之2第2項者，課以刑事責任，對於違反第80條之2第1項，並無刑事處罰之明文。

第九章

著作權侵害之判斷

關鍵詞
表達、接觸、原始碼、實質相似、汗水理論

判斷侵害著作權之基準，在於認定被控侵害者，是否有接觸及實質相似之抄襲著作之行為，以作為認定應否負民事責任與刑事責任之基準。職是，本章之目標，在於使研讀者瞭解抄襲著作之定義與判斷侵害著作權之方法。

第一節　抄襲行為

判斷是否侵害著作財產權，應自二層面思考之：(一)首先判斷所侵害者係表達（expression）或為思想（idea）、觀念（concept）本身，前者始為著作權法所保護之標的[1]；(二)繼而認定侵害者，是否有接觸及實質相似之抄襲行為[2]。所謂實質相似，係指表達方式相似，非為觀念之相似。所謂抄襲者，係指非法侵害著作權，屬不確定之法律概念。再者，「思想」與「表達」二分法理論，源自美國聯邦最高法院1880年之Baker v. Selden事件，認為思想屬公共資產，不受著作權法之保護，著作權法所保護之標的為表達[3]。1976年美國著作權法第102條、TRIPs第9條第2項及我國著作權法第10條之1，均有相同之規範。詳言之，著作權之保障不及於著作中之觀念（idea）、程序（procedure）、過程（process）、系統（system）、操作方法（method of operation）、概念（concept）、原理（principle）或發現（discovery）。所謂表現形式或表達，係指作品內構想與事實所用之語言（language）、闡發（development）、處理（treatment）、安排（arrangement）及其順序（sequence）[4]。

例題1

　　甲原在乙公司擔任電腦文書編輯課程講師，甲使用乙公司之著作教授課程，甲於離職後，其在丙公司開設相關之電腦文書編輯課程。甲發予學員之授課講義，經乙公司比對結果，認該講義與乙公司所有著作之資料選擇及編排相似，兩者之大綱、標題、編排方式及取材內容等項目，均極為相似。試問甲之行為，是否構成侵害乙公司之著作財產權？

---

[1] 最高法院81年度台上字第3063號民事判決。
[2] 最高法院92年度台上字第2314號、97年度台上字第3121號刑事判決。
[3] Baker v. Selden, 101 U.S. 99 (1880).
[4] 臺灣士林地方法院91年度訴字第727號民事判決。

壹、接　觸（107年律師）

一、定　義

　　所謂接觸（access），係指行為人有閱讀或聽聞他人著作之事實，其包含直接接觸與間接接觸，除直接實際閱讀外，亦包含依據社會通常情況，被告應有合理之機會或合理之可能性閱讀或聽聞原告之著作，均屬接觸之範圍[5]，此為確定故意抄襲之主觀要件。原告對於被告有接觸原告著作之事實，應負舉證責任，不論係直接證據或間接證據均可。申言之：(一)所謂直接證據之舉證，係指自著作權人處取得被抄襲之著作；(二)間接證據之舉證，係指著作權人之著作已行銷於市面，或者公眾得於販賣同種類之商店買得該著作，任何人得以輕易取得，即可滿足接觸之舉證責任[6]。

二、接觸之舉證責任

　　原告主張被告之著作係抄襲其著作者，應舉證證明被告曾接觸被抄襲之著作[7]。而接觸雖應以直接或間接證據證明之，惟原告及被告之著作有明顯近似處，其有合理排除被告有獨立創作之可能性時，即可推定被告曾接觸原告之著作，原告不負舉證責任。例如，著作間有共同錯誤或無意義之成分[8]。倘被告認兩造之著作有非明顯近似或被告著作係獨立創作，則應由被告舉證證明。

三、社會通常情況及合理機會

　　社會通常情況或合理機會均屬不確定法律概念，常成為著作權侵害訴訟爭議所在。茲說明被告有合理機會接觸系爭著作之案例如後[9]：(一)原告及被告在

---

[5]　臺灣高等法院94年度重上更(三)字第131號刑事判決；智慧財產及商業法院98年度刑智上更(三)字第2號刑事判決；智慧財產及商業法院98年度民著上易字第12號、97年度民著上易字第6號民事判決。

[6]　最高法院81年度台上字第3063號民事判決。

[7]　最高法院81年度台上字第3063號民事判決。

[8]　羅明通，著作權法罰則專題研究—著作抄襲之刑責判斷，智慧財產專業法官培訓課程，司法院司法人員研習所，2006年6月，頁449；最高法院99年度台上字第2109號民事判決；智慧財產及商業法院98年度民著訴字第42號民事判決。

[9]　李治安，著作權侵害之認定標準：以「接觸」與「實質相似」為中心，智慧財產訴訟

市場上具直接競爭關係，且有重疊之客戶範圍，則原告將系爭著作交付與被告重疊客戶，即可推定被告有合理機會接觸系爭著作[10]；(二)著作權人就特定議題公開發表系爭著作，向國家圖書館取得國際標準書號，且經媒體廣泛報導，一般人均可於市場上取得系爭著作，而被告就同一議題之作品發表在後，即可推定被告有合理機會接觸系爭著作[11]；(三)著作物有相當程度之廣告或知名度[12]。

貳、實質相似（107年律師；111年司律）

一、定　義

　　所謂實質相似（substantial similarity），係指行為人之作品與他人著作量之相似及質之相似，此為客觀要件。分析比對時，不僅以文字比對之方法加以判斷抄襲，亦應對非文字部分進行分析比較。例如，就語文著作或有腳本之視聽著作而言，判斷兩著作是否實質近似時，除應就有形之文字部分判斷外，亦應就非文字之部分，即其故事結構、鋪陳次序（sequence）、布局（setting）、角色互動（interaction of characters）之表達部分，加以判斷。

二、判斷之基準

(一)量之考慮

　　所謂量（quantity）之相似，係指抄襲部分所占比例為何，著作權法之實質相似所要求之量，其與著作之性質有關。故寫實或事實作品（factual work）比科幻、虛構或創作性之作品，要求更多之相似分量，因其雷同可能性較高，故受著作權保護之程度較低[13]。再者，量之實質相似判斷標準，最常是用於語文著作。例如，就被告所著二本書籍與告訴人主張之有著作權之二書，比較認

　　制度相關論文彙編，2輯，2013年12月，頁321至322。

[10] 智慧財產及商業法院98年度民著訴字第41號民事判決。

[11] 臺灣高等法院92年度勞上字第69號民事判決。

[12] 智慧財產及商業法院101年度民著訴字第37號民事判決。

[13] 羅明通，著作權法論2，群彥圖書股份有限公司，2005年9月，6版，頁465。李治安，著作權侵害之認定標準：以「接觸」與「實質相似」為中心，智慧財產訴訟制度相關論文彙編，2輯，102年12月，頁331。

定其有關全書之章節架構、文章編排內容及書本外觀均不相同，兩者介紹水晶之種類數量上相距甚遠，且扣除有關各類寶石水晶之英文名稱、中文名稱、化學式、晶系、硬度、比重、稀有性及代表產地等資訊部分，被告利用部分約僅9頁，而告訴人所著水晶寶典共計124頁，被告利用部分則不及3頁；而愛情水晶共計201頁，遭告訴人指訴涉嫌抄襲部分約占6頁，招財水晶共計188頁，遭告訴人指稱涉嫌重製部分則約僅4頁，其利用數量不多[14]。

(二)質之考慮

所謂質（quality）之相似，係指抄襲部分是否爲重要成分，倘屬重要部分，則構成實質之近似[15]。準此，是抄襲部分爲原告著作之重要（material and substantial）部分，縱使僅占原告著作之小部分，仍構成實質之相似[16]。再者，行爲人主張被抄襲之著作內容，係取自公共領域（public domain）較多之事實型著作（factual work），由於其具有不容杜撰、自由發揮空間及表達方式受限、資訊來源多有重疊等特點，故在著作抄襲有關實質類似之構成要件，應採取較嚴格之標準。反之，著作係虛構性、科幻性作品（fictional work）或詩文等創作性較高之著作，關於實質類似之要求標準較低[17]。

(三)審酌因素

因侵權態樣與技巧日益翻新，已不易發現全部抄襲之實例。有意剽竊者，會加以相當之變化，以降低或沖淡近似之程度，避免侵權之指控，將使侵權之判斷，益形困難。職是，認爲判斷是否爲抄襲者，除應同時考慮使用之質與量外，縱使抄襲之量不大，然其抄襲部分是精華或重要核心，仍會成立侵害。舉例說明如後：1.比對被告作品與原告美術著作物結果可知，就量之相似而言，兩者在量上已達相當比例相同或相似程度。就質之相似以觀，被告作品之整體線條布局，分爲右上半部、左半部及右下半部，其中右上半部有圓圈狀之主體，該圓圈狀向上呈放射狀之弧狀，而圖面左半部有重疊圓弧，圖面右下半部有自向右呈放射狀之線條與呈藍紅色帶之區域，被告作品之表達處，均與

---

[14] 最高法院97年度台上字第3121號刑事判決。

[15] 臺灣高等法院83年度上易字第2980號刑事判決。

[16] 羅明通，著作權法論2，群彥圖書股份有限公司，2005年9月，6版，頁465至466。

[17] 智慧財產及商業法院97年度刑智上易字第27號刑事判決。

原告美術著作物之精華部分相同，構成質之相似[18]；2.甲辭典縱有呈現出與乙字典選取相同或部分雷同文字，仍不可據以認定有抄襲著作。因甲辭典與乙字典經比對，兩者於編排上有所差異，且對易誤解部首文字之選取，亦有不同，足見兩者在客觀表達上並非相同。至於兩者就文字之選擇與編輯順序之有雷同者，純係使用相同之檢索原理所致，而就此檢索原理之檢字方法，依著作權法第10條之1規定，並非著作權法所保護之標的，無侵害著作權問題[19]。

參、構想與表達二分法

受著作權保護之著作，是否與被控侵權之著作有無近似？是否出於抄襲？其抄襲者究是概念或表達？此牽涉到著作權法最基本之原則：概念與表達二分法，其觸及著作權法最困難之核心。職是，構想與表達之二分理論（the doctrine of idea and expression dichotomy）係著作權法之最基本及重要法理。著作權法並不保護著作內所蘊涵之構想或事實，僅保護對該構想或事實之一定表達形式（the expression of idea），觀念（idea）本身在著作權法上並無獨占之排他性，任何人均可自由利用[20]。申言之：(一)區別著作權與其他智慧財產權之保護標的，著作權僅保護表達而不保護構想，而專利及營業祕密均可保護構想及觀念（concept）；(二)決定著作之可著作權性（copyright ability）；(三)得作為判斷著作，有無被抄襲之標準，倘抄襲者將原著作之表達剽竊，且達實質近似之程度，即成立侵權。反之，抄襲者僅使用原著作中所蘊含之構想，不構成侵害。例如，重製複印他人之風景照片，固屬侵害他人著作權，惟二人先後在相同地點、角度，並以相同條件完成拍攝之同一風景照片，畫面縱屬完全相同，因均屬獨立創作，均享有著作權，仍不發生侵害他人著作權之問題[21]；(四)所謂思想與表達合併原則，係指思想與概念，倘僅有一種或有限之表達方式，此時因其他著作人無他種方式，或僅可以極有限方式表達該思想，如著作權法限制該等有限表達方式之使用，將使思想為原著作人所壟斷，該有限之表

---

[18] 智慧財產及商業法院99年度民著訴字第36號民事判決。

[19] 最高法院99年度台上字第2314號民事判決。

[20] 美國著作權法第102條(b)規定，對原創性著作之保護，不應及於其內所含之任何構想、程序、過程、系統、操作方法、概念、原理或發現，無論其在該著作是以何種形式被描述、闡釋、例證或具體表現；TRIPs第9條第2項亦有相同之規範。

[21] 臺灣高等法院臺南分院83年度上更(一)字第139號刑事判決。

達因與思想、概念合併，而非著作權保護之標的。反之，創作者源於相同之觀念，各自使用不同之表達方式，其表達方式並非唯一或極少數，並無有限性表達之情形，在無重製或改作他人著作之情形，得各自享有原創性及著作權[22]。

肆、思想與表達之合併

著作權保護觀念之表達形式（the expression of idea），非保護觀念本身，觀念本身在著作權法上，並無獨占之排他性，大眾均得自由利用，源自相同之觀念或觀念之抄襲，並無禁止之理，否則將妨害國家文化之發展，並違反著作權法之立法目的。準此，為避免發生此種弊害，著作權法發展出構想與表達合併原則與必要場景原則，使符合該等原則之表達，非屬著作權法保護之標的。詳言之：

一、構想與表達合併原則

所謂構想與表達合併原則（the merger doctrine of idea and expression），係指構想與表達不可分辨（indistinguishable）或不可分離（inseparable）；或思想或觀念僅有一種（only means）或極有限之表達方式（limited number），則該表達與構想合併，著作權法將不予保護[23]。否則將使思想成為著作權法所保護，因而造成思想之獨占。除影響人類文化、藝術之發展外，亦侵害憲法就人民言論、講學、著作及出版自由等基本人權保障[24]。例如，原告有選列之每個「字與其部首之組合」，被告亦有部分選列，兩者在「字與不同部首之組合」固有大量重複之情形。惟每一個部首會造成易誤判字之情形，本質上有侷限性，參諸兩者辭典或字典均針對國小及國中學生之需求所編寫，是在易誤解部首之選字或「字與不同部首之組合體」，自不宜過於偏澀，故難免受到較多限制，而產生諸多相同之表達，此乃表達方式受限，為觀念與表達合一之情事[25]。職是，符合構想與表達合併原則者，兩著作之表達縱使有實質相似，仍

---

[22] 最高法院103年度台上字第1544號民事判決。

[23] 最高法院103年度台上字第1544號民事判決。

[24] 智慧財產及商業法院98年度民著訴字第42號民事判決。

[25] 智慧財產及商業法院100年度民著訴字第35號民事判決。

不構成著作權之侵害[26]。

二、必要場景原則

所謂必要場景原則（scenes a faire），係指處理某類戲劇、小說主題時，實際上不可避免而必須採用某些事件、角色、布局或布景，雖該事件、角色、布局或布景之表達方法，致與他人雷同，然其係處理特定主題不可或缺，或者至少係標準之處理方式。準此，其表達方法不構成著作權之侵害[27]。

伍、例題解析——接觸與實質相似

判斷兩著作是否實質相似，不需逐字逐句全然相同或全文通篇實質相似，僅需足以表現著作人原創性之內容實質相似即可[28]。甲原任職於乙公司，乙之著作為其授課之講義，自有接觸乙之著作之事實，具備故意抄襲之主觀要件。而乙之著作與甲在丙公司開課之使用講義，就整體以觀，不論大綱、標題、編排方式、取材內容等項目，就抄襲所占比例與重要成分而言，量與質部分均極為相似，具備抄襲之客觀要件。職是，甲有接觸與抄襲乙公司之著作，成立侵害乙之著作之重製權。

第二節　判斷方法

法院在具體訴訟事件，為判斷著作侵權之主體機關，證人、鑑定人或鑑定報告為證據方法，係法院判斷之參考，對法院並無拘束力，自不得直接取代法院之判斷（民事訴訟法第222條第1項）[29]。申言之，法院得就鑑定人依其特別知識觀察事實，加以判斷而陳述之鑑定意見，依自由心證判斷事實之真偽。就鑑定人之鑑定意見可採與否，應踐行調查證據之程序而後定其取捨。倘法院不問鑑定意見所生之理由如何，採為裁判之依據，不啻將法院採證認事之職權委

---

[26] Herbert Rosenthal Jewelry Corp. v. Kalpakian, 446 F. 2d 738 (9th Cir.1971).

[27] Alexander v. Haley, 460 F. Supp. 40, 45 (S.D.N.Y 1978).

[28] 智慧財產及商業法院104年度民著上易字第3號民事判決。

[29] 林洲富，民事訴訟法理論與案例，元照出版有限公司，2023年2月，6版1刷，頁225。

諸鑑定人，其與鑑定僅為調查證據之方法之旨趣，顯有違背[30]。

例題2

> 甲公司之BT電腦程式，由甲公司之雇用人乙設計完成，為職務上所完成之著作，屬甲公司為著作財產權人。詎乙利用其任職於甲公司期間，取得BT電腦程式後，加以修改，並製成型號EM晶片。試問法院應如何判斷EM晶片，有無侵害BT電腦程式之著作財產權？

例題3

> 丙認為丁創作之美術著作，顯示母親對幼兒之慈愛，甚為欣賞，特於美術課繪製題材相近之作品一幅，相較丙之作品內容與丁之美術著作，兩者主要部分均有母親穿著雨衣而擁抱幼兒，不同處為一人頭戴斗笠與另一人綁頭巾，兩者雨衣顏色與其上圖形略有不同。試問丙所繪製之作品，是否得取得美術著作權？

壹、抽象測試法

一、定　義

美國聯邦第2巡迴上訴法院於1930年之Nichols v. Universal Pictures Corp.事件，創設出抽象測試法（Abstract Test），係美國著作權法判斷一般著作物內容為構想或表達之最重要方法[31]。尤其係語文著作或電腦程序著作，以解構之方式，判斷其結構是否具有普遍性，倘具有普遍性，結構為思想而不受著作權法之保護；反之，不具有普遍性，結構為表達應受著作權法之保護[32]。抽象測

---

[30] 最高法院79年度台上字第540號民事判決。

[31] Nichols v. Universal Pictures Corp., 45 F. 2d 119 (2nd Cir. 1930).此為Learned Hand法官自二件劇本侵權事件所發展出來之判斷原則。

[32] 羅明通，著作權法論2，群彥圖書股份有限公司，2005年9月，6版，頁444。

試法採用「抽離—過濾—比較測試法」（abstraction-filtration-comparison test）三步驟，茲說明如後：

(一)抽　離

第一步驟為抽離（abstraction），因任何作品均包含不同之諸類事件（incident），將該等事件逐漸抽離，隨著抽離事件之增加，會產生越來越多之普遍性（generality）或高度抽象性之模式，此種普遍性之抽象模式，其為公共財（public domain）構想，非著作權法所保護之標的，得作為決定構想與表達二分之基準。

(二)過　濾

第二步驟為過濾（filtration），逐步抽離著作權保護之著作與被控侵權之著作後，應過濾具有普遍性之抽象模式部分，濾除不受著作權保護之成分，著作權人不得就普遍性之抽象內容部分，主張其有著作權。

(三)比　較

第三步驟為比較（comparison），係就兩作品之共同特徵或模式部分加以比較，其所篩選比較之特徵或模式，應達到合理程度之細微模式，比較細微模式時，必須注意量之要素與質之要素，兩者有相當程度或數量相同時，且不具備普遍性，始構成著作權表達之侵害[33]。

二、侵害電腦程式著作之判斷

(一)測試法

所謂電腦程式著作，係指包括直接或間接使電腦硬體產生一定結果為目的，所組成指令組合之著作，其由文字、數字、符號或標記等陳述（statement）或指令（instruction）所組成。不論以高階或低階語言撰寫或具備何種作用，均屬著作權法所稱之電腦程式著作，包涵其他作業系統程式（operating program）、微碼（microcode）、副程式（subroutine）亦屬電腦程式著作（著作權法第5條第1項第10款）。法院自應或委由鑑定機關，將主張有著作權之護電腦程式予以解構，過濾或抽離出其中應受保護之表達部分，將具

---

[33] 羅明通，著作權法罰則專題研究—著作抄襲之刑責判斷，智慧財產專業法官培訓課程，司法院司法人員研習所，2006年6月，頁406至409。

有高度抽象性之思想或概念等公共財產、基於效率或電腦軟硬體功能外部因素所限制部分，予以濾除；繼而就侵權人是否曾經接觸著作權人所享有著作權保護之表達部分及二程式間實質相似程度，加以判斷是否侵害著作權人之著作財產權[34]。美國聯邦第2巡迴上訴法院於1992年Computer Associate International, Inc. v. Altai, Inc.事件，使用抽象測試法，使用「抽離─過濾─比較測試法」，判斷是否侵害電腦程式著作權[35]。

1.抽　　離

　　所謂抽離者，係指將涉及被侵害而具有著作權之電腦程式各部分加以解構（dissection）。任何程式均包含不同之概念化模式，將該等程序逐漸抽離，隨著增加解構抽離之過程，會有一個程式任務之概念化模式出現，以便判斷此模式有無觀念上之普遍性（conceptual normality），倘有普遍性或高度抽象性之模式存在，其為公共財（public domain）構想，非著作權法所保護之標的，得作為決定構想與表達二分之基準。例如，將上訴人軟體與被上訴人軟體電腦程式解構，並加以抽象化，將電腦程式之原始碼（source code）、目的碼（object code）、參數表（parameter list）、模組（module）、常數（routine）、程式最終功能目的之一般性描述（Ultimate functional purpose），將電腦程式在不同階層上加以區分，為不同之表達形式，並將其作成表列[36]。再者，因電腦科技之日新月異，其包括對於非文字結構（structure）、次序（sequence）、組織（organization）、功能表之指令結構（menu command structure）、次級功能表或輔助描述（long prompts）、巨集指令（marco instructior）、使用者介面（user interface）、外觀與感覺（look and feel），作為判斷項目，以認定是否均在著作權保護之範圍。

2.過　　濾

　　所謂過濾者，係指將電腦程式解構（dissection）後，過濾出其中應受保護之表達部分，將具有高度抽象性之思想或概念等公共財產，暨基於效率或電腦軟硬體功能外部因素所限制部分予以濾除。例如，著作權法在於保護表達，非保護概念本身，故應將上訴人主張受侵害之上訴人電腦程式著作，對於解構後具有普遍性之抽象概念予以濾除。因表達層面取決於被選定之電腦語言複雜程

---

[34] 最高法院98年度台上字第868號民事判決。

[35] Computer Associate International, Inc. v. Altai, Inc. 982 F. 2d 693 (2nd Cir. 1992).

[36] 智慧財產及商業法院102年度民著上字第7號民事判決。

度，當程式設計者針對待處理之問題，設計細節之解決方案，此解決方案就逐漸從抽象之層面不斷具體化，程式設計者可使用相異之表達方式，加以撰寫，爲持續精確化其程式方案，常會針對邏輯及語法作修改，此部分爲具有思想之創造性，雖使用相同之工具、概念或演算法，然該等程式碼內容，仍受著作權法之保護[37]。再者，基於專業技術領域之判斷，審理之法院就抽離與過濾步驟，得委由專業機構鑑定之。

3.比 較

所謂比較者，係指應就被控侵權者是否曾經接觸著作權保護之表達部分及二程式間實質相似程度，加以判斷是否侵害著作權。申言之，就兩作品之共同特徵或模式部分加以比較，其所篩選比較之特徵或模式，應達到合理程度之細微模式，比較細微模式時，必須注意量之要素與質之要素，兩者有相當程度或數量相同時，且不具備普遍性，始構成著作權表達之侵害。依抽離與過濾等步驟所濾除者，均非著作權法保護之部分，濾除後之部分，始屬於受著作權保護之表達內容；繼而比較分析兩電腦軟體，以判斷是否具有實質之相似性（substantial similarity）[38]。例如，使用者介面（user interface），係指人與電腦間互動以完成電腦特定工作之各種設計[39]。此使用者介面，包括程式指令驅動介面或圖形介面。所謂圖形介面，係指電腦使用者基本上藉由圖示與電腦互動，以達成電腦程式所欲完成之功能。電腦程式中大部分創造性，在於程式概念化（conceptualizing）部分及使用者介面部分，要創造合適之使用者介面，設計者需要非常高度之創造性（creativity）、原始性（originality）及洞察力（insight）。此使用者介面雖屬非文字，亦爲著作權所保護之範圍[40]。例如，關於電腦程式著作之保護，包含文字部分與非文字部分，如結構（structure）、次序（sequence）及組織（organization）等項目。倘其內容構成具原創性之表達，仍受著作權法之保護。是電腦軟體中之使用者介面，具有原創性之表達者，自得主張著作權法上之權利[41]。

---

[37] 智慧財產及商業法院102年度民著上字第7號民事判決。

[38] 智慧財產及商業法院102年度民著上字第7號民事判決。

[39] All devices by which the human users can interact with the computer in order to accomplish the tasks the computer is programmed to perform.

[40] 最高法院94年度台上字第1530號刑事判決。

[41] 智慧財產及商業法院98年度民著上字第16號、102年度民著上字第20號民事判決。

(二)思想與表達合併原則

思想或概念僅有一種或極其有限之表達方式時，因其他著作人無他種方式或僅可以極有限方式表達該思想，倘著作權法限制該等有限表達方式之使用，將使思想爲原著作人所壟斷，而影響人類文化、藝術之發展，亦侵害憲法就人民言論、講學、著作及出版自由之基本人權保障，是表達特定思想之方法僅有一種或極其有限之方式，或思想與表達不可分辨、不可分離時，縱他人表達方式有所相同或近似，此爲同一思想表達有限之必然結果，亦不構成著作權之侵害，此爲思想與表達合併原則。而電腦程式中非屬著作權所保護之部分包含：1.因電腦程式之執行最重效率，倘最有效率之執行方法，僅有一種或極其有限，其於此情形，應認爲思想與表達合併，不受著作權法保護；2.受外部因素之限制，諸如將來執行該程式之電腦機器規格（mechanical specifications）、與其他程式之相容性（compatibility requirements of other programs）[42]、電腦製造商之設計標準、使用該程式產業之特殊需求、電腦業界普遍被接受之程式撰寫慣例，應認其表達與思想合併，而排除在著作權保護之範圍；3.由公共領域（public domain）所採用之元件，因屬公共財，應予以濾除於保護範圍外[43]。

三、侵害語文著作之判斷

語文著作之著作物有關結構、體系或章次等項目，均爲著作之部分，是標題屬著作物內容之一部，其僅係著作物之抽象架構與理論名目，尚未涉及實質內涵，第三人雖予援用，然係以自己之見解，敘述或解釋其內容，且於書籍註明其出處，自與剽竊或抄襲有別，尚難認已構成著作權之侵害。反之，倘架構具有特殊性或原創性，非僅係普遍性之架構，依據抽象測試法之觀點分析，自屬著作保護之適格。再者，著作權法對語文著作之保護，除及於文字部分外，就非文字部分，倘屬具原創性之表達，亦在保護之列[44]。

---

[42] 作業系統或其他介面程式。

[43] 智慧財產及商業法院103年度民著上字第18號、104年度民著上更(一)字第1號民事判決。

[44] 智慧財產及商業法院98年度民著上字第16號、102年度民著上字第20號民事判決。

貳、整體觀念及感覺測試法

一、定　義

　　所謂整體觀念及感覺測試法（total concept and feel test），係指判斷構想與表達之區別，應自兩著作之整體觀察所得觀感，或著作予人之意境，倘屬於表達之範圍，即為著作權保護之標的。因圖形著作、視聽著作、美術著作、建築著作或多媒體著作，創作者之創意重於傳達與利用者之視覺或特徵，其不易以抽象測試之分析解構法，加以分解比對[45]。申言之，法院於認定有無侵害著作權之事實時，應審酌一切相關情狀，就認定著作權侵害之兩個要件，接觸及實質相似為審慎調查，其中實質相似除指量之相似外，亦兼指質之相似。在判斷圖形、攝影、美術、視聽、建築著作，因具有藝術性或美感性，是否抄襲時，倘使用與文字著作相同之分析解構方法為細節比對，常有其困難度或可能失其公平，故在為質之考量時，應特加注意著作間之整體觀念與感覺。而在量之考量，主要應考量構圖、整體外觀、主要特徵、顏色、景物配置、造型、意境之呈現、角度、型態、構圖元素、圖畫與文字之關係，以一般理性閱聽大眾之反應或印象為判定標準[46]。

二、二階段測試法

　　美國聯邦第9巡迴上訴法院1970年於Roth Greeting Cards v. United Card Co.事件，法院認為被告所製作之卡片，已捕捉（capture）原告卡通之全部觀念及感覺（total concept and feel），故兩者間有顯著之相似性（remarkable resemblance），即以外觀與感覺（look and feel）作為判斷圖形著作侵害之基準[47]。第9巡迴上訴法院於1977年Sid & Marty Krofft Television Productions v. McDonald's Corp.事件，建立二階段測試法（two step process），以決定兩著作間是否成立仿冒。

---

[45] 智慧財產及商業法院102年度民著上字第26號民事判決。

[46] 最高法院103年度台上字第1544號民事判決；智慧財產及商業法院107年度民著上字第16號民事判決。

[47] Roth Greeting Cards v. United Card Co., 429 F. 2d 1106 (9th Cir. 1970).

(一)外部測試

第一步驟先由專家決定是否實質之相似，稱之爲外部測試（extrinsic test）。因此步驟之測試係法律爭執，故不由陪審團決定有無相似，而是應由法官從作品之主題（subject matter）或主題之結構，予以分析、解構，並得聽取專家之證言。倘審理結果，認爲著作內容相同或近似；繼而進入第二步測試，稱之爲內部測試（intrinsic test），決定近似之程度，是否已達到表達形式（the forms of expression）實質近似程度。

(二)內部測試

第二步爲內部測試，其決定是否仿冒之基準，在於普通具有理性（ordinary reasonable）之觀察者（observer）或聽聞者之反應（response），以平均合理水平之讀者或旁觀者之觀察或印象而定（by the observation and impression of the average reasonable reader and spectator）[48]。倘認爲被告之著作已捕捉原告著作之全部觀念及感覺，其構成實質相似[49]。例如，被告作品爲各種邱比特圖形，而與市面上各類型之比特圖形，對照比較結果可知，就娃娃之眼、眉、口、手之形狀雖稍有不同，惟包括頭部極具特色之髮型、裸體、背部之雙翼、中性、胖嘟嘟之小嬰兒等共同特徵，暨圖形大小、輪廓、造型等幾無異樣，僅部分髮飾裝飾不同。故在造型、色澤、意境之呈現上均屬相同或近似，就整體觀念及感覺而論，成立屬實質近似，不具作者之個性及獨特性，即無原創性，足證被告所提出之邱比特圖形，不受著作權法之保護[50]。

三、平面著作製成立體物之侵害判斷

(一)美術著作

將他人之平面美術著作，製成立體物，究竟有無侵害著作權，自應由爭議雙方當事人就事實具體舉證。法院於認定有無侵害著作權之事實時，應審酌一切相關情狀，就認定著作權侵害之接觸與實質相似等要件，加以審慎調查。其中實質相似包含量之相似與質之相似。在判斷圖形、攝影、美術、視聽等具有

---

[48] Sid & Marty Krofft Television Productions v. McDonald's Corp., 562 F. 2d 1157, 1166-1167 (9th Cir. 1977).

[49] 羅明通，著作權法論2，群彥圖書股份有限公司，2005年9月，6版，頁415。

[50] 智慧財產及商業法院97年度民著上字第2號民事判決。

藝術性或美感性之著作,是否抄襲時,倘使用與文字著作相同之分析解構方法為細節比對,通常有其困難度或可能失其公平。準此,在為質之考量時,應特別注意著作間之整體觀念與感覺。

(二)衍生著作

所謂改作者,係指以翻譯、編曲、改寫、拍攝影片或其他方法就原著作另為創作者而言(著作權法第3條第1項第11款)。故立體物上除以立體形式單純性質再現美術著作之著作內容者外,應另有新創意表現,且此有創意之立體物,為著作權法第5條第1項所例示保護之著作,其屬改作行為,立體物為衍生著作,亦受著作權法之保護(著作權法第6條第1項)。至於立體物之創作者雖取得著作權,然應取得美術著作財產權人之同意,否則成立侵害著作權或改作權之情事[51]。

四、侵害美術著作之判斷

美感係個人主觀之感覺,常受限於當代之文化、道德及美學觀點之拘束,其他著作既未要求美感,故美術著作亦不以必須具備美感為要件。美國聯邦最高法院Bleistein v. Donaldson Lithographing Co.事件,認為一幅表現馬戲團活動之海報(The Great Wallace Shows)有原創性,其係一幅美術著作,不因係作為廣告用途或僅能吸引一般大眾或教育程度較低階層之民眾,而否認其為美術著作。因將圖畫之價值交予僅受過法學教育訓練者為終局判斷,其具有危險性,因某些天才之著作在極端之情形,可能無法得到欣賞,該非比尋常之創新會使法官厭惡,直等到社會大眾理解作者所表達之語言(new language)。再者,有人不顧原告之權利,而企圖去重製該海報,就表明其有價值,該海報值得受著作權之保護。準此,創作無須具備美感,更不應因其實用性及商業性而否認其為創作[52]。例如,兒童之塗鴉亦屬創作,雖無商業價值而遭出版社拒絕出版,仍不失為創作。創作不應以不合道德標準,而拒絕承認其為創作。故不應將原創性與藝術性或美感,混為一談[53]。

---

[51] 最高法院94年度台上字第6398號刑事判決。

[52] Bleistein v. Donaldson Lithographing Co. 188 U.S. 239 (1903).

[53] 英國1988年著作權法第4條第1款規定,繪畫、雕刻、雕塑等美術作品作為著作客體,其與其藝術質量無關。

參、汗水理論

一、定　義

(一)創作難易程度

所謂汗水理論（doctrine of sweating），係指創作性者，非僅以其改變之多寡而論，應以其創作程度爲斷（著作權法第7條第1項）。簡言之，以創作之難易度，爲判斷取得著作權之標準，其難易度低者，則不認爲具有原創性，倘其難易度高，即可認爲具有原創性[54]。

(二)創作主義

我國著作權法係採創作主義，不待登記，著作人於著作完成後，即當然取得著作權（著作權法第10條）。著作人於著作完成後固得對外宣稱取得著作權，然其著作之實質內涵是否已跨過著作權法所規定之最低門檻（threshold），應受著作權法保護（copyrightability），進而得對他人之行爲主張侵權行爲，仍應由法院本於專業判斷，以決定著作人之著作，是否值得以著作權法加以保護。此保護要件，爲著作權法第3條第1項第1款所稱之文學、科學、藝術或其他學術之創作，且能促進國家文化發展者（著作權法第1條），始足堪著作權法給予保護。準此，該著作必須具備文學、科學、藝術、或學術上之價值，而此價值作用之有無，非著作人自認爲已足。

(三)原創性

著作人獨立創作之作品，其足以代表創作者之情感或思想，即具有原創性，並不以高度創作爲限，縱使爲低度創作仍應受著作權法之保護，故原創性不以創作之優劣或創作之方式而有所區別。職是，作者爲著作付出之努力或花費，其與是否具有原創性，並無必然關係。

二、圖形著作之編輯

(一)地圖著作

地圖屬於著作權法第5條第1項第6款之圖形著作。地圖著作爲表示地理事項之平面圖、立體圖及其圖集、模型。藉著圖形及記號、文字、標示地理之自

---

[54] 臺灣臺北地方法院94年度智字第18號民事判決。

然及人文現象。其所使用之素材。例如，城市名、街道名、交通路線、人口分布、地形、高度、邊界等。多係公共所有之材料，地圖著作之著作權不及於此等公共得利用之資訊，其著作權乃存在於作者對於地圖所示之各種事項（items）及記號（signs）選擇與安排。

(二)事實型著作

　　地圖著作對原創性之要求，而與其他著作並無軒輊，因其係就已存之資料（preexisting material）編輯而成編輯著作（compilation work），性質屬於事實型著作（factual work），為獲得著作權之保護，其原創性之要求，略高於他種想像著作（fictitious Work）[55]。舉例說明如後：1.選出美國最重要之100個城市或標明各州界限之美國50州簡圖（outline map）[56]，或者地圖作者以公共所有之地圖著作為實地考查後，發現地點正確，而作成之地圖。因其事項之選擇（selection of items）係非常明顯及不需智巧（ingenuity），足認不具原創性；2.將某城市當作中心而以圖之方式，畫出周圍之城市，即可認為符合原創性之要求。職是，地圖作者是獨立選擇地圖內所欲包含之事項，而未抄襲先前著作之選擇，縱使所包含之事項為眾所周知之事實，仍可認定其滿足原創性之要求[57]。故就既有資料之選擇及安排、呈現，使其地圖與坊間之其他地圖內容有差異，達到區別之變化程度，應可認定就所編輯之圖形著作，取得編輯著作權[58]。

(三)原創性

　　美國聯邦第9巡迴上訴法院於1978年Sawyer v. Crowell Publishing Co.事件認為對於地圖之創造性之編輯（compilation）或組合（synthesis），不採直接觀察（direct observation）原則，僅要具有能滿足原創性，即應就著作權之保護[59]。準此，實地觀察而創作之地圖，自得取得圖形著作之著作權，而地圖之原創性不以直接觀察為必要[60]。因原創性與蒐集資料之勞力（labor）係不同概

---

[55] Axelbank v. Rony, 117 F. 2d 314 (1960).

[56] Unites States v. Hamilton, 583 F. 2d 448 (1978).

[57] Sawyer v. Crowell Publishing Co., 142 F. 2d 497 (1944).

[58] 徐玉蘭，著作權法民事責任案例研討，智慧財產專業法官培訓課程，司法院司法人員研習所，2006年6月，頁5。

[59] Unites States v. Hamilton, 583 F. 2d 448, 451 (1978).

[60] 臺灣高等法院89年度上易字第745號刑事判決。

念。判斷原創性時，應客觀判斷著作有無抄襲他人先前之著作及與先前著作是否存有可辨識之變化程度，不應涉入著作價值之主觀判斷。著作有無價值、有無美感（aesthetics）、是否合乎道德、有無獲大眾青睞或鄙視，均與原創性並無關係[61]。

三、語文著作之編輯

(一)原創性

從事創作固需要付出勞力，然勞力之投注縱使龐大，倘無創意表現於其中，仍不受到著作權之保護。編輯物係最明顯之案例，因編輯著作之著作權，並非存在於所蒐集之資料本身，而是存在於對資料之選擇及編排，所表達之創意，縱使蒐集資料投入相當之心力，因其選取及編排時欠缺原創性，仍不得享有著作權。職是，所謂創作者，係指人格精神成果，其與勞動成果著重於產業或技術之物質文明，應有不同，自不能以選編所付辛勞，作為主張創作之依據[62]。

(二)電話簿之編輯

1.事　實

美國聯邦最高法院1991年之Feist Publications Inc. v. Rural Telephone Service Co.事件，原告Rural Telephone Service Co.係堪薩斯地區之電話公司，發行該地區之電話號碼簿，其包含白頁（white page）及黃頁（yellow page）。白頁係按一般使用人姓名之英文字母次序編排，後附其地址及電話號碼。黃頁係將商業使用者按其範疇及特性分類，依其類別之英文字母排列。Feist Publications公司想向Rural公司購買白頁之訂戶資料，以編輯附近地區之電話簿，Rural公司拒絕。故Feist公司自行使用Rual之電話簿資料，編入其電話簿。Rural公司主張Feist公司應自行調查用戶取得其所需之資料，不可抄襲其有著作權之白頁電話簿。Feist公司抗辯其使用的資料（information）並無著作權。

2.不保護勤勞蒐集或辛勞汗水

美國法院認為編輯著作所使用的事實（facts），並無著作權，任何人均

---

[61] 臺灣高等法院80年度上易字第5742號刑事判決。
[62] 臺灣士林地方法院86年度自字第268號刑事判決。

得自由利用，著作權法不保護編輯人勤勞之蒐集（industrious collection）或者辛勞之汗水（sweat of the brow），其所保護者是對資料之選擇（selection）、協調（coordination）、安排（arrangement），由其中所表現出之創意。換言之，著作權法最基本之理論，係概念與表達之二分法（idea and expression dichotomy），表達中所蘊含之資訊、事實或概念，任何人均得利用。倘認為編輯人以辛勞汗水蒐集資料，而他人得以自由使用其資料，甚為不公，即應給予著作權保護，是嚴重破壞概念與表達二分法之基本理論。Rural公司僅將一般使用人之姓名作字母式之編排，此為行之已久的傳統，不僅無原創性，實際上亦為不可避免之使用方式。Rural公司僅依客戶所留資料作成電話簿，在編排與選擇欠缺最低要求之原創性。準此，其白頁電話簿並無著作權。Feist公司予以使用，不構成侵害著作權。因著作權之保護，是對原創性之報答，而非對努力所作之報償[63]。

肆、例題解析

一、比對電腦程式原始碼

(一)程式原始碼

傳送指令予電腦使其運作，係透過機械語言即機械碼供電腦辨識，而機械碼是由數位「0」、「1」組成，人類難以閱讀。隨著對於機械碼之繁複本質之改良，有利人類閱讀及撰寫程式，延伸出以指令取代二進位碼，以符號、助憶碼取代記憶體位址，該二種型態之組合成為組合語言，其演進過程更以高階之組合語言，進行應用與問題解決，此稱為高階語言。自創作程式碼之起源及由寫出程式碼至發揮作用之方向以觀，程式之原始碼係以高階語言或組合語言之形式存在，由高階語言或組合語言所撰寫成之原始碼，電腦無法解讀，原始碼需進一步以編譯、直譯或組譯之方式，轉換成機械碼，始可為電腦所讀取，並執行指令。

(二)機械碼

使用組合語言撰寫之原始碼，可以組譯方式轉換成機械碼，機械碼亦可透過反組譯之方式回推原本之組合語言，而僅能得到近似之原始碼，無法得到完

---

[63] Feist Publications Inc. v. Rural Telephone Service Co. 499 U.S. 340 (1991).

全相同之原始碼。因機械碼由數位「0」、「1」組成，人類難以閱讀，故比對兩機械碼是否相同，應藉由比對原始碼之方式進行。就本件電腦程式案而言，乙之EM晶片所燒錄之電腦程式與甲之BT電腦程式，倘兩者均為機械碼時，應透過反組譯之方式回推組合語言，始能應用抽象測試法，使用「抽離─過濾─比較」測試法，比對兩電腦程式之原始碼，認定是否成立實質近似，判斷EM晶片有無以重製BT電腦程式，侵害BT電腦程式之著作財產權[64]。

二、整體觀念及感覺測試法

　　丙接觸丁之美術著作後，嗣於美術課繪製作品，其內容與丁之美術著作相較，兩者主要部分均有穿著雨衣之母親而擁抱幼兒，僅雨衣顏色與其上花樣略有不同，並無特殊處。雖有一人頭戴斗笠與另一人綁頭巾之差異，然就兩者之造型、意境及構圖等要項，均有近似性，就整體觀念及外觀而論，其屬實質近似。職是，丙之作品與丁之美術著作，所客觀表達形式相同，丙有抄襲丁之美術著作，不具作者之個性及獨特性，難謂有原創性可言，不受著作權法之保護[65]。

---

[64] 智慧財產及商業法院102年度民著上字第26號民事判決。
[65] 智慧財產及商業法院100年度民著訴字第22號民事判決。

著作權侵害之救濟

關鍵詞

重製罪、散布罪、專屬管轄、損害賠償、平行輸入、邊境查扣

著作權法第六章規範著作權之侵害與救濟，其包含判斷侵害著作權之基準、民事責任、刑事責任、行政救濟及ISP責任方式。職是，本章之目標，在於使研讀者瞭解判斷侵害著作權之方法及著作權人之民事救濟、刑事救濟、行政救濟。

第一節　管轄法院

著作權法之第一審及第二審民事訴訟事件、違反著作權法之第二審刑事訴訟案件、著作權法之第一審行政訴訟事件，均由智慧財產法院管轄（智慧財產及商業法院組織法第3條第1款至第3款）。

例題1

　　智慧財產案件審理法施行後，繫屬於地方法院之侵害著作權民事事件或向普通法院提起有關著作權民事事件。試問嗣後敗訴之當事人，不服提起上訴，應由高等法院管轄，或由智慧財產及商業法院合議庭管轄？

例題2

　　智慧財產案件審理法施行後，刑事庭依通常或簡式審判程序，對於違反著作權法之刑事案件為有罪諭知，並就該附帶民事訴訟，依刑事訴訟法第504條第1項規定，裁定移送該法院之民事庭。試問刑事庭是否得就該附帶民事訴訟事件，自為裁判？

壹、民事事件

一、第一審法院

　　依著作權法所保護之智慧財產權益所生之第一審及第二審民事訴訟事件，由智慧財產及商業法院管轄。原則智慧財產民事事件，當事人應委任律師為訴訟代理人（智慧財產及商業法院組織法第3條第1項第1款、第4款；智慧

財產案件審理法第3條）。對於智慧財產事件之第一審裁判不服而上訴或抗告者，向管轄之智慧財產及商業法院為之（智慧財產案件審理法第10條第1項本文）。準此，智慧財產第一審民事事件雖由智慧財產及商業法院專屬管轄，其屬優先管轄之性質，得由普通法院管轄。其他法院就實質上應屬第一審民事著作權事件，所為實體裁判者，上級法院不得以管轄錯誤為由廢棄原裁判（智慧財產案件審理細則第9條）。

二、第二審與第三審法院

　　為統一智慧財產之法律見解，第一審之上訴或抗告自應由專業之智慧財產法院受理。職是，著作權法所生之第二審民事事件，智慧財產法院有專屬管轄權，不屬普通法院體系之高等法院管轄（智慧財產案件審理法第47條）[1]。對於智慧財產民事事件之第二審裁判，除別有規定外，得上訴或抗告於第三審法院。前項情形，第三審法院應設立專庭或專股辦理（智慧財產案件審理法第48條）。

貳、行政事件

一、第一審行政法院

　　著作權之行政訴訟事件非專屬智慧財產法院管轄，其他行政法院就實質上應屬智慧財產民事、行政訴訟事件而實體裁判者，上級法院不得以管轄錯誤為由廢棄原裁判（智慧財產案件審理細則第9條）。是智慧財產法院對於著作權之行政訴訟事件僅有優先管轄權，並非專屬管轄權，最高行政法院不得以臺北高等行政法院無管轄權而廢棄原判決（智慧財產及商業法院組織法第3條第1項第3款；智慧財產案件審理法第31條第1項）。

二、第二審行政法院

　　對於智慧財產法院之終局判決，除法律別有規定外，得上訴於最高行政法院（行政訴訟法第238條第1項）。因最高行政法院為法律審，以審查智慧財產

---

[1] 智慧財產及商業法院103年度民著上字第14號、104年度民著上字第2號、104年度民著上易字第6號、104年度民著上字第9號民事判決。

法院之判決適用法律是否適當爲其主要之目的。故於上訴審程序，不得爲訴之變更、追加或提起反訴（第2項）。提起上訴，應於智慧財產法院判決送達後20日之不變期間內爲之。但宣示或公告後送達前之上訴，亦有效力（行政訴訟法第241條）。

參、刑事案件

一、第一審刑事法院

違反著作權法之刑事案件，應向管轄之地方法院爲之。檢察官聲請以簡易判決處刑者，亦應由地方法院依現行刑事訴訟法之規定處理（智慧財產案件審理法第54條）。申言之，侵害著作權法之犯罪，爲加強查緝效果，保障智慧財產權，偵查中應由各地方法院檢察署檢察官、司法警察官或司法警察就近查察，而檢察官或司法警察官爲進行偵查或調查，應向各地方法院檢察署對應之地方法院聲請搜索票。倘檢察官有向地方法院聲請羈押之必要，地方法院對於搜索票或羈押之聲請，應爲即時之調查及裁定。職是，第一審之偵查業務，由地方法院檢察署檢察官爲之，基於偵查與審判之對應性，第一審刑事審判業務，應由地方法院管轄，應行合議審判程序。

二、第二審刑事法院

智慧財產法院管轄著作權法之刑事案件，不服地方法院依通常、簡式審判或協商程序所爲之第一審裁判而上訴或抗告之刑事案件（智慧財產及商業法院組織法第3條第1項第2款本文：智慧財產案件審理法第57條、第58條）。準此，不服地方法院依通常、簡式或協商程序所爲之第一審刑事裁判而上訴或抗告之案件，應由高等法院層級之智慧財產法院管轄。

三、刑事附帶民事訴訟

違反著作權之刑事案件第一審係由地方法院專業法庭審理，第二審則由專業之智慧財產法院審理，均具專業能力，於審理附帶民事訴訟，除第三審法院依刑事訴訟法第508條至第511條規定裁判，暨第一、二審法院依刑事訴訟法第489條第2項規定諭知管轄錯誤及移送者外，應自爲裁判，刑事訴訟法第504條第1項、第511條第1項前段將附帶民事訴訟移送法院民事庭之規定，應不予適

用（智慧財產案件審理法第63條、第64條）。

肆、例題解析

一、第二審為專屬管轄

智慧財產第一審民事事件雖非由智慧財產法院專屬管轄，其屬優先管轄之性質，當事人雖得合意由普通法院管轄（民事訴訟法第24條、第25條）。然其上訴或抗告自應由專業之智慧財產法院受理。職是，著作權法所生之第二審民事事件，智慧財產法院有專屬管轄權，當事人不得向高等法院上訴（智慧財產案件審理法第47條）。

二、附民移送民事庭

法院對於智慧財產案件審理法第54條案件之附帶民事訴訟事件，依刑事訴訟法第504條第1項規定，裁定移送該法院之民事庭，固違反智慧財產案件審理法第63條第2項規定，惟該移送裁定既具有裁定之形式，已生法律上之羈束力，其有重大違背法令之情形者，雖不生效力，在未經法定程序撤銷其裁定確定前，自不得回復原訴訟程序。準此，該移送裁定既具備裁定之形式外觀，已生法律上之羈束力，縱其有違背法令之情形，然在未經法定程序撤銷其裁定確定前，自不得逕回復原訴訟程序，故刑事庭於該移送民事庭之裁定撤銷前，不得就該附帶民事訴訟事件自為裁判。且刑事附帶民事訴訟經刑事庭以裁定移送民事庭後，即成為獨立之民事訴訟，倘當事人事後因合意管轄或擬制管轄規定之適用，民事庭可取得管轄權，刑事庭不得就該附帶民事訴訟事件自為裁判[2]。

第二節　民事救濟

就著作權侵害而言，可分侵害著作人格權與侵害著作財產權，著作權人均得請求民事救濟。著作權法第六章之第84條至第90條之3規定，有規範民事救濟之內容。

---

[2] 臺灣高等法院暨所屬法院97年法律座談會彙編，2008年12月，頁727至730。

民事救濟	法條依據	說明
損害賠償請求權	著作權法第85條第1項、第88條第1項	1.過失責任主義 2.侵害著作人格權得請求財產上與非財產上之損害 3.侵害著作財產權得請求非財產上之損害
損害賠償之計算	著作權法第88條第2項、第3項	1.具體損害計算說 2.差額說 3.總利益說 4.總銷售額說 5.酌定賠償額說
禁止侵害請求權	著作權法第84條	1.無過失責任主義 2.分為排除侵害與防止侵害請求權
回復名譽請求權	著作權法第85條第2項、第89條	1.表示著作人之姓名或名稱、更正內容或為其他回復名譽之適當處分 2.判決書全部或一部登報
銷燬請求權	著作權法第88條之1	無過失責任主義

第一項　民事集中審理

　　著作權為智慧財產權之一環，其為無體財產權，故著作權侵害事件具有特殊性，其與一般之民事侵權事件不同，致著作權人於起訴時，難以明確請求權基礎與特定損害賠償數額，法院自應善盡闡明之義務，整理當事人有爭執與不爭執之事實，繼而經由爭點整理之程序，使當事人整理出事實上、證據上及法律之上爭執與不爭執項目。職是，法院僅就訴訟有關之爭點，進行證據調查與辯論程序，使有限之司法資源，作有效率之運用。

例題3

　　KTV業者提供設備與伴唱帶，其協助相關消費者至店內公開演出。試問KTV業者是否應取得音樂著作權人之授權，始得讓顧客從事公開演出之行為？

例題4

　　A學生利用T大學校園所設置之網路平臺，侵害他人著作權或其他權利。試問T學校或其負責管理之電算中心，是否應與行為人A共同負侵權行為之責任？

壹、原告主張

　　著作權人主張其著作權受侵害，提起侵害著作權之民事訴訟時，基於舉證責任原則，原告應提出權利證明、侵害類型、請求權基礎及損害計算等攻防方法，茲說明如後：

一、權利證明

　　著作權屬私權之範疇，其與一般私權之權利人相同，對其著作權利之存在，自應負舉證之責任。準此，著作權人為證明著作權，應保留其著作之創作過程、發行及其他與權利有關事項之資料，作為證明自身權利之方法。倘嗣後發生著作權爭執時，應提出相關資料作為訴訟上之證據方法，由法院認定原告是否有取得著作權。準此，被告否認原告為著作人或著作權人，原告在訴訟上應證明下列事項：

(一)證明著作人身分

　　藉以確認該著作係主張權利人所創作，此涉及著作人是否有創作能力、有無充裕或合理而足以完成該著作之時間及支援人力。而著作權法為便利著作人或著作財產權人之舉證，在著作之原件或其已發行之重製物上，或將著作公開發表時，以通常之方法表示著作人、著作財產權人之本名或眾所周知之別名，或著作之發行日期及地點者，推定為該著作之著作人或著作權人（著作權法第13條）[3]。

---

[3] 最高法院92年度台上字第1664號刑事判決；智慧財產及商業法院98年度民著訴字第42號民事判決。

(二)證明著作完成時間

其爲著作完成之起始點，決定法律適用準據，確定是否受著作權法保護。著作人得藉由著作之發表或出版，證明著作完成之佐證。例如，在著作之原件或其已發行之重製物上，或將著作公開發表時，以通常之方法表示著作人之本名或眾所周知之別名者，推定爲該著作之著作人，亦可認定著作完成期間（著作權法第13條第1項）。

(三)證明獨立創作

非抄襲他人者，應證明著作人爲創作時，未接觸參考或抄襲他人先前之著作，始爲著作權保護之標的。因獨立創作爲免於侵權責任之事實，倘著作權人就權利證明已盡舉證責任，被訴侵權人欲免責，必須其著作爲獨立創作，其屬反證事實，自應由被訴侵權人負舉證責任（民事訴訟法第277條本文）。

(四)行使權利證明

行使著作權之權利人非著作創作人，而爲著作權之被授權人，其在第三人侵害著作財產權時，應提出其爲專屬被授權人之證明，始得向侵權行爲人主張權利。因專屬授權爲獨占性之授權，專屬授權之被授權人在被授權範圍內，得以著作財產權人之地位行使權利，並得以自己名義爲訴訟上之行爲，其屬法定代位權之性質。著作財產權人在專屬授權範圍內，不得行使權利，此爲強制規定，不得以契約排除之，是非專屬授權人不得對第三人主張侵害著作權之權利（著作權法第37條第4項）。

二、侵害著作類型與行為

(一)舉證責任

我國著作權法例示受保護之著作有一般著作與特殊著作：1.前者有語文著作、音樂著作、戲劇著作、舞蹈著作、美術著作、攝影著作、圖形著作、視聽著作、錄音著作、建築著作及電腦程式著作等11種類型（著作權法第5條第1項）；2.後者有衍生著作、編輯著作、共同著作及表演著作等4種類型（著作權法第6條、第7條、第7條之1、第8條）。準此，原告應證明其受侵害之著作，爲何種類型之著作。

(二)證明事項

著作權之內容有著作人格權與著作財產權。前者有公開發表權、姓名表示

權及不當變更禁止權（著作權法第15條至第17條）。後者有重製權、公開口述權、公開播送權、公開上映權、公開演出權、公開傳輸權、公開展示權、改作權、編輯權、出租權、散布權及輸入權（著作權法第22條至第29條、第87條第4款）。職是，原告應證明被告侵害何類型之著作財產權或著作人格權[4]。申言之，原告應舉證證明如後事項：1.被告侵害著作人格權或著作產財權之類型；2.原告請求權依據著作權法條；3.原告提出被訴侵權之著作物與其來源證明；4.被告直接或間接接觸之事實；5.原告著作與被告作品有實質相似之事實；6.被告作品係引用原告著作之表達，並非觀念引用，亦不適用觀念與表達合併或必要場景原則，可提出被告作品抄襲原告著作之分析比對表為證；7.被告使用原告著作屬非合理使用之態樣[5]。

三、請求權基礎（107年律師；111年檢察事務官）

原告除應證明其為權利人或專屬被授權人，暨說明被告有何侵害著作權之行為外，應主張其所依據之請求權基礎如後：(一)民法第28條之法人侵權責任、第184條第1項之民事侵權責任、第185條第1項之共同侵權責任、第188條第1項前段之僱用人責任、第179條之不當得利請求權；(二)公司法第23條第2項之公司負責人責任；(三)著作權法第85條第1項之侵害著作人格權之損害賠償請求權、第88條第1項之侵害著作財產權或製版權之損害侵害請求權、第84條之禁止侵害請求權、著作權法第85條第2項之侵害著作人格權之回復名譽請求權、第88條之1之銷燬請求權及第89條之判決書登報請求權。

四、數項標的者之價額計算

以一訴主張數項標的者，其價額合併計算之。但所主張之數項標的互相競合或應為選擇者，其訴訟標的價額，應依其中價額最高者定之（民事訴訟法第77條之2第1項）。職是，原告於侵害著作權民事訴訟事件，同時主張侵害著作人格權之損害賠償請求權、侵害著作財產權或製版權之損害侵害請求權、禁止侵害請求權或銷燬請求權，因該等財產上之請求權並無主從或相牽連關係，應

---

[4] 智慧財產及商業法院109年度民著上易字第5號民事判決。

[5] 章忠信，著作權之侵害鑑定，月旦法學雜誌，190期，2011年3月，頁49至55。

併計其價額[6]。

五、損害計算

侵害著作權之損害賠償計算，有具體損害計算說、差額說、總利益說、總銷售額說、酌定賠償額說（著作權法第88條第2項、第3項）[7]。權利人得就各款擇一計算其損害，而非限定權利人僅能擇一請求[8]。故原告就不同之計算損害賠償方式，分別提出其舉證之方法，並請求法院擇一計算損害方法，命侵權行為人負損害賠償責任，法院不可限縮權利人之計算損害方法[9]。原告除得依據民事訴訟法第342條或第346條規定，聲請法院命被告或第三人提出銷售或取得被訴侵權著作物之商業帳簿外，亦可請求法院向關稅總局調閱被訴侵權著作物之進口資料，或向國稅局調閱銷售被訴侵權著作物之報稅資料，以作為計算損害賠償之參考。

貳、被告抗辯

一、阻卻侵權事由

侵害著作權之民事訴訟事件，倘被告未取得原告同意或授權而有合法使用著作權之權源時，被告為免除負侵權行為責任，除否認有原告所控訴之侵害著作權行為外，通常會抗辯原告非著作權人、原告著作無原創性、被告著作未接觸或抄襲原告著作、被告著作具有原創性、有合理使用原告著作、安全港要件、未逾越授權範圍或請求權已罹於時效等事由，以阻卻侵害著作權之成立。

---

[6] 智慧財產及商業法院97年度民著上易字第2號民事判決；智慧財產及商業法院99年度民抗更(一)字第2號民事裁定。

[7] 智慧財產及商業法院99年度民著訴第69號民事判決：可具體確定之實際損害，並非不易證明者，為避免原告不盡舉證責任，原告請求本院依據著作權法第88條第3項規定，酌定被告應給付之損害賠償額，其於法無據。

[8] 李治安，電腦軟體程式著作權侵害損害賠償的計算迷思─評智慧財產法院98年度民著字第6號判決，月旦法學雜誌，190期，2011年3月，頁112至121。

[9] 司法院98年度智慧財產法律座談會彙編，2009年7月，頁31。

二、契約目的讓與理論

　　兩造間有著作權契約之場合，渠等就授權範圍有爭執，法院認定著作權契約之授權範圍，首先應檢視授權契約之約定，倘契約無明文、文字漏未規定或文字不清時，再探求契約之眞意或目的，或推究是否有默示合意之存在。倘著作權人授與權利時，就權利之利用方式約定不明或約定方式與契約目的相矛盾，權利之授權範圍，應依授權契約所欲達成之目的認定。是著作權之授權契約中所授與之權利及其利用方式，應參酌授權契約之目的，不應拘泥於契約所使用之文字。準此，當事人之眞意不明，亦無默示合意存在時，應考量契約訂立之目的。僅有契約眞意不明，而無默示合意存在，或無法適用契約之目的，始可認爲約定不明，進而推定未授權[10]。

參、例題解析

一、公開演出

(一)權利人

　　詞、曲之作者創作完成音樂著作後（著作權法第5條第1項第2款），交予唱片公司製作成錄音母帶，此錄音行爲稱爲重製或改作[11]，因而產生錄音著作（著作權法第5條第1項第8款），通常依據契約內容，歸唱片公司或製作公司所有。該錄音著作爲音樂著作之衍生著作（著作權法第6條第1項）。倘唱片公司將影片與錄音著作相結合（synchronization），可成爲KTV業者之伴唱帶，此爲視聽著作，爲錄音著作之衍生著作（著作權法第5條第1項第7款）。故伴唱帶涉及之著作，其包含音樂著作、錄音著作及視聽著作。至於著作財產權，包括重製權、改作權、視聽著作之公開上映權（著作權法第25條）、音樂著作之公開演出權（著作權法第26條）[12]。準此，欲利用視聽著作，必須同時得到錄音著作權人與音樂著作權人之同意或授權[13]。

---

[10] 蔡明誠，著作權契約之解釋與目的讓與理論及契約目的理論—從智慧財產法院98年民著上字第1號民事判決，月旦裁判時報，2010年5月，頁95至96。

[11] 自曲譜之形式轉變成聲音之形式。

[12] 音樂著作亦有公開播送權與公開傳輸權。

[13] 徐玉蘭，著作權法民事責任案例研討，智慧財產專業法官培訓課程，司法院司法人員研習所，2006年6月，頁46。

(二)KTV業者

所謂公開演出者，指以演技、舞蹈、歌唱、彈奏樂器或其他方法向現場之公眾傳達著作內容。以擴音器或其他器材，將原播送之聲音或影像向公眾傳達者，亦屬之（著作權法第3條第1項第9款）。公開演出權與重製權不同，乃各自獨立之權利。職是，不因已獲得重製權之授權，即得主張可以公開演出他人之音樂著作。就KTV業者立場而言，其透過機器設備將預先錄製之詞曲著作，以影像、音樂方式呈現，而其所呈現之對象，分屬不同包廂，而包廂內顧客亦有所不同。就KTV業者以觀，係對不特定多數人實施。KTV業者係透過機器設備為公開演出，其所展現者，為伴唱帶公司自行製作之影像及音樂旋律，故相關消費者至KTV包廂中歌唱消費時，係以業者所提供之音樂旋律為伴奏，雖此音樂旋律，並非現場樂團即時配合，而係以預先錄製之音樂展現，惟此以預先錄製之音樂，為現場不特定人伴奏、向現場不特定人展現之行為，性質屬於公開演出，猶如樂團現場演奏，為演唱者現場伴奏。就演唱者而言，為公開演出行為，對伴奏之提供者以觀，屬公開演出行為。縱現場伴奏部分，係以預先錄製之錄音帶或CD播放伴奏，由於其所播放之對象不特定，不因現場有演唱者以人聲演唱，致其評價，有不同分別[14]。KTV業者提供設備與伴唱帶，自相關消費者之點唱與演唱行為獲利，其協助消費者公開演出，應認為係公開演出之共同行為人[15]。

(三)著作財產權為各自獨立之權利

因著作權法賦予不同著作權人之各種權利，均是獨立之權利，伴唱帶業者就其拍攝之影像，取得視聽著作之著作權，並不及於音樂部分及其公開演出權，在音樂著作權人未明示或默示授權，不得推論授予公開演出權，否則著作權法無須分別列示，獨立區分兩者。例如，重製是有形複製，公開播送、公開上演、公開傳輸、公開上映是無形之複製，兩者權利性質、利用方式、態樣均不相同，自不能以明示授權重製或改作，即已含公開上演等之目的授權。職是，KTV業者之公開演出，未得到音樂著作權人之授權，倘不符合合理使用，構成侵害著作權，應依著作權法第88條負賠償損害責任，音樂著作權人得

---

[14] 臺灣臺北地方法院94年度智字第22號民事判決。
[15] 就外國法制而言，得論以輔助侵害或代理侵害之責任。

依同法第84條規定，禁止其於營業場所播放原告之著作或公開演出[16]。

二、著作權之侵害

學校雖有責任對於校園網路資源之使用行為進行宣導與管理，惟我國著作權並未課予網路資源之提供者或管理者有主動預防著作權侵權行為發生之義務。職是，學生利用校園網路侵害他人著作權，學校或負責管理之電算中心，倘無侵害著作權之行為時，即無侵害著作權之責任，應由個別行為人自行負侵權行為責任。反之，學校或教學提供未經合法授權或授權期限已屆之電腦軟體供學生使用或安裝者，則屬協助學生侵害著作權，應負侵權行為之責任。縱使廠商免費提供學校使用，仍不表示學校具有重製權或公開傳輸權。

第二項　侵害著作人格權

著作人格權包含公開發表權、姓名表示權及不當變更禁止權等三種人格權，具有專屬性與不可轉讓性（著作權法第15條至第17條、第21條）。著作人逝世後，著作人格權之保護，視同生存或存續，受到永久保護（著作權法第18條本文）。

例題5

甲投稿A報社反對廢除死刑，經A報社登載在為贊成廢除死刑之專欄。試問：(一)A報社之行為，有無侵害該文字著作之著作人格權？(二)倘有侵害甲之著作人格權，甲應如何請求救濟？

壹、損害賠償請求權

侵害著作人格權，被害人得請求財產上之損害賠償（著作權法第85條第1項前段）。其適用第88條第2項、第3項所規定之計算損害的方式，此與侵害著

---

[16] 目前有音樂著作權集體管理團體得協助音樂著作權人管理音樂著作之公開播送權、公開傳輸權與公開演出權。

作財產權相同，請求權時效爲2年或10年（著作權法第89條之1）。再者，侵害著作人格權，倘有非財產上之損害，被害人亦得請求賠償相當之金額（著作權法第85條第1項後段），請求權時效亦爲2年或10年（著作權法第89條之1）。就非財產上之損害賠償金額而言，法院應斟酌實際加害情形與其著作人格權影響是否重大，暨被害者之身分地位與加害人經濟狀況等情事[17]。因慰藉金之賠償，須以被害人精神上受有痛苦爲必要[18]。準此，公司係依法組織之法人，其著作人格權受損害者，無精神上痛苦之可言，自無法請求精神慰藉金[19]。

貳、回復名譽請求權

侵害著作人格權者，被害人並得請求表示著作人之姓名或名稱、更正內容或爲其他回復名譽之適當處分（著作權法第85條第2項）。例如，A出版公司出版甲之著作，A出版公司未以甲掛名著作人，而另以丙掛名著作人，甲得請求法院命A出版公司應以甲掛名著作人。

參、銷燬請求權、禁止侵害請求權及判決書登載請求權

著作人格權受侵害時，同侵害著作財產權之規定，著作人格權人得對加害人行使下列權利：(一)著作人格權人對於侵害其權利者，得請求排除之，有侵害之虞者，得請求防止之，此爲禁止侵害請求權（著作權法第84條）；(二)著作人格權人請求損害賠償時，對於侵害行爲作成之物或主要供侵害所用之物，得請求銷燬或爲其他必要之處置，此爲銷燬侵權物品請求權（著作權法第88條之1）；(三)著作人格權人得請求由侵害人負擔費用，將判決書內容全部或一部登載新聞紙、雜誌，此爲判決書登載請求權（著作權法第89條）。

---

[17] 最高法院47年度台上字第1221號、62年度台上字第2806號民事判決。

[18] 最高法院51年度台上字第223號民事判決。

[19] 最高法院62年度台上字第2806號民事判決。

肆、著作人死亡之保護

一、請求權人

著作人死亡後，除其遺囑另有指定外，下列之人，依順序對於違反第18條或有違反之虞者，得依第84條及第85條第2項規定，請求救濟：(一)配偶；(二)子女；(三)父母；(四)孫子女；(五)兄弟姊妹；(六)祖父母（著作權法第86條）。此為著作人死亡後，得請求救濟著作人格權遭侵害者之先後順序。本條之規定僅適用於自然人死亡，倘法人消滅後，其著作人格權受侵害者，則不適用之。

二、獨立請求權

本條文係法律特別賦予與著作人有一定身分關係或其遺囑指定之人之獨立請求權，以貫徹著作權法第18條著作人死亡後，其著作人格權視同生存之保護規定，此與權利繼承之概念有別，自不生與民法第1138條所規定之繼承權順位相牴觸之問題[20]。

伍、例題解析——不當變更禁止權

甲投稿A報社反對廢除死刑，經A報社登載在為贊成廢除死刑之專欄，係侵害甲文章之禁止醜化權，致損害甲之名譽（著作權法第17條）。職是，甲得向A報社主張損害賠償、回復名譽、銷燬侵權物、禁止侵害及判決書登載等請求權。

第三項　侵害著作財產權

著作財產權人有關著作權法第22條至第29條之權利受侵害時，得向加害人行使財產上之損害賠償、銷燬侵權物、禁止侵害及判決書登載等請求權（著作權法第84條、第88條、第88條之1、第89條）。

---

[20] 內政部1992年8月8日台(81)內著字第8115249號函。

例題6

　　使用他人著作之行為，未符合著作之合理使用範圍。試問係侵害何種著作財產權？(一)未經著作財產權人之授權而擅自影印書籍。(二)未經著作財產權人之授權，而將其演講稿加以公開演講。(三)未經音樂著作財產權人之授權，而在電臺公開播送音樂。(四)未經視聽著作財產權人之授權，而MTV公開上映。(五)未經著作財產權人之授權，將著作載於網際網路供人存取。(六)未經著作財產權人之授權，將著作翻譯成他國語言。(七)學校利用擴音器播出廣播節目或播送合法購買之CD唱片。

例題7

　　甲為大陸地區之知名法學教授，其將所著中國民法一書授權在大陸地區之A出版社，在大陸地區以簡體字之方式出版。在臺灣地區之乙認為有利可圖，逐將簡體字版本進口至臺灣地區銷售。試問乙之行為是否違反我國著作權？理由為何？

例題8

　　丙擅自重製丁取得著作權之電腦程式，戊明知係丙擅自重製之程式，仍予購入，並在其電腦上使用。試問：(一)丁能否依著作權法向戊請求損害賠償？(二)倘戊以侵害電腦程式著作財產權之重製物作為營業使用，丁得否請求損害賠償？

例題9

　　A市公立圖書館將其購買或館藏之非合法重製的書籍或CD，出借於民眾閱覽或使用。試問：(一)該圖書館出借行為，有無侵害他人著作財產權？(二)倘為合法版本，該圖書館可否出借？

例題10

甲以真品平行方式，將有商標權之服飾輸入至臺灣地區，因服飾商品其上有乙之美術著作。試問：(一)甲有無侵害乙所有美術著作之著作財產權？(二)商品平行輸入時，有無阻卻侵害著作權之事由？

壹、禁止侵害請求權

一、類　型

請求權排他態樣，可分排除侵害請求權與防止侵害請求權。申言之：(一)著作權人或製版權人對於侵害其權利者，得請求排除侵害，此為排除侵害請求權，屬事後排除請求權（著作權法第84條前段）。例如：要求盜版者停止盜版，並收回盜版品；(二)有侵害之虞者，得請求防止之，此為防止侵害請求權，屬事後排除請求權。例如，要求不得印製（著作權法第84條後段）。所謂有侵害之虞者，並得請求防止之，係指侵害雖未發生，就現在既存之危險狀況加以判斷，其權益有被侵害之可能，而有事先加以防範之必要而言，並不以侵害曾經發生，而有繼續被侵害之虞為必要[21]。例如，甲僅交還模具，而未交還乙之電腦程式著作權，且甲從事電腦滑鼠製造販賣業務，由現實危險狀態觀之，日後仍有侵害乙著作權之可能性[22]。

二、無過失責任

禁止侵害請求權具有事先迅速制止侵害行為與防範侵害行為於未然之功能，對於著作權人或製版權人之保護較為周密，可減免其損害之發生或擴大。因排除侵害及防止侵害請求權，僅要有侵害或侵害之虞等事實發生，即可主張之，故不考慮其主觀可歸責之要素，是不以侵權行為人有故意或過失為要件。至於著作權或製版權是否受有損害，在所不問。

---

[21] 最高法院97年度台上字第746號民事判決。
[22] 智慧財產及商業法院104年度民著上字第2號民事判決。

三、無時效消滅之適用

禁止侵害請求權，實質屬於民法之所有權保全請求權。因著作權或製版權之客體為無形之創作，故不存在占有概念，故無所有物返還請求權之觀念（民法第767條第1項前段）。禁止侵害請求權於侵害停止或危險消滅時而消滅，其係以現在及將來之侵害為對象，僅要有侵害或危險存在，著作權人或製版權人均得對侵害人行使禁止請求權，故並無時效消滅之適用。因禁止請求權係因著作權或製版權而來，是與權利一併移轉，亦隨同一起消滅，其與權利同一命運。

貳、損害賠償請求權

一、要　件

因故意或過失不法侵害他人之著作財產權或製版權者，負損害賠償責任（著作權法第88條第1項前段）。數人共同不法侵害者，連帶負賠償責任（第1項後段）。例如，新聞紙、雜誌或其他媒體，如對於委刊之人係販售違反著作權商品有所知情，仍予刊登，應視其情節對共犯或幫助犯處以刑罰責任，並依本法第88條第1項，應與委刊之人連帶負民事上之損害賠償責任。縱無故意者，仍有過失時，自應負擔民事上損害賠償責任[23]。反之，倘行為人無過失者，即不負侵權責任。例如，A旅行社網站上登載南極旅遊資訊，係取得B旅行社之授權，自B旅行社之網頁擷取相關資料，而B旅行社之來源出自於專業人士之撰文，A旅行社於著作權人通知有侵權情事後，A旅行社即取下相關資料，可證A旅行社無侵害著作權人之故意或過失[24]。

二、出版業之責任

出版公司或出版社所出版之書籍涉及眾多專業領域，且出版之書籍數量龐大，實難期待出版社有足夠之專業能力及資源逐一查證、判斷所出版之書籍是否涉有侵害他人智慧財產權之情事。況出版公司或出版社與作者訂立出版發行權授與契約書，要求作者聲明智慧財產權不侵權之表示，係出版界普遍採行之務實作法。職是，令出版業者與作者負共同侵害著作財產權之連帶賠償責任，

---

[23] 經濟部智慧財產局2003年10月23日智著字第09200094800號函。
[24] 智慧財產及商業法院99年度民著訴字第82號民事判決。

不易成立[25]。

三、損害賠償計算方式

損害賠償請求權之成立要件有：(一)須有侵害著作財產權或製版權之行為；(二)須有侵害違法性；(三)須有侵害著作財產權或製版權；(四)須有損害發生；(五)行為與損害間具有相當因果關係；(六)須有責任能力；(七)無阻卻違法事由存在；(八)須有故意或過失；(九)須因侵害人之行為而發生損害。被害人主張損害賠償請求權，得依下列規定擇一請求（著作權法第88條第2項）：

(一)具體損害計算說

依民法第216條規定請求（著作權法第88條第2項第1款本文）。詳言之，損害賠償，除法律另有規定或契約另有訂定外，應以填補債權人所受損害及所失利益為限。依通常情形，或依已定之計畫、設備或其他特別情事，可得預期之利益，視為所失利益。所失利益可涵蓋有[26]：1.確實可以獲得之利益而未獲得者；2.依通常情形可預期之利益；3.依已定之計畫或其他特別情事可預期之利益。

(二)差額說

被害人不能證明其損害時，得以其行使權利依通常情形可得預期之利益，減除被侵害後行使同一權利所得利益之差額，為其所受損害（著作權法第88條第2項第1款但書）。此係減輕權利人之舉證責任之規定，並將原告「損害」概念具體化。所謂可獲之利益或利潤者，係指無權利被侵害時，權利人在相當期間內之正常營運，實施權利所能獲得之利潤，此為實施權利通常所可獲得之利益[27]。適用本款計算原告之損害，係以原告在權利侵害期間於市場上通常可獲得之利益，扣除原告在權利侵害期間實際上所得之利益後，將其差額作為原告之損害。易言之，將原告於權利侵害期間所失利益作為原告之損害。

---

[25] 智慧財產及商業法院104年度民著上易字第3號民事判決。

[26] 孫森焱，民法債編總論，三民書局股份有限公司，1990年10月，頁327至328。

[27] 陳佳麟，專利侵害損害賠償之研究：從美國案例檢討我國專利損害賠償制度，國立交通大學科技法律研究所碩士論文，2002年6月，頁23。

(三)銷售總利益說

損害賠償之數額，權利人得請求侵害人因侵害行為所得之利益（著作權法第88條第2項第2款本文）。所謂侵害行為所得利益者，係指加害人因侵害所得之毛利，扣除實施權利之侵害行為所需之成本及必要費用後，以所獲得之淨利，作為加害人應賠償之數額。例如，擅自以重製之方法侵害他人之著作財產權，係侵害著作權人對著作物獨占利用、收益之權利（著作權法第22條至第29條）。可認為係侵害依法應歸屬著作權人之利用權能，而獲得利益致著作權人受損害，此項利益自得依其利用該著作權，所能獲致之交易上客觀價額計算之[28]。

(四)銷售總價額說

1.舉證責任之倒置

侵害人不能證明其成本或必要費用時，以其侵害行為所得之全部收入，為其所得利益（著作權法第88條第2項第2款但書）。我國著作權法就成本及必要費用之舉證責任，採舉證責任倒置之原則，著作權人無須證明之，應由侵害權利行為人舉證，倘侵害權利行為人不能就其成本或必要費用舉證以實其說，得以銷售該項物品之全部收入，作為所得利益之基準。

2.成本之扣除

成本分為固定成本與變動成本。因固定成本不隨產量之變動而變，其數值為固定，故計算因侵害著作權所受之損害時，進行成本分析時，僅需扣除該額外銷售所需之變動成本，不應將固定成本計入成本項目。例如，管銷費用為人事費用屬固定成本。

3.當事人處分主義

侵害著作財產權之損害賠償計算，被上訴人得就法定列舉計算方式，擇一計算其損害，被上訴人就不同之計算損害賠償方式，其負有舉證責任，除法院不得限縮被上訴人之計算損害方法外，上訴人亦不得強令被上訴人適用其不主張之損害賠償計算方法。例如，侵權行為人雖抗辯稱其所得利益經扣除1/3成本後，僅有10至15萬美金云云。然行為人對於其成本為1/3，並未提出證據以資佐證。況以何方式計算損害賠償，係著作財產權人之處分權與選擇權，被上訴人係依著作權法第88條第1項第1款、第3項規定，請求損害賠償之金額，並

---

[28] 最高法院101年度台上字第9號民事判決。

未主張依著作權法第88條第1項第2款規定計算其所受損害，是行為人之抗辯，自不為憑[29]。

(五)酌定賠償額說

被害人不易證明其實際損害額，為達真正之公平正義，避免被害人求償無據，得請求法院依侵害情節，在新臺幣1萬元以上100萬元以下酌定賠償額（著作權法第88條第3項前段）。倘損害行為屬故意且情節重大者，賠償額得增至新臺幣500萬元。該規定係為確保對侵害智慧財產權之行為得有效防止及遏止更進一步之侵害，爰提高法院依侵害情節酌定賠償額之上限（第3項後段）。參諸我國侵害著作權之民事事件，權利人常依侵權行為人之過失或故意情節，主張酌定賠償說，請求法院酌定損害賠償金額。法院於具體個案，得參酌兩造之經濟能力、社會地位、侵害情節等因素，在法定賠償額之範圍，酌定賠償額。反之，為避免被害人不盡舉證責任，逕行請求法院酌定賠償額，導致酌定損償制度遭濫用之弊端。被害人可具體確定之實際損害，並非不易證明者，其請求法院依據著作權法第88條第3項規定，酌定加害人應給付之損害賠償額，為無理由。職是，被害人依著作權法第88條第3項規定請求損害賠償，應以實際損害額不易證明為其要件，法院始審查侵害之情節，酌定賠償金額[30]。

四、視為侵害著作權或製版權

有下列情形之一者，除本法另有規定外，視為侵害著作權或製版權（著作權法第87條第1項）[31]。其本質並非侵害著作權或製版權，係基於立法政策，以法律明定禁止事項，此為擬制之侵害。

(一)侵害著作人名譽之方法

以侵害著作人名譽之方法利用其著作者，此為擬制著作人格權之侵害（著作權法第87條第1項第1款）。例如，將反菸團體負責人之反菸文章，其於

---

[29] 智慧財產及商業法院104年度民著上字第2號民事判決。

[30] 最高法院97年度台上字第375號、第1552號民事判決；智慧財產及商業法院104年度民著上易第3號、105年度民著上易第3號、106年度民著上易第2號、108年度民著上易第5號民事判決。

[31] 係指著作權法第87條之1第4款有關禁止真品平行輸入之例外規定。

合理使用情形，原文片段引述於支持菸商之創作，使公眾質疑其反菸立場[32]。

(二)意圖散布或散布侵害製版權之物

明知為侵害製版權之物而散布，或意圖散布而公開陳列或持有者（著作權法第87條第1項第2款）。所謂散布，係指不問有償或無償，將著作之原件或重製物提供公眾交易或流通。例如，買賣、贈與、出借或出租。

(三)進口非法重製物

輸入未經著作財產權人或製版權人授權重製之重製物或製版物者（著作權法第87條第1項第3款）。自國外輸入之重製物有合法與非法之別，本款係禁止盜版品之進口，而未規範輸出盜版品行為。倘為國外合法之重製物者，依法體系之解釋，應屬同條項第4款所規範者。

(四)禁止真品平行輸入

未經著作財產權人同意而輸入著作原件或其重製物者，除非有著作權法第87之1所列舉之五項事由，始免負侵權責任（著作權法第87條第1項第4款）。本款係禁止真品平行輸入，其真正目的在賦予著作權人市場區隔之權利，使得在他國之著作財產權人授權在外國製造之著作權商品，無論在國內有無代理商，任何人要大量輸入國內，均應經過本國之著作權人同意[33]。故本款所規定之著作原件或其重製物，僅限於真品，係指在我國領域外，經製造地著作財產權人或其授權之人所完成之著作重製物。申言之，真品平行輸入之法律議題，涉及著作權法、商標法、專利法、公平交易法等規範，不同法規範對於真品平行輸入之評價有所不同。因著作物重製之便利性及數量龐大，世界各國有關著作物之重製授權，原則會規定授予地區性與時間性之授權範圍，並限制銷售及出口區域，因應區域性質不同而有不同之授權方式，亦會禁止各區域間著作物之大量流通，以達市場區隔之目的。再者，不合法重製物之轉售、出租或其他散布行為，依據著作權法第91條之1、第92條及第93條，以侵害散布權、出租權或違反第87條第1項第6款規定，科以刑責[34]。

---

[32] 章忠信，著作權法逐條釋義，五南圖書出版股份有限公司，2017年8月，4版修訂3刷，頁209。

[33] 經濟部智慧財產局2003年7月31日電子郵件字第920731號函。

[34] 章忠信，著作權法逐條釋義，五南圖書出版股份有限公司，2017年8月，4版修訂3刷，頁211。

(五)盜版電腦程式作為營業使用

以侵害電腦程式著作財產權之重製物，作為營業之使用者（著作權法第87條第1項第5款）。本款係禁止他人將盜版軟體安裝於電腦之情形，將盜版軟體作為營業使用。違反本款者，除應負損害賠償責任外，並課以第93條之刑事責任。至於企業主自己安裝盜版軟體，依據著作權法第91條侵害重製權加以處罰。

(六)禁止出借盜版品或公開盜版品陳列或持有

明知為侵害著作財產權之物而以移轉所有權或出租以外之方式散布者，或明知為侵害著作財產權之物，意圖散布而公開陳列或持有者（著作權法第87條第1項第6款）。本款規範之行為有二：1.禁止出借盜版品；2.為散布盜版品為目的之公開陳列或持有。

(七)禁止網路平臺業者與受有利益者之不當行為（107年檢察事務官）

1.意圖供公眾透過網路侵害著作權

未經著作財產權人同意或授權，意圖供公眾透過網路公開傳輸或重製他人著作，侵害著作財產權，對公眾提供可公開傳輸或重製著作之電腦程式或其他技術，而受有利益者（著作權法第87條第1項第7款）。明知他人公開播送或公開傳輸之著作侵害著作財產權，意圖供公眾透過網路接觸該等著作，有下列情形之一而受有利益者：(1)提供公眾使用匯集該等著作網路位址之電腦程式；(2)指導、協助或預設路徑供公眾使用前目之電腦程式；(3)製造、輸入或銷售載有第1目之電腦程式之設備或器材（第1項第8款）。近年出現各式新興之數位侵權型態，提供民眾便捷管道至網站收視非法影音內容。例如，部分機上盒透過內建或預設之電腦程式專門提供使用者可連結至侵權網站，收視非法影音內容；或是於網路平臺上架可連結非法影音內容之APP應用程式，提供民眾透過平板電腦、手機等裝置下載後，進一步瀏覽非法影音內容。此類機上盒或APP應用程式業者常以明示或暗示使用者可影音看到飽、終身免費、不必再付有線電視月租費等廣告文字號召、誘使或煽惑使用者利用電腦程式連結至侵權網站，並收取廣告費、月租費或銷售利益之行為，嚴重損害著作財產權人之合法權益，進而影響影音產業與相關內容產業之健全發展，應視同惡性重大之侵權行為而予以約束規範。

2.行為人範圍

行為人範圍，採取廣告或其他積極措施，教唆、誘使、煽惑、說服公眾利

用電腦程序或其他技術侵害著作財產權者，即具有本款之意圖（著作權法第87條第2項）。申言之，避免網路平臺業者，以免費提供電腦下載程式為號召，並藉口收取手續費與網路維修費等營利行為，在網路上直接媒合下載與上傳著作權人之文字與影音著作，而不願支付權利金予著作權人，致侵害著作權人之合法權益，並故意使付費良善下載者陷於民事、刑事之追訴恐懼。

五、平行輸入之免責事由

有下列情形之一者，著作權法第87條第1項第4款規定，不適用之（著作權法第87條之1第1項）。本條之規定，係禁止真品平行輸入之例外規定，基於公益與個人使用之目的，計有6款之事由。

(一)中央或地方機關之利用

原則上為供中央或地方機關之利用而輸入，其不限著作之類別與其數量（著作權法第87條之1第1項第1款本文）。例外情形，為供學校或其他教育機構之利用而輸入或非以保存資料之目的，不得輸入視聽著作原件或其重製物者，此為允許輸入之例外範圍，再作特別之除外規定（第1款但書）。

(二)非營利之學術、教育或宗教機構保存資料

為供非營利之學術、教育或宗教機構保存資料之目的而輸入視聽著作原件或一定數量重製物，或為其圖書館借閱或保存資料之目的而輸入視聽著作以外之其他著作原件或一定數量重製物，並應依第48條規定利用之（著作權法第87條之1第1項第2款）。其數量由主管機關定之，著作權法主管機關依據著作權法第87條之1第2項之授權，而於1993年4月24日公布「著作權法第87條之1第1項第2款及第3款之一定數量」，即為供非營利之學術、教育或宗教機構保存資料之目的而輸入視聽著作重製物者，以1份為限。為供非營利之學術、教育或宗教機構之圖書館借閱或保存資料之目的，而輸入視聽著作以外之其他著作重製物者，以5份以下為限。

(三)個人非散布之利用或入境人員行李

為供輸入者個人非散布之利用或屬入境人員行李之一部分而輸入著作原件或一定數量重製物者（著作權法第87條之1第1項第3款）。依據著作權法第87條之1第1項第2款及第3款之一定數量規定，為供輸入者個人非散布之利用而輸入著作重製物者，每次每一著作以1份為限。職是，屬入境人員行李之一部分

而輸入著作重製物者，每次每一著作以1份爲限。

(四)障礙者使用之目的

中央或地方政府機關、非營利機構或團體、依法立案之各級學校，爲專供視覺障礙者、學習障礙者、聽覺障礙者或其他感知著作有困難之障礙者使用之目的，得輸入以翻譯、點字、錄音、數位轉換、口述影像、附加手語或其他方式重製之著作重製物，並應依第53條規定利用之（著作權法第87條之1第1項第4款）。

(五)附於貨物、機器或設備之著作原件或其重製物

附含於貨物、機器或設備之著作原件或其重製物，隨同貨物、機器或設備之合法輸入而輸入者，該著作原件或其重製物於使用或操作貨物、機器或設備時不得重製（著作權法第87條之1第1項第5款）。因進口標的係以貨物、機器或設備爲主，該著作對於貨物、機器或設備而言，係附屬設備，基於使用或操作之一體性，自應允許附隨進口。

(六)附屬於貨物、機器或設備之說明書或操作手冊

附屬於貨物、機器或設備之說明書或操作手冊，隨同貨物、機器或設備之合法輸入而輸入者（著作權法第87條之1第1項第6款本文）。因說明書或操作手冊係附隨同貨物、機器或設備而供使用或操作所用，自應允許附隨進口。故以說明書或操作手冊爲主要輸入者，應禁止輸入（第6款但書）。

六、侵權行爲之消滅時效

第85條及第88條之損害賠償請求權，自請求權人知有損害及賠償義務人時起，2年間不行使而消滅。自有侵權行爲時起，逾10年者亦同（著作權法第89條之1）。依據該項文義，該時效消滅僅適用損害賠償請求權，不包含禁止侵害請求權。因禁止侵害請求權之重點在於排除不法妨害，僅要有妨害存在，權利人自得隨時請求排除或防止之，自無時效消滅之問題。

(一)2年期間

1.知悉損害與賠償義務人

短期期間爲特別之消滅時效期間，較一般請求權爲短，係侵權行爲之損害賠償請求權的特別消滅時效，應以請求權人實際「知悉損害」及「賠償義務人」起算，倘僅知其一，時效期間，尚未開始進行，侵害權利之侵權行爲人有

數人時，其時效期間應各別進行。所謂知有損害及賠償義務人之知，係指明知而言。當事人間就知之時間有所爭執時，應由賠償義務人就請求權人知悉在前之事實，負舉證責任[35]。再者，侵權行為之損害賠償請求權罹於時效，亦得以不當得利請求權返還其所受利益[36]。

2.時效之起算日

所謂自請求權人知有損害時起之主觀「知」條件，倘係1次之加害行為，致他人於損害後仍不斷發生後續性之損害，該損害為屬不可分，或為一侵害狀態之繼續延續者，固應分別以被害人知悉損害程度顯在化或不法侵害之行為終結時起算其時效。惟加害人之侵權行為係持續發生，致加害之結果持續不斷，倘各不法侵害行為及損害結果，係現實各自獨立存在，並可相互區別者，被害人之損害賠償請求權，即隨各損害不斷漸次發生，自應就各不斷發生之獨立行為所生之損害，分別以被害人已否知悉而各自論斷其時效之起算時點，始符合請求權罹於時效之本旨，且不失兼顧法秩序安定性及當事人利益平衡之立法目的[37]。

(二)10年期間

10年期間係請求損害賠償之最終期限，故自有侵害權利之侵權行為時起逾10年者，不論請求權人是否知悉損害或賠償義務人與否，其請求權即歸於消滅，其較民法之一般請求權時效15年為短，同一般侵權行為之長期消滅時效（民法第125條）。

七、不當得利請求權

損害賠償之義務人，因侵權行為受利益，致被害人受損害者，於侵權行為之時效完成後，仍應依關於不當得利之規定，返還其所受之利益於被害人（民法第197條第2項）。申言之，無法律上之原因而受利益，致他人受損害者，應返還其利益（民法第179條）。我國著作權法雖未規定著作權之侵害得依不當得利之法律關係請求，惟著作財產權係財產權之一環，民法為著作權法之普通

---

[35] 最高法院46年度台上字第34號、72年度台上字第1428號民事判決。

[36] 臺灣高等法院92年度上易字第1066號民事判決；臺灣臺北地方法院92年度智字第16號民事判決。

[37] 最高法院94年度台上字第148號民事判決。

法，應有不當得利規定之適用。因不法行為之損害賠償係以填補損害為目的，而不當得利則以取回利得者不當利益為目的，兩者之目的、要件及效果均有不同，兩者自得併存而有請求權競合之關係[38]。民法第197條第2項之不當得利返還請求權，依同法第125條規定，因15年間不行使而消滅[39]。

參、銷燬請求權

依著作權法第84條或第88條第1項請求時，對於侵害行為作成之物或主要供侵害所用之物，得請求銷燬或為其他必要之處置（著作權法第88條之1）。銷燬或為其他必要之處置，其目的在於破壞侵害行為作成之物或主要供侵害所用之物，使無法再被使用。權利人行使銷燬請求權，並不以行為人或持有人有故意或過失為限，其類似民法第767條第1項之所有權妨害除去請求權，具有禁止他人為特定行為之權利。因將侵害權利之物品或主要供侵害所用之物品銷燬，使其不流入市場，得將侵權之損害或危險降至最低限度，並具有公示作用。相較於保全程序而言，保全程序僅得維持現狀或禁止侵害物品流入市場，銷燬請求權顯然對於權利人之保護較周全與積極。

肆、判決書登載請求權

一、意思表示請求權

被害人得請求由侵害人負擔費用，將判決書內容全部或一部登載新聞紙、雜誌（著作權法第89條）。判決書登載請求權僅要取得勝訴判決即得請求，不待判決確定。命侵害人將判決書登載於新聞紙或雜誌，其為意思表示請求權（強制執行法第130條第1項）。其性質屬不適於強制執行者，法院不得為假執行之宣告。

二、適用比例原則

侵害他人著作財產權，行為人固應負損害賠償額與支出判決書之登報費用

---

[38] 羅明通，著作權法論2，群彥圖書股份有限公司，2005年9月，6版，頁524。最高法院48年度台上字第1179號民事判決。
[39] 最高法院29年度上字第1615號民事判決。

等民事責任，然命行為人登報之功能在於回復著作財產權人之名譽或信譽，倘著作財產權人所受損害已獲得適當之賠償，自無必要讓行為人負擔費用，將判決書內容全部或一部登刊在新聞紙。準此，登報費用與侵害著作權所生之損害賠償間，兩者必須相當，始符合公平原則。所謂適當之處分者，係指該處分在客觀上足以回復被害人之名譽或信譽且屬必要者而言。故著作權法第89條雖規定著作權人得請求登報，惟法院應審酌具體個案情節，判斷是否有必要性[40]。

伍、共同著作權人之救濟權

共同著作之各著作權人，對於侵害其著作權者，得各依第六章之規定，請求救濟，並得按其應有部分，請求損害賠償（著作權法第90條第1項）。因其他關係成立之共有著作財產權或製版權之共有人亦準用之（第2項）。例如，因讓與或繼承等法律關係，而成為共有著作財產權或製版權之情形[41]。

陸、例題解析

一、侵害著作權之態樣

依題意所示：(一)未經著作財產權人之授權而擅自影印書籍，係侵害重製權；(二)未經著作財產權人之授權，而將其演講稿加以公開演講，係侵害公開口述權；(三)未經音樂著作財產權人之授權，而在電臺公開播送音樂，係侵害公開播送權；(四)未經視聽著作財產權人之授權，而MTV公開上映，係侵害公開上映權；(五)未經著作財產權人之授權，將著作載於網際網路供人存取，係侵害公開傳輸權；(六)未經著作財產權人之授權，將著作翻譯成他國語言，係侵害改作權；(七)學校利用擴音器播出廣播節目或播送合法購買之CD唱片，係侵害公開演出權。

---

[40] 大法官釋字第656號解釋；最高法院99年度台上字第1259號民事判決；臺灣高等法院臺中分院97年度抗字第232號民事裁定；智慧財產及商業法院100年度民著上字第9號民事判決。

[41] 章忠信，著作權法逐條釋義，五南圖書出版股份有限公司，2017年8月，4版修訂3刷，頁231。

二、禁止平行輸入

甲將其所著中國民法書籍授權在大陸地區之A出版社，在大陸地區以簡體字之方式出版。在臺灣地區之乙未經甲同意，將簡體字版本進口至臺灣地區銷售，乙之行為係未經著作財產權人甲同意而輸入著作重製物（著作權法第87條第1項第4款）。職是，乙之平行輸入行為，視為侵害甲之著作權，甲得向乙主張著作權。

三、使用盜版行為

(一)私人使用

著作權法未規定保護著作使用權，是購買盜製之電腦程式之人，將之使用於電腦，對程式著作權人應否構成侵害著作使用權或其他權利，顯有疑義。雖有謂使用程式必須存入電腦記憶部門，此儲存行為係重製行為。購買盜版程式之人擅自重製儲存他人電腦程式著作，固對程式著作權人構成重製權之侵害。然該儲存行為，僅經按鍵行為，瞬間即為完成。其操作過程僅係依機械運作系統，將原始程式著作轉換成機器可閱讀之程式，即僅將電腦程式依附於電腦硬體，無法與一般著作之重製同視。準此，丙擅自重製丁取得著作權之電腦程式，戊明知係丙擅自重製之程式，而購入在電腦使用，依據著作權法之規範，不成立侵害著作權之行為[42]。

(二)營業使用

戊將盜版軟體安裝於電腦，並作為營業使用，以侵害電腦程式著作財產權之重製物作為營業之使用（著作權法第87條第1項第5款）。除應負損害賠償責任外，並課予第93條之刑事責任。至於企業主戊自己安裝盜版軟體，依據著作權法第91條侵害重製權加以處罰。

四、圖書館之出借行為

著作財產權之內容未包含出借權，故合法版本者，圖書館得將之出借。倘出借之書籍係盜版品，且圖書館明知該書籍係盜版品，而仍出借予讀者時，其

---

[42] 司法院第9期司法業務研究會，民事法律專題研究(4)，頁501至503。

屬侵害著作權之行為。同理,圖書館出借合法重製之CD,固可不必考慮公播版或家用版之問題。然CD光碟係盜版品,且圖書館明知CD光碟是盜版品,竟出借予讀者時,成立侵害著作權之行為(著作權法第87條第1項第6款)[43]。

五、平行輸入之免責事由

附含於貨物、機器或設備之著作原件或其重製物,隨同貨物、機器或設備之合法輸入而輸入者,該著作原件或其重製物於使用或操作貨物、機器或設備時不得重製,不適用第87條第1項第4款規定之禁止真品平行輸入(著作權法第87條之1第1項第5款)。本款規定係針對附含於貨物、機器或設備之著作,允許該著作隨同貨物、機器或設備而進口,而不適用著作權法第87條第1項第4款規定,其目的在於兼顧保護著作財產權人及減少對文教利用之影響,以達保障著作權人著作權益,調和公共利益之立法意旨,而明定除外規定。甲以真品平行方式將有商標權之服飾輸入至臺灣地區,該服飾商品雖有乙之美術著作,惟除去該美術著作後,該服飾商品亦可為獨立交易之貨物主體,其未喪失交易價值,並非僅為該美術著作之媒介物者。職是,該美術著作為附含於服飾商品之著作重製物,並隨同服飾商品之合法輸入而進入臺灣地區,其符合著作權法第87條之1第1項第5款之免責規定,排除同法第87條第1項第4款規定之適用,故甲未侵害乙所有美術著作之著作財產權[44]。

第三節　刑事救濟

侵害著作權者,除應負民事責任外,亦有刑事責任。其於著作權法第7章之第91條至第103條規定,加以規範。司法警察官或司法警察對侵害他人之著作權或製版權,經告訴、告發者,得依法扣押其侵害物,並移送偵辦。

---

[43] 經濟部智慧財產局2005年1月17日電子郵件字第940117號函。
[44] 智慧財產及商業法院101年度民著上字第7號民事判決。

刑事責任	法條依據
重製罪	著作權法第91條
侵害散布罪	著作權法第91條之1
侵害重製罪以外之專有權罪	著作權法第92條
侵害著作人格權罪	著作權法第93條第1款
違反音樂強制授權罪	著作權法第93條第2款
視為侵害著作權罪	著作權法第93條第3款
違反過渡條款罪	著作權法第95條
違反合理使用罪	著作權法第96條
破壞權利管理電子資訊罪	著作權法第96條之1
沒收、沒入、銷燬	著作權法第98條、第98條之1
判決書登報	著作權法第99條

例題11

　　甲為A影音光碟出租店之負責人，明知其向乙購買者為盜版光碟，詎進而陳列該等盜版光碟以供出租。試問：(一)光碟之著作財產人應如何主張權利？(二)甲有何法律責任？

例題12

　　未經著作財產權人同意，擅自輸入著作原件或其重合法製物者。試問：(一)違反平行輸入者，應負何種責任？(二)平行輸入後，進而以移轉所有權之方式散布或予以出租者，應具何種責任？

例題13

　　2006年7月1日施行之修正後刑法，刪除連續犯規定，行為人基於同一營利意圖，在密切接近之一定時、地，多次販賣而散布侵害著作權重製物之行為。試問刑事法院應如何論罪科刑？一罪或數罪併罰？

例題14

　　乙為萬事達影音有限公司之負責人基於銷售以營利之目的，明知A電影有他人之著作權，竟未經同意或授權，違法重製光碟，並加以販賣而散布。試問乙有何刑責？理由為何？

例題15

　　丙因違反著作權法與犯恐嚇取財罪嫌，經檢察官以丙所犯2罪，係1人犯數罪之相牽連案件，且屬地方法院管轄之相牽連案件，依據刑事訴訟法第7條第1款、第6條第1項規定，將2罪合併偵查，並於偵查終結後，依智慧財產案件審理法第54條與刑事訴訟法第15條前段規定向地方法院合併起訴，經地方法院依通常程序合併審理，依數罪併罰，對丙分別判處罪刑。丙就其違反著作權法之罪，依智慧財產審理法第58條第2項規定，向智慧財產法院提起上訴，另就恐嚇取財罪向高等法院提起上訴，而檢察官僅就恐嚇取財罪向智慧財產法院提起上訴。試問智慧財產法院或高等法院，應如何處理？

例題16

　　丁擅自在網路上建立超連結，供不特定多數人得以下載未經授權重製之院線片電影壓縮檔。試問：(一)丁提供該超連結之行為，是否構成著作權法第91條之1第2項所規定之公開陳列？(二)倘未經任何人下載前，期間僅有警方基於蒐證查緝目的而予以下載，甲之行為是否構成散布？

例題17

> 遊戲主機提供檢查、認證遊戲主機所讀取之遊戲光碟，是否係原著作權人所製造或授權製造之正版遊戲軟體之功能，在遊戲光碟放入遊戲主機執行之際，應經主機比對遊戲光碟，是否含有防盜拷碼（copy prevention code）。而遊戲光碟不含防盜拷碼時，將導致遊戲主機即無法讀取遊戲光碟之軟體而無法執行。試問行為人未經著作權人合法授權，其予以破解、破壞或以其他方法規避之，或者提供公眾使用破解、破壞或規避防盜拷措施之設備、器材、零件、技術或資訊，行為人有何刑責？

壹、追訴條件

一、告訴乃論為原則

關於著作權侵害之案件，原則上須告訴乃論。例外情形，有下列情形之一，就有償提供著作全部原樣利用，致著作財產權人受有新臺幣100萬元以上之損害者，不在此限：(一)犯第91條第2項之罪，其重製物為數位格式；(二)意圖營利犯第91條之1第2項明知係侵害著作財產權之重製物而散布之罪，其散布之重製物為數位格式；(三)犯第92條擅自以公開傳輸之方法侵害他人之著作財產權之罪（著作權法第100條）。例如，告訴人知悉有被告擅自以重製之方法侵害其著作財產權者，迄提起告訴時，已逾6個月之告訴期間，法院自應就被告被訴違反著作權法部分，諭知不受理之判決[45]。再者，告訴乃論之罪，係以有告訴權人提出合法告訴為訴迫要件，倘告訴人非著作財產權人或專屬被授權人，顯非犯罪之被害人，其告訴不合法[46]。

二、未經認許之外國法人

未經認許之外國法人，對於第91條至第93條、第95條至第96條之1之罪，得為告訴或提起自訴（著作權法第102條）。外國法人在我國進行訴訟而委任

---

[45] 智慧財產及商業法院98年度刑智上更(一)字第13號刑事判決。

[46] 智慧財產及商業法院105年度刑智上更(一)字第5號、105年度刑智上訴字第17號刑事判決。

代理人代行告訴者，授權人是否有權代表該外國法人委任受任人為代理人，受任之代理人有無合法代行告訴權限，因屬私法性質，仍應依其適用之準據法定之。準此，外國公司在我國所進行之訴訟，有關該公司是否成立，有無享有法人人格，其公司之行為能力、責任能力及組織、權限如何等私法問題，仍應依外國之本國公司法或其他法律定之，不得逕行適用我國民事法律之規定，僅以我國公司法所定之公司負責人為有權代表公司之人[47]。

三、刑罰法律之變更

被告所犯之罪，法律是否規定須告訴乃論，其內容及範圍之劃定，暨其告訴權之行使、撤回與否，事涉國家刑罰權，非僅屬單純之程序問題，倘有變更，應認係刑罰法律之變更，即有刑法第2條第1項但書之適用。如其行為時之舊法原規定屬告訴乃論之罪，裁判時之新法經修正變更為非告訴乃論之罪，倘未經告訴或告訴不合法，則舊法對國家刑罰權之發動所做一定限制之規定，其訴追條件之具備與否，依舊法之規定觀察，較有利於被告，自應適用舊法之規定，認須告訴乃論，法院應在其訴追條件完備下始得為實體判決。準此，必須已依法告訴及未經撤回告訴時，始就其罪刑有關之一切情形，綜合全部之結果，而為比較適用對被告最有利之法律[48]。

四、大陸地區人民之告訴或自訴權利

大陸地區人民之著作權在臺灣地區受侵害者，其告訴或自訴之權利，以臺灣地區人民得在大陸地區享有同等訴訟權利者為限（臺灣地區與大陸地區人民關係條例第78條）。而違反著作權法之罪，除犯第91條第2項、第91條之1第2項、第92條之罪外，均屬告訴乃論（著作權法第100條）。職是，大陸地區人民之著作權在臺灣地區之刑事保護，係採平等互惠主義，故大陸地區人民告訴臺灣地區人民侵害其著作權而觸犯著作權法之罪名，其告訴是否合法，應以臺灣地區人民之著作權在大陸地區受侵害時，得否享有告訴或自訴之權為斷[49]。

---

[47] 最高法院92年度台上字第789號刑事判決。
[48] 最高法院95年度台上字第1685號刑事判決。
[49] 最高法院87年度台上字第2397號刑事判決。

貳、犯罪類型

一、重製罪

著作權法第91條規定侵害第22條之重製權，其區分光碟以外與光碟（optical disk）之盜版品，而有不同之處罰。因後者危害較大，故其刑責較重，茲說明如後：

(一)單純侵害重製罪（100、111年檢察事務官）

1.要　件

著作權法第91條規定侵害第22條之重製權，行為人擅自以重製之方法侵害他人之著作財產權者，處3年以下有期徒刑、拘役，或科或併科新臺幣75萬元以下罰金（著作權法第91條第1項）[50]。所謂重製者，係指以印刷、複印、錄音、錄影、攝影、筆錄或其他方法有形之重複製作而言（著作權法第3條第1項第5款）。非營利之重製他人之著作，雖可能構成犯罪，然著作僅供個人參考或合理使用者，不構成著作權侵害（著作權法第91條第3項）。

2.殭屍網路

所謂殭屍網路者，係指電腦被植入可遠端操控電腦之惡意程式。其犯罪型態大多係利用傀儡電腦詐欺他人、竊盜他人資料、竊取傀儡個人隱私或大規模進行病毒攻擊，而被植入殭屍病毒之傀儡電腦使用人，難以察覺遭植入惡意程式。其目的係利用傀儡電腦作為跳板，以獲取犯罪利益，並避免遭偵查機關查緝。職是，被告得證明其電腦系統處於中毒狀態，係被植入殭屍病毒而遭他人遠端操作下載檔案，其無故意下載與傳輸他人視聽著作之主觀要件，不成立侵害著作權之犯罪[51]。

3.IP申辦人之責任

現今存在之各種惡意程式，得以侵入電腦進行控制進而盜取、攻擊他人之電腦相關資訊，是在IP具有被擷取或遭偽、變造，並可能遭駭客入侵運用之情事，本難據以IP位置作為認定犯罪行為之唯一證據。至於第三人得透過IP位

---

[50] 智慧財產及商業法院104年度刑智上訴字第2號刑事判決。

[51] 智慧財產及商業法院104年度刑智上易字第29號刑事判決。

址連結網際網路進而下載及上傳系爭電影，實施侵害著作財產權之行為，此屬IP申辦人是否有應注意能注意而不注意，導致侵權行為之發生，而應負民事上過失侵權行為責任之問題，其與認定本人是否故意以重製、公開傳輸之方法侵害他人著作財產權之行為，容有不同。例如，被告於法院審理中自承其住處有向中華電信申請無線WIFI，並有使用原始預設密碼，其配偶在家亦會使用WIFI，且其親友來訪時，會告知親友WIFI密碼以供使用。是IP以BT軟體下載及上傳電影之人，是否除被告一人外，並無他人可為，已非無疑，實難排除係被告以外之人，以被告所用電腦連結使用被告所申辦之網際網路，進而將電影下載至自身所持個人隨身硬碟之可能。準此，尚難僅以被告為IP之使用人之一及告訴人員工所蒐證擷取之網頁顯示IP有下載及上傳系爭影片檔案紀錄等情，遽認被告有起訴書所認以非法重製及公開傳輸方法侵害告訴人之著作財產權[52]。

(二)意圖銷售或出租而侵害重製罪

意圖散布之公開陳列、持有等之行為，為實際散布之前置行為，自有禁止之必要。意圖銷售或出租而擅自以重製之方法侵害他人之著作財產權者，處6月以上5年以下有期徒刑，得併科新臺幣20萬元以上200萬元以下罰金（著作權法第91條第2項）。例如，小說出租店盜印小說、漫畫。意圖銷售或出租而擅自以重製之方法侵害他人之著作財產權者，須行為人有意圖銷售或出租之主觀犯意，並不以行為人有銷售或出租行為，為其犯罪構成要件，其處罰行為人侵害著作財產權人專有重製其著作之權利（著作權法第22條第1項）。

二、侵害散布罪（111年司律）

盜錄、盜版物之大量重製與散布，係影響我國著作權市場秩序最嚴重之問題，不僅破壞知識經濟產業之發展，亦形成文化進步發展之障礙，故對於散布著作原件或其重製物而侵害他人之著作財產權者，除另有規定外，不論是否意圖營利，均應科以刑罰。著作權法第91條之1規定侵害散布權與散布盜版品之刑責，其區分光碟以外與光碟之盜版品，而有不同之處罰，後者之刑責較重。

---

[52] 智慧財產及商業法院109年度刑智上易字第59號刑事判決。

(一)單純侵害散布權

擅自以移轉所有權之方法散布著作原件或其重製物而侵害他人之著作財產權者，處3年以下有期徒刑、拘役，或科或併科新臺幣50萬元以下罰金（著作權法第91條之1第1項）。本項之罪，應以移轉所有權之散布為要件。準此，贈送或販賣行為係贈與或出賣予朋友、同學及少數特定人，非屬於對公眾提供者，並無侵害第91條之1之散布權問題，因以移轉所有權方法散布者，係指對公眾提供。所謂公眾者，係指特定多數人或不特定人[53]。

(二)惡意侵害散布權

1.犯罪成立要件

明知係侵害著作財產權之重製物，而散布或意圖散布且公開陳列或持有者，處3年以下有期徒刑，得併科新臺幣7萬元以上75萬元以下罰金（著作權法第91條之1第2項）。犯前開之罪，經供出其物品來源，因而破獲者，得減輕其刑（第3項）。

2.直接故意之主觀要件

刑法第13條第1項規定，行為人對於構成犯罪之事實，明知並有意使其發生者，其為故意，此即學理所稱之直接故意，須行為人對於構成犯罪之事實具備明知及有意使其發生之兩個要件。同條第3項規定，行為人對於構成犯罪之事實預見其發生，而其發生並不違背其本意者，以故意論，此為學理所稱之間接故意，其與直接故意雖同屬故意之範疇，在行為人之意思決定內涵究有不同[54]。著作權法第91條之1第2項之罪，就主觀構成要件方面，僅限於明知者，始予處罰，倘行為人僅具未必故意，即非在可罰之列。申言之，著作權法第91條之1第2項之要件，係以行為人明知係侵害著作財產權之重製物。至於行為人是否明知著作名稱及其著作權人為何，要非所問。故僅要行為人明知其散布之客體，係未經著作權人授權而重製物，即該當著作權法第91條之1第2項之罪，而行為人是否知悉著作名稱，就主觀構成要件之成立，並無影響[55]。

3.吸收犯

明知係侵害著作財產權之重製物，而散布或意圖散布且公開陳列或持有

---

[53] 經濟部智慧財產局2004年9月24日電子郵件字第930924號函。
[54] 最高法院91年度台上字第7260號刑事判決。
[55] 智慧財產及商業法院101年度刑智上字第49號刑事判決。

者，係侵害著作權人之散布權，散布不問有償或無償。準此，意圖銷售而擅自重製罪與明知係侵害著作財產權之重製物而散布罪，雖屬不同犯罪構成要件之二個行為。然行為人擅自重製他人著作後，再持之出賣散布之行為，該等行為之態樣，其與意圖供行使之用而偽造有價證券，偽造後復持以行使；或偽造私文書後，復持之行使者，渠等之犯罪態樣，並無不同，基於2006年7月1日刑法已刪除牽連犯規定，得依高度行為吸收低度行為之法理，論以意圖銷售而擅自重製他人著作罪處斷[56]。

4.著作權法第91條之1第2項與第93條第3款

行為人意圖銷售而擅自重製著作，核係犯著作權法第91條第2項意圖銷售而擅自以重製方法侵害他人之著作財產權罪，雖另構成違反著作權法第87條第1項第5款，以侵害電腦程式著作財產權之重製物作為營業之使用之方法，侵害他人之著作權，應依同法第93條規定論處。惟著作權法第87條規定屬補充規定之立法，有特別明文規定者，應優先適用，而無再適用補充條款之餘地。職是，自無再適用同法第93條第3款規定，以第87條第1項第5款之方法侵害他人著作權處斷[57]。

5.散布之類型

著作權法第3條第1項第12款規定之散布，可區分：(1)以移轉所有權之方法；(2)出租之方法；(3)以移轉所有權及出租以外之方法。對於侵害者，則分別依第91條之1、第92條及第93條第3款加以處罰。申言之，第91條之1各項規定，均係指以移轉所有權方法之散布，不因第2項、第3項法條文字未明載「以移轉所有權之方法散布」等文字，即認第2項、第3項所規範之散布方法並非以移轉所有權之方法為之。依法條文義觀之，第91條之1第1項規定散布之標的為「著作原件或其重製物」；第2項規定散布之標的為「侵害著作財產權之重製物」，故本於立法本旨、法條文義及系統解釋，第91條之1第1項所稱之重製物，應僅限於合法重製物；第2項所稱之重製物，限於非法重製物。例如，授權契約明訂重製發行之期限，而被授權人違反約定而於期滿後繼續銷售庫存之著作重製物，自應依第91條之1第1項規定處罰，其為告訴乃論之罪。再者，在夜市或商店販賣盜版光碟，或販賣違反第87條第1項第4款之平行輸入之商品

---

[56] 石木欽，智慧財產權犯罪專題研究，智慧財產專業法官培訓課程，司法院司法人員研習所，2006年6月，頁8。最高法院93年度台上字第950號刑事判決。

[57] 智慧財產及商業法院98年度刑智上更(一)字第21號刑事判決。

者，應依第91條之1第2項規定處罰[58]。

三、侵害重製罪以外之專有權罪（100、111年檢察事務官）

(一)犯罪成立要件

本條規定對於重製權與散布權以外其他著作財產侵害之刑責，即擅自以公開口述、公開播送、公開上映、公開演出、公開傳輸、公開展示、改作、編輯、出租之方法侵害他人之著作財產權者，處3年以下有期徒刑、拘役、或科或併科新臺幣75萬元以下罰金（著作權法第92條）[59]。再者，著作權法第91條第2項規定，意圖銷售或出租而擅自重製他人著作，依據低度行為吸收於高度行為之原則，著作權法第92條規定出租重製他人著作之行為，當吸收於擅自重製行為，自應專依著作權法第91條第2項之意圖出租而重製規定處罰，不另論以著作權法第92條規定之以出租方法侵害他人著作財產權罪[60]。

(二)侵害公開展示權

著作人之公開展示權，依權利內容與著作性質，僅未發行之美術著作或攝影著作之著作原件，不論為著作原件或重製物。倘所展示者，並非著作之原件，或已發行或重製之著作者，難論以著作權法第92條之自以公開展示方法侵害他人之著作財產權罪。例如，甲之照片屬已發行之攝影著作，其攝影著作已經發行，公眾可透過出版品欣賞其著作之內容，即無必要再賦予著作人專屬之權利，使其可藉由限制公眾欣賞以提高著作商業價值[61]。

(三)侵害改作權或編輯權

所謂改作者，係指翻譯、編曲、改寫、拍攝影片或其他方法，就原著作另為創作者（著作權法第3條第1項第5款）。所謂編輯者，係指就原著作加以整理、增刪、組合或編排而產生新著作[62]。準此，著作權法就擅自重製或擅自改作、編輯而侵害他人之著作財產權者，著作權法第91條及第92條分別設有處

---

[58] 最高法院98年度台上字第5238號刑事判決；智慧財產及商業法院102年度智上訴字第41號刑事判決。

[59] 智慧財產及商業法院105年度刑智上易字第26號、第38號刑事判決。

[60] 最高法院92年度台上字第1425號刑事判決。

[61] 臺灣新竹地方法院100年度智簡字第17號刑事判決。

[62] 蕭雄淋，著作權法論，五南圖書出版股份有限公司，2017年8月，8版修訂2刷，頁142。

罰規定。抄襲他人之著作權而侵害他人之著作財產權者，究屬重製或改作、編輯，攸關法則之適用，審理事實之法院自應詳予釐清並認定[63]。例如，編輯著作所保障者係編輯者所表現之編輯方式，倘行為人並未抄襲他人之編輯著作之情形，係本於自己就資料之蒐集、選擇及編排所獲得之結果時，縱使與他人之編輯著作有近似或雷同之地方，其亦得另外獨立成立其編輯著作，而享有其著作權，自與侵害他人之編輯著作權別[64]。

(四)複製網址連結

單純複製網址連結分享著作內容，因未將著作內容重製為自己網頁內容之部分時，不涉及侵害著作財產權之問題。申言之，使其他網友可透過網址連結，進入其他網站觀覽著作內容，而未將影片內容重製成自己網頁內容之一部，不涉及侵害重製權與公開傳輸之行為[65]。再者，著作權法第92條之刑事處罰僅限於故意犯，不處罰過失犯，倘不知網址連結之著作，係屬侵權內容，並無侵權故意，即不構成刑事責任[66]。

1. 嵌入式語法

YouTube網站係提供以網頁語法，以方便使用者得以內置框架或內聯框架之方式，在該網頁內嵌入（embed）YouTube之網頁，而得逕於該網頁點選後連結而播放YouTube網頁上指定之影片。準此，嵌入式語法（embed）與超連結（hyperlink）來源均屬一致，均是將網友送往特定影音網站網頁，藉由影音網站平台為影片之播放，即由特定影音網站網頁向公眾提供或傳達著作內容，而提供嵌入式語法之人，並未向公眾提供或傳達著作內容。就著作權法所規定公開傳輸之解釋，行為人使用嵌入式語法，而為YouTube網站之連結，自與公開傳輸有違，自不該當於公開傳輸之要件。例如，甲雖明知「步步驚心」連續劇為有著作財產權之視聽著作物，其在住居處，使用電腦設備連線至網際網路架設「酷酷eTV」網站後，陸續在「酷酷eTV」網站，張貼標題有該著作各集視聽著作權字樣，內容嵌入該視聽著作網路超連結網址與語法之文章，供不特定人上網時得透過點選該超連結，而連結至YouTube網站觀看上開視聽著作，雖以此方式使公眾得於各自選定之時間及地點，以連結網路接收該視聽著作之

---

[63] 最高法院92年度台上字第5387號刑事判決。
[64] 最高法院93年度台上字第1690號刑事判決。
[65] 智慧財產及商業法院108年度刑智上易字第26號刑事判決。
[66] 經濟部智慧財產局2013年11月15日電子郵件字第1021115號函。

內容，然甲不成立以公開傳輸之方法侵害他人之著作財產權[67]。

2.超連結行為

甲所設立之部落格，並未上傳或下載影片檔案內容，供他人直接下載存取觀看，其部落格張貼影片之超連結行為，僅係使進入其部落格之不特定人透過點選該超連結，得以連結前往大陸地區「優酷網站」線上觀看影片，係由「優酷網站」向公眾提供或傳達著作內容，甲所為並未向公眾提供或傳達影片之視聽著作內容，核與著作權法第3條第1項第10款規定之公開傳輸要件有違，自不構成著作權法第92條規定，以公開傳輸之方法侵害他人之著作財產權犯行[68]。

(五)侵害公開傳輸權

1.著作權法第91條第1項與第92條之關係

犯著作權法第91條第1項擅自以重製方法侵害他人著作財產權罪、同法第92條擅自以公開傳輸方法侵害他人著作財產權罪。兩者法定刑均處3年以下有期徒刑、拘役，或科或併科新臺幣（下同）75萬元以下罰金。行為人基於一個犯罪決意，將他人之圖形著作公開傳輸至網頁行為，使不特定多數人得以經由網路瀏覽觀看，其所為公開傳輸及重製之行為，並非一行為侵害數法益，而觸犯數罪名之想像競合犯。其是具有階段式保護法益同一之法條競合關係、默示補充關係或吸收關係，因後者公開傳輸行為較前者擅自重製行為，其犯罪情節較重，應從後階段之著作權法第92條規定，擅自以公開傳輸方法而侵害他人著作財產權罪處斷[69]。

2.IP位址申請承租者之責任

所謂WIFI無線分享器，係指在得接收訊號範圍內之網路裝置使用者，得透過無線網路所分配之網路IP位置連線至網際網路，雖有設定WIFI密碼，然無法排除將密碼分享與他人使用或遭他人破解密碼後，使用家中之無線網路連結網站下載影片之可能，是為確認使用IP上網下載電影之人確係被告所為，自須有確實證據證明。準此，不能以被告係IP位址申請承租者，遽論係其非法下載影片。倘檢警未搜索查扣被告個人使用之電腦設備或行動裝置，存有或曾有電

---

[67] 智慧財產及商業法院103年度刑智上易字第93號刑事判決。

[68] 智慧財產及商業法院104年度刑智上易字第76號、107年度刑智上更(一)字第1號刑事判決。

[69] 智慧財產及商業法院104年度刑智上易字第95號、108年度刑智上易字第32號刑事判決。

影檔案，或其他足以證明被告確有使用IP下載電影之證據，自難僅憑被告為IP位址之租用人，遽為不利於被告之認定。本於無罪推定原則之保護，被告享有緘默權，並無自證無罪之義務。縱使被告可能知悉是其何人所下載，惟欲其供出何人所為，恐強人所難，其固應負管理IP之責，然不得因此認被告涉犯著作權法第91條第1項之擅自以重製方式侵害他人著作財產權及第92條之擅自以公開傳輸之方法侵害他人著作財產權罪[70]。

(六)侵害公開演出權

著作權法所謂之出租，係以「著作之原件」或「著作重製物」為客體，且係不移轉所有權僅移轉占有之方式，取得出租物之使用權。餐飲店或KTV將電腦伴唱機擺放於店內提供消費者付費點唱，並無將「著作之原件」或「著作重製物」移轉占有予消費者之行為，縱使餐飲店有向消費者收取點歌費用或KTV向消費者收取包廂費用，然自消費者主觀意思而言，係使用視聽設備或包廂之對價，並非取得電腦伴唱機或電腦伴唱機內所有歌曲使用權之對價。準此，餐飲店或KTV之營業場所設置電腦伴唱機，供不特定消費者點歌演唱之行為，係使消費者得以現場演唱之方法，向公眾傳達音樂著作內容之行為，屬於以公開演出之方法利用著作之行為，並非出租之行為。倘餐飲店或KTV之負責人知悉其擺設於營業場所之電腦伴唱機內，有未經著作權人授權之歌曲，仍將電腦伴唱機提供予消費者點播演唱，係侵害著作權人之公開演出權[71]。

四、侵害著作人格權罪

侵害著作權法第15條之公開發表權、第16條之姓名表示權及第17條之禁止醜化權等著作人格權者，處2年以下有期徒刑、拘役，或科或併科新臺幣50萬元以下罰金（著作權法第93條第1款）。例如，著作之名稱、題目、標題等項目，固非著作權法保護之著作，惟其與著作互相結合時，成為著作同一性之表徵，倘以歪曲、割裂、竄改或其他方法，並達到損害著作人名譽之程度者，構

---

[70] 智慧財產及商業法院107年度刑智上易字第59號、108年度刑智上易字第24號刑事判決。

[71] 智慧財產及商業法院101年度刑智上易字第46號、102年度刑智上易字第64號、103年度刑智上易字第49號、103年度刑智上易字第44號、103年度刑智上易字第53號刑事判決。

成同一性保持權之侵害，就此檢察官應負舉證責任，並指出證明之方法（刑事訴訟法第161條第1項）[72]。職是，著作人生存時，固侵害其著作人格權有刑事責任，然著作人死亡後，侵害其著作人格權則無刑事責任，僅得依據著作權法第86條請求民事救濟（著作權法第18條）。

五、違反音樂強制授權罪

依據音樂強制授權利用音樂著作者，不得將其錄音著作之重製物銷售至中華民國管轄區域外（著作權法第70條）。違反者處2年以下有期徒刑、拘役，或科或併科新臺幣50萬元以下罰金（著作權法第93條第2款）。

六、視為侵害著作權罪

(一)犯罪成立要件

行為人以第87條第1項第1款、第3款、第5款或第6款方法之一，侵害他人之著作權者。但第91條之1第2項及第3項規定情形，不包括在內。處2年以下有期徒刑、拘役，或科或併科新臺幣50萬元以下罰金（著作權法第93條第3款）。例如，明知為侵害著作財產權之物而以移轉所有權或出租以外之方式散布者（著作權法第87條第1項第6款前段），對於侵害者，論以著作權法第93條第3款處斷。再者，著作權法第93條第3款、第87條第1項第5款之犯罪構成要件，以侵害電腦程式著作財產權之重製物作為營業之使用者（著作權法第87條第1項第5款）。有關營業中使用盜版電腦程式重製物所發生之責任問題，在主觀條件方面，民事責任以故意或過失為前提，刑事責任以故意為限，包括直接故意或間接故意。

(二)吸收犯

著作權法第87條規定，視為侵害著作權或製版權之行為，自係補充規定之立法條文，倘已有特別明文規定者，應優先適用之，而無再適用補充條款之餘地。且該條第1項第2款規定，明知為侵害著作權或製版權之物而散布或意圖散布而陳列或持有或意圖營利而交付。係指明知他人重製之著作而為之者而言，

---

[72] 彭佳俊，著作權侵害之刑事責任，逢甲大學財經法律研究碩士論文，2014年1月，頁43；智慧財產及商業法院100年度刑智上易字第35號刑事判決。

故認定行為人意圖銷售而重製他人著作，且所重製之著作，並以本人名義銷售之，則所為銷售行為應為重製行為所吸收（著作權法第91條第2項）。無再適用同法第93條第3款，以第87條第1項第2款方法侵害他人著作權之餘地[73]。

七、提供網路侵害著作權罪

為有效規範不法業者，行為人違反第87條第1項第7款或第8款規定者，處2年以下有期徒刑、拘役，或科或併科新臺幣50萬元以下罰金，以有效遏止網路侵權行為（著作權法第93條第4款）[74]。申言之，第87條第1項第7款之行為人，採取廣告或其他積極措施、教唆、誘使、煽惑、說服公眾利用電腦程式或其他技術侵害著作財產權者，為具備該款之意圖（著作權法第87條第2項）。本款規定目的，在於對意圖供公眾透過網路公開傳輸或重置他人著作，而侵害著作財產權者，就此項特別主觀不法構成要件進行定義性之補充解釋。著作權法第87條第2項關於著作權法第87條第1項第7款之不法意圖要件之解釋，其於著作權法第93條第4款引誘侵權罪構成要件亦可適用。例如，P2P網路經營業者從事著作權法第87條第2項所禁止之行為，有廣告或其他積極措施、教唆、誘使、煽惑、說服公眾利用電腦程式，抑是其他技術侵害著作財產權者，即可認定行為人具備本罪之不法意圖[75]。

八、違反過渡條款罪

行為人違反第112條之過渡條款規定而銷售未經授權翻譯之外國著作，處1年以下有期徒刑、拘役，或科或併科新臺幣2萬元以上25萬元以下罰金（著作權法第95條）[76]。依據著作權法第112條規定，凡在1992年6月11日前翻譯受修

---

[73] 最高法院84年度台上字第4062號刑事判決。

[74] 著作權法第87條第1項第7款規定：未經著作財產權人同意或授權，意圖供公眾透過網路公開傳輸或重製他人著作，侵害著作財產權，對公眾提供可公開傳輸或重製著作之電腦程式或其他技術，而受有利益者。

[75] 蔡蕙芳，P2P網站經營者之教唆或公然煽惑他人犯罪責任，著作權侵權與其刑事責任，新學林出版股份有限公司，2008年2月，頁393。

[76] 著作權法第112條規定：1992年6月10日本法修正施行前，翻譯受1992年6月10日修正施行前本法保護之外國人著作，如未經其著作權人同意者，而於1992年6月10日本法修正施行後，除合於第44條至第65條規定者外，不得再重製。前開翻譯之重製物，其

正施行前著作權法保護之外國人著作，此種翻譯書籍在1992年6月12日後即不得再行重製，且在1994年6月12日後，此種書籍亦不得再行銷售，此即出版業及圖書業界所稱之612大限問題[77]。

九、違反合理使用罪

行為人違反第59條第2項之電腦程式重製物未銷燬罪或第64條之欠缺註明出處罪之規定者，科新臺幣5萬元以下罰金（著作權法第96條）。因行為人有上揭情形時，對於著作權人損害甚大，故應予刑事制裁。

十、破壞權利管理電子資訊罪

行為人違反第80條之1或第80條之2第2項規定之權利管理電子資訊，處1年以下有期徒刑、拘役，或科或併科新臺幣2萬元以上25萬元以下罰金（著作權法第96條之1）。申言之：(一)第80條之1規定，係移除或變更權利管理電子資訊罪（第1項）；(二)第80條之2第2項規定，則為擅自製造規避防盜拷措施之設備罪（第2項）[78]。

十一、網路著作權犯罪

網路與數位環境之發展，除為人類帶來便利外，亦同時為著作權之利用與保護帶來挑戰。而在目前發展方向導向雲深不知處之雲端後，新興之雲端服務，更使權利人在保護著作權之際面臨困擾。從技術與法律之發展觀察，隨著技術之發展與新應用之出現，必然會發生相關之法律問題[79]。

(一)點對點傳輸

往昔因技術之限制，檔案僅能在主從式架構（Server/Client）平臺，經由一個中央式之伺服器接受上傳資料，並傳輸予下載資料之使用者，伺服器會留

於1992年6月10日本法修正施行滿2年後，不得再行銷售。

[77] 內政部1994年5月9日台(83)內著字第8309240號函。

[78] 智慧財產及商業法院106年度刑智上訴字第8號刑事判決。

[79] 馮震宇，數位環境下著作權侵害之認定及相關案例研討，智慧財產訴訟制度相關論文彙編，2輯，2013年12月，頁313。

下使用者之網址與名稱，不會發生使用者間之直接傳遞[80]。因傳統之網際網路僅能透過特定之伺服器下載資料，倘使用者過多而頻寬不足時，易造成伺服器之當機。故Peer-to-Peer（點對點傳輸，P2P）傳輸模式應運而生，P2P之特色係其沒有中央伺服器，是利用下載者頻寬，讓使用者於下載之同時，亦成為上載者，形成下載人數越多，其下載速度越快[81]。職是，P2P經由網路平臺業者，提供之技術與服務，使用者或會員可直接下載與上傳著作，具有重製與公開傳輸之行為[82]。

(二)Kuro案

1.犯罪事實

甲公司為網站業者，經營KURO網站，該網站以「kuro」點對點分享軟體提供服務，並向註冊會員收費，已註冊之會員在成功連線至Kuro主機後，Kuro客戶端軟體，即將會員電腦內之MP3格式之錄音檔案，自動設定為分享資料夾，並會將檔案大小、連線速度等資訊，自動上傳至飛行網之檔名索引伺服器，以建立集中檔名管理之資料庫，供所有連線之其他會員檢索與下載。故P2P式網站所提供之電腦軟體與網路搜尋下載服務，可使眾多侵害他人著作財產權之會員，藉由其設施服務，在未經著作權人同意或授權公開傳輸、重製之情況，大量彼此交換、傳輸、下載及重製他人享有著作財產權之錄音或音樂著作，而侵害他人著作權。

2.非法公開傳輸及重製

甲公司經營KURO網站之主要目的，在於從中獲得私利，而有積極之廣告等作為，提供足以使會員間非法重製、公開傳輸之電腦程式或技術等服務，該當於直接、確定之故意而作為，符合未經著作財產權人同意或授權，意圖供公眾透過網路公開傳輸或重製他人著作，侵害著作財產權，對公眾提供可公開傳輸或重製著作之電腦程式或其他技術，而受有利益者（著作權法第87條第1項

---

[80] 曾勝珍，論網路著作權之侵害，元照出版有限公司，2010年11月，2版1刷，頁8至9。

[81] 馮震宇，數位環境下著作權侵害之認定及相關案例研討，頁17至18。著作權侵害之認定及相關案例研討會會議手冊，司法院、最高法院、臺灣本土法學雜誌有限公司，2012年2月7日。

[82] 曾勝珍，論網路著作權之侵害，元照出版有限公司，2010年11月，2版1刷，頁43。李文龍，新型態網路犯罪之探討，國立中正大學法律學系研究所碩士論文，2013年9月，頁58。

第7款）。視為侵害著作權之一種行為態樣，暨採取廣告或其他積極措施，教唆、誘使、煽惑、說服公眾利用電腦程式或其他技術侵害著作財產權者，為具備該款之意圖（第2項）[83]。因Kuro系統具有驗證主機、網頁伺服器、檔名索引伺服器、負載平衡主機，驗證為Kuro運作之必要條件，未經驗證者，則無法使用。況集中檔名索引伺服器知悉每個使用者有何檔案、何使用者搜尋何檔案及何使用者下載何檔案，且會員搜尋及下載時，除用戶端必須保持與檔名索引伺服器連線始能搜尋外，亦應保持與其他用戶端之連線始能下載，倘連線中斷，則無法搜尋、下載。準此，甲公司之負責人應負非法公開傳輸及重製之刑事責任（著作權法第91條第1項、第92條）[84]。

(三)ezPeer案

1.犯罪事實

乙公司以點對點檔案分享軟體經營ezPeer網站，提供使用者公開傳輸及下載MP3、電腦遊戲、電影及各類影片等檔案為主要業務，並向使用者收取服務費。由於ezPeer提供網路平臺讓使用者，下載未經授權之著作，其侵害他人錄音、音樂、視聽著作之重製權及公開傳輸權。

2.共同正犯

因ezPeer可透過收費驗證機制，驗證會員身分、檔案流量，以管控會員支付費用使用該網站提供之服務，故對使用ezPeer軟體之會員，應有掌控管制之能力[85]。詳言之，ezPeer軟體所有使用者之上傳與下載檔案，全程均需依賴與該網站之中央伺服器進行連線，除檔案搜尋功能外，亦具有驗證使用者之身分及是否有足夠之P點或使用期限以進行下載之功能，並能於使用者上傳點中斷傳輸時，自動搜索相同檔案，而自該檔案下載中斷處繼續進行下載，且可記錄用戶之下載情況，並於下載完成後，進行P點之對帳工作。況乙公司亦透過各式廣告鼓勵會員大量公開傳輸上傳檔案供不特定人下載重製。準此，乙公司經營之ezPeer網站屬集中式P2P軟體，其對會員有實質控制力，對於會員發生違法公開傳輸下載重製行為之結果，除有相當因果關係外，亦以作為之方式，積極促使不法公開傳輸、下載重製之構成要件行為之實現，乙公司負責人與會員

[83] 最高法院98年度台上字第6177號刑事判決。

[84] 智慧財產及商業法院98年度刑智上更(一)字第48號刑事判決。

[85] 最高法院99年度台上字第4697號刑事判決。

間係分工合作完成公開傳輸、下載重製之行為，應負共同正犯之刑事責任[86]。

(四)Foxy案

丙架設Foxy網站，供人免費下載安裝Foxy程式，其為繁體中文介面之P2P電腦程式，丙明知Foxy程式經下載後，使用者電腦中之特定資料夾內容、資源，會被強制分享，致其他不特定之使用者，可經由Foxy程式連結至Foxy網站，得任意搜尋與下載被強制分享之內容。丙對於使用者資料夾中，可能有未經授權之歌曲、電影等電子檔案，有強制分享予其他不特定會員，應有預見，是丙之行為成立擅自公開傳輸罪[87]。

參、兩罰規定

一、罰金刑

法人之代表人、法人或自然人之代理人、受雇人或其他從業人員，因執行業務，犯第91條至第93條、第95條至第96條之1之罪者，除依各該條規定處罰其行為人外，對該法人或自然人亦科各該條之罰金（著作權法第101條第1項）。對前開行為人、法人或自然人之一方告訴或撤回告訴者，其效力及於他方（第2項）。例如，農民曆關於每日宜忌、選便吉課、八卦圖及日出日沒時刻等內容，各該版本均有所差異。是依各該作者研習及參考書籍之多寡、領悟之程度、工作經驗之長短及知識程度之高低，而形成之個人理念、見解及心得等，亦有不同。故縱使參考相同之古代曆法、五術理論遺作編纂而成之著作，自有不同。是依據其個人之知識、經驗，本於前人所闡述之基礎原理而撰寫農民曆，已含有其個人之創意、智慧之表達，具有一定之創作性，並非單純之時曆，當屬著作權法所定之語文著作而受著作權法之保護。職是，意圖銷售而擅自以重製之方法侵害他人農民曆之著作財產權者，係犯著作權法第91條第2項之罪，甲為乙公司之負責人，其因執行業務而犯著作權法第91條第2項之罪，乙公司應依著作權法第101條第1項規定，科以上開第91條第2項之罪所定罰金[88]。

---

[86] 智慧財產及商業法院99年度刑智上更(二)字第24號刑事判決。
[87] 智慧財產及商業法院99年度刑智上易字第52號刑事判決。
[88] 智慧財產及商業法院98年度刑智上訴字第23號刑事判決。

二、監督責任

著作權法第101條第1項規定，係爲保障著作權，就從業人員因執行業務而爲違反著作權法第91條至第96條之行爲時，併處罰其業務主或稱事業主之兩罰規定，對於從業人員因執行業務之違法行爲，既處罰實際行爲之從業人員，並罰其業務主。業務主爲事業之主體者，應負擔其所屬從業人員於執行業務時，不爲違法行爲之注意義務，是處罰其業務主，乃罰其怠於使從業人員不爲此犯罪行爲之監督義務，故兩罰規定，就同一犯罪，既處罰行爲人，亦處罰業務主，無關責任轉嫁問題，從業人員係就其自己之違法行爲負責，而業務主係就其所屬從業人員關於業務上之違法行爲，負業務主監督不周之責任，從業人員及業務主就其各自犯罪構成要件負其責任。準此，著作權法第101條第1項規定，係以業務主爲處罰對象；從業人員因執行業務犯該法第91條至第96條之罪者，仍依各法條規定處罰之，並無著作權法第101條第1項之適用[89]。

肆、罰金之酌量加重

依本章科罰金時，應審酌犯人之資力及犯罪所得之利益。如所得之利益超過罰金最多額時，得於所得利益之範圍內酌量加重（著作權法第96條之2）。申言之，犯罪所得利益，逾罰金最多額時，倘不有加重處罰之規定，易失懲戒之初意，故比照刑法第58條規範意旨，賦予法官於所得利益內，酌量加重之權。

伍、沒收之規定

一、職權沒收主義

爲配合刑法沒收新制於2016年7月1日施行，原著作權法第98條有關沒收之規定，回歸適用刑法規定。原則上供犯罪所用、犯罪預備之物或犯罪所生之物，屬於犯罪行爲人者，得沒收之（刑法第38條第2項本文）。

---

[89] 最高法院92年度台上字第2720號刑事判決。

二、單獨聲請法院宣告沒收

沒收、非拘束人身自由之保安處分，適用裁判時之法律。刑法總則於其他法律有刑罰、保安處分或沒收之規定者，亦適用之。但其他法律有特別規定者，不在此限（刑法第2條第2項、第11條）。2016年7月1日前施行之其他法律關於沒收、追徵、追繳、抵償之規定，不再適用（刑法施行法第10條之3第2項）。供犯罪所用、犯罪預備之物或犯罪所生之物，屬於犯罪行為人者，得沒收之。檢察官依刑事訴訟法第253條或第253條之1為不起訴或緩起訴之處分者，對於供犯罪所用、供犯罪預備或因犯罪所得之物，以屬於被告者為限，得單獨聲請法院宣告沒收（刑法第38條第2項；刑事訴訟法第259條之1）[90]。

三、沒收具有獨立性

對於本案之判決提起上訴者，其效力及於相關之沒收判決；對於沒收之判決提起上訴者，其效力不及於本案判決（刑事訴訟法第455條之27第1項）。準此，沒收具有獨立性。例如，被告雖未上訴，檢察官上訴亦為無理由，並經法院駁回。然被告之犯罪所得，仍應依裁判時即現行刑法第38條之1第1項規定諭知沒收，併依同條第3項規定諭知，如全部或一部不能沒收時，追徵其價額[91]。

陸、刑事判決書之公布

被害人得請求由侵害人負擔費用，將判決書內容全部或一部登載新聞紙、雜誌。而犯第91條至第93條、第95條之罪者，因被害人或其他有告訴權人之聲請，得令將判決書全部或一部登報，其費用由被告負擔（著作權法第89條、第99條）。著作權法第89條規定於權利侵害之救濟章，第99條規定於罰則章，依立法體例之解釋，第89條係指民事判決書之登載，第99條係指刑事確定判決書之登載。參諸著作權法第99條於1992年6月10日之立法理由，係參考刑事訴訟法第315條規定而增訂，法院就此聲請所為之處分，刑事訴訟法未規定須經判決，故依同法第220條規定，應由法院以裁定行之，倘被告延不遵行，

---

[90] 智慧財產及商業法院105年度刑智抗字第18號、第21號刑事裁定。
[91] 智慧財產及商業法院105年度刑智上訴字第23號刑事判決。

由檢察官準用同法第470條及第471條規定執行[92]。準此，原告或上訴人於民事訴訟程序或刑事附帶民事訴訟，依著作權法第99條規定請求被告或被上訴人負擔費用，在報紙登載本案刑事最後事實審判決書，其於法無據[93]。

柒、侵害之取締

司法警察官或司法警察對侵害他人之著作權或製版權，經告訴、告發者，得依法扣押其侵害物，並移送偵辦（著作權法第103條）。例如，臺北市政府警察局發現盜版漫畫，可依著作權法第103條規定告發。

捌、例題解析

一、侵害著作權之救濟

(一)民事責任

甲為影音光碟出租店之負責人，其向第三人購買一批盜版光碟，進而陳列盜版光碟以供出租者，甲明知為侵害著作財產權之物，意圖散布而公開陳列或持有者，視為侵害著作權（著作權法87條第1項第6款後段）。就侵害著作人格權而言，權利人得主張財產上之損害賠償責任（著作權法第85條第1項前段）、非財產上之損害（第1項後段）、回復名譽請求權（第2項）、銷燬請求權（著作權法第88條之1）及判決書登載請求權（著作權法第89條）。就侵害著作財產權部分，權利人得主張禁止侵害請求權、損害賠償請求權、銷燬請求權及判決書登載請求權。

(二)刑事責任

1.違反著作權法

就甲而言，甲為影音光碟出租店之負責人而出租盜版光碟之行為，違反著作權法第93條第3款，處2年以下有期徒刑、拘役，或科或併科新臺幣50萬元以下罰金。就乙而論，其明知係侵害著作財產權而重製光碟，處3年以下有期徒刑，得併科新臺幣7萬元以上75萬元以下罰金（著作權法第91條之1第2項）。

---

[92] 大法官釋字第159號解釋。
[93] 智慧財產及商業法院101年度重附民上字第10號刑事附帶民事判決。

2.行使偽造文書罪

倘乙重製之光碟片已記載儲存表意人之意思或思想，藉機器或電腦之處理所顯示之聲音、影像或符號，足以為表示其用意之證明者，依刑法第220第2項規定，應認係準文書。擅自重製他人之光碟片即所謂仿冒或盜版之光碟片，其外觀包裝雖無被害人名稱及授權生產文字，惟該光碟片內已燒錄儲存被害人名稱及授權生產文字，藉機器或電腦之處理，螢幕會顯示被害人名稱及授權生產文字，足以生損害於公眾或他人，應認係偽造之準文書。乙販賣仿冒之光碟片，是否成立刑法第216條之行使偽造文書罪，應依販賣者主觀之意思及客觀之行為，以資審斷。倘販賣者主觀上係以偽作真之意思販賣，並知買受者一經藉機器或電腦之處理，仿冒光碟內容之偽造準文書必當顯現，仍予以出售，將該偽造之準文書置於可能發生文書功能之狀態，應認係對偽造準文書之內容有所主張之行使行為，如足以生損害於公眾或他人，即應成立行使偽造文書罪，買受者是否知其為仿冒品，並非所問。反之，販賣者主觀上並無以偽作真之意思，則不成立行使偽造文書罪[94]。

二、平行輸入

著作權法第59條之1規定，在中華民國管轄區域內取得著作原件或其合法重製物所有權之人，得以移轉所有權之方式散布之。所指合法重製物者，不包括違反第87條第4款規定，未經著作財產權人同意而輸入著作原件或其重製物者。單純違反平行輸入僅有民事責任，平行輸入後，進而以移轉所有權之方式散布或予以出租者，則分別適用著作權法第91條之1第2項或第92條規定，以決定其刑事責任[95]。

(一)為特定原因輸入

依據著作權法第87條之1第1項第6款本文規定事由，係為特定原因而平行輸入，不視為侵害之事由，均無民事與刑事責任。再者，為供輸入者個人非散布之利用或屬入境人員行李之一部分而輸入著作原件或一定數量重製物者，亦無民事與刑事責任（著作權法第87條之1第1項第3款）。

---

[94] 最高法院94年度第12次刑事庭會議決議；最高法院95年度台上字第1242號刑事判決。

[95] 石木欽，著作權法修法對照表，智慧財產專業法官培訓課程，司法院司法人員研習所，2006年6月，頁13。

(二)視為侵害著作權

陳列盜版光碟以供出租者，其屬明知為侵害著作財產權之物，意圖散布而公開陳列或持有者，其違反著作權法第93條第3款規定（著作權法87條第6項後段）。

(三)移轉所有權之方式散布

著作人除本法另有規定外，專有以移轉所有權之方式，散布其著作之權利（著作權法第28條之1第1項）。表演人就其經重製於錄音著作之表演，專有以移轉所有權之方式散布之權利（第2項）。對於「以移轉所有權之方法」非法散布者，論以散布原著作或重製他人著作罪（著作權法第91條之1）。著作權法第91條之1第1項所稱之重製物，僅限於合法重製物。同條第2項所稱之重製物，係指非法重製物。例如，違反平行輸入之規定而輸入商品，該商品為侵害著作財產權之物（著作權法第87條第1項第4款）。再者，著作權法第91條之1第3項但書特別規定，本項之光碟不包括違反第87條第1項第4款規定輸入光碟。準此，違反第87條第4款規定輸入光碟，應適用91條之1第2項論斷，不適用第91條之1第3項，其為告訴乃論之罪。

(四)以出租之方式散布

著作人除本法另有規定外，專有出租其著作之權利。表演人就其經重製於錄音著作之表演，專有出租之權利（著作權法第29條）。對於侵害者，論以公開侵害著作權罪（著作權法第92條）。著作原件或其合法著作重製物之所有人，原則得出租該原件或重製物（著作權法第60條第1項本文）。例外情形，係錄音及電腦程式著作，不得出租該原件或重製物（第1項但書）。著作權法第60條第1項本文有關著作原件或其合法著作重製物之所有人，得出租該原件或重製物之規定，在保護著作原件或其合法著作重製物所有人之出租權，其與同法第37條第1項有關授權規定，並無衝突，著作財產權人對於出租權之授予，不影響著作原件或其合法著作重製物所有人之出租權[96]。

三、接續犯

刑法之接續犯，係指行為人之數行為於同時同地或密切接近之時、地實

---

[96] 最高法院95年度台上字第1471號刑事判決。

行，侵害同一之法益，各行爲之獨立性極爲薄弱，依一般社會健全觀念，在時間之差距，難以強行分開，在刑法評價上，應視爲數個舉動之接續施行，合爲包括之一行爲予以評價，較爲合理，而論以單純一罪而言[97]。準此，行爲人販賣非法重製著作之犯行，係在密集期間內以相同方式持續進行，而未曾間斷者，該等侵害著作權之犯行，具有反覆、延續實行之特徵，縱有多次散布之舉措，自行爲之概念以觀，縱有多次侵害著作權之舉措，仍應評價爲包括一罪之接續犯。

四、吸收關係

乙基於意圖銷售營利，先重製影片成光碟（著作權法第90條第2項、第3項），進而爲銷售散布行爲（著作權法第91條之1第2項）。其銷售而散布之低度行爲，自應爲意圖銷售而重製光碟之高度行爲所吸收，屬實質上一罪關係，即成立著作權法第91條第2項之意圖銷售以重製之方法，侵害他人之著作財產罪[98]。

五、管轄法院

刑事案件與智慧財產案件審理法第54條第1項案件有刑事訴訟法第7條第1款所定相牽連關係之其他刑事案件，經地方法院合併裁判，並合併上訴者，應向管轄之智慧財產法院提起上訴（智慧財產案件審理法第58條第1項、第2項本文）。丙就其違反著作權法之罪，向智慧財產提起上訴，而檢察官就恐嚇取財罪向智慧財產提起上訴，符合合併上訴之要件，是智慧財產法院取得管轄權。至於丙就恐嚇取財罪向高等法院提起上訴，因高等法院就此並無管轄權，故高等法院應以管轄錯誤判決，將恐嚇取財罪之上訴移轉智慧財產法院審理[99]。

---

[97] 最高法院100年度台上字第5085號刑事判決。

[98] 最高法院92年度台上字第1425號刑事判決；臺灣高等法院96年度上訴字第4879號、96年度上訴字第5201號刑事判決；智慧財產及商業法院97年度刑智上訴字第43號、98年度刑智上訴字第5號、100年度刑智上訴字第70號刑事判決。

[99] 98年度智慧財產法律座談會彙編，司法院，2009年7月，頁77至81。

六、公開陳列與散布

　　所謂公開陳列者，係指行為人將實物陳列於一般公眾得以自由出入與隨時知悉之場所。至於建立超連結提供一般公眾得以下載電子檔案之管道，其與陳列有異，故丁提供該超連結之行為，不構成公開陳列。例如，將他人網站之網址轉貼於其網頁，藉由網站間鏈結之方式，使一般人得透過網站以進入其他網站之行為，因未涉及利用他人著作之行為，故不會造成對他人著作財產權之侵害[100]。再者，丁所為侵害著作財產權行為，未經任何人下載前，期間固有警方基於蒐證查緝目的而予以下載，然警方當無再擴散之可能，自不構成散布[101]。

七、違法為公眾提供規避防盜拷措施之零件罪

　　有關遊戲主機內置之光碟機控制晶片上載有軟體，得以辨識光碟之防盜拷碼及區碼，並進而限制主機執行盜版或不同區碼之遊戲軟體，此限制主機執行盜版或不同區碼之遊戲軟體是否屬防盜拷措施，應視遊戲主機與承載於光碟之應用程式間是否藉由交互對應作用，達成僅有合法授權光碟，始能為主機所接受之結果。故防盜拷措施僅要限制主機執行盜版，或不同區碼之遊戲軟體之部分，遭受破解、破壞或規避，實質造成整體機制失去其效果者，應得認定為對防盜拷機制之破解、破壞或規避行為[102]。且將改機晶片置入不特定人所有之電視遊樂器之改裝行為，此改裝行為是將改機晶片提供公眾使用之行為；而將經改裝完成之電視遊戲機售予不特定人之行為，構成販賣改機晶片之行為，此販賣改機晶片之行為，亦屬於提供公眾使用之行為。而置入改機晶片之電視遊樂器主機之功能，並非僅能讀取盜版遊戲光碟，亦可讀取正版遊戲光碟，該電視遊樂器主機本身非屬規避防盜拷措施之器材，僅改機晶片本身，始屬規避防盜拷措施之器材或零件[103]。職是，行為人明知遊戲主機內提供有檢查、認證該遊戲主機所讀取之遊戲光碟，是否係原著作權人所製造或授權製造之正版遊戲軟體之功能，此為遊戲主機業者，所採取禁止或限制他人擅自進入著作之防盜拷

---

[100] 經濟部智慧財產局2003年8月12日電子郵件字第920812d號函。

[101] 98年度智慧財產法律座談會彙編，司法院，2009年7月，頁121至123。

[102] 經濟部智慧財產局2009年9月2日智著字第09800067140號函。

[103] 經濟部智慧財產局2006年1月23日智著字第0940011197-0號函、2009年7月13日智著字第09800057550號函。

措施，未經遊戲主機業者，合法授權，不得將可規避防盜拷措施之零件提供公眾使用。否則違反著作權法第80條之2第2項規定，未經合法授權而提供公眾使用規避防盜拷措施之零件，應依同法第96條之1第2款規定，違法為公眾提供規避防盜拷措施之零件罪處斷[104]。

第四節　行政救濟

民事救濟及刑事制裁，均屬事後之救濟手段，係發生侵害後之補救措施，倘得於事前預作防範，進行邊境查扣措施，防止侵害發生，對於著作權人保護較佳。我國著作權法第90條之1亦依據TRIPs第50條以下規定，制定海關查扣之規範，以有效遏止盜版品之輸入或輸出。而海關查扣之實施辦法，由主管機關會同財政部定之（著作權法第90條之2）。主管機關依據授權，訂有「海關查扣著作權或製版權侵害物實施辦法」。

行政處分	法條依據
停止行為、命令停業或勒令歇業	著作權法第97條之1

例題18

　　著作權人乙以丙輸入侵害其著作權之重製物，向海關提出書面申請，並釋明侵害之事實，暨提供相當於海關核估該進口貨物完稅價格或出口貨物離岸價格之保證金，作為被查扣人丙因查扣所受損害之賠償擔保。海關受理查扣之申請，認符合實施查扣之要件，查扣丙所輸入之著作。試問嗣後查扣之物經法院確定判決，不屬侵害著作權者，丙有何權利主張？

---

[104] 智慧財產及商業法院101年度刑智上訴字第49號刑事判決。

壹、邊境查扣措施

一、申請海關查扣

著作權人或製版權人對輸入或輸出侵害其著作權或製版權之物者，得申請海關先予查扣（著作權法第90條之1第1項）。前項申請應以書面為之，並釋明侵害之事實，及提供相當於海關核估該進口貨物完稅價格或出口貨物離岸價格之保證金，作為被查扣人因查扣所受損害之賠償擔保（第2項）。被查扣人就申請人提供之保證金與質權人有同一之權利（第10項）。

二、通知申請人及被查扣人

海關受理查扣之申請，應即通知申請人。倘認符合查扣要件而實施查扣時，應以書面通知申請人及被查扣人（著作權法第90條之1第3項）。申請人或被查扣人，得向海關申請檢視被查扣之物（第4項）。

三、海關沒入

查扣之物，經申請人取得法院民事確定判決，屬侵害著作權或製版權者，由海關予以沒入。沒入物之貨櫃延滯費、倉租、裝卸費等有關費用暨處理銷燬費用應由被查扣人負擔（著作權法第90條之1第5項）。前項處理銷燬所需費用，經海關限期通知繳納而不繳納者，依法移送強制執行（第6項）。

四、賠償損害之事由

除由海關廢止查扣，依有關進出口貨物通關規定辦理外，有下列情形之一者，申請人應賠償被查扣人因查扣所受損害：(一)查扣之物經法院確定判決，不屬侵害著作權或製版權之物者；(二)海關於通知申請人受理查扣之日起12日內，未被告知就查扣物為侵害物之訴訟已提起者。12日之期限，海關得視需要延長12日；(三)申請人申請廢止查扣者（著作權法第90條之1第7項、第8項）。

五、返還保證金

海關有下列情形之一者，應依申請人之申請返還保證金：(一)申請人取得

勝訴之確定判決或與被查扣人達成和解，已無繼續提供保證金之必要者；(二)廢止查扣後，申請人證明已定20日以上之期間，催告被查扣人行使權利而未行使者；(三)被查扣人同意返還者（著作權法第90條之1第9項）。

六、海關放行

海關於執行職務時，發現進出口貨物外觀顯有侵害著作權之嫌者，得於1個工作日內通知權利人與進出口人提供授權資料。權利人接獲通知後對於空運出口貨物應於4小時內，空運進口及海運進出口貨物應於1個工作日內至海關協助認定。權利人不明或無法通知，或權利人未於通知期限內至海關協助認定，或經權利人認定系爭標的物未侵權者，倘無違反其他通關規定，海關應即放行（著作權法第90條之1第11項）。經認定疑似侵權之貨物，海關應採行暫不放行措施（第12項）。海關採行暫不放行措施後，權利人於3個工作日內，未依第1項至第10項向海關申請查扣，或未採行保護權利之民事、刑事訴訟程序，若無違反其他通關規定，海關應即放行（第13項）。

貳、行政處分

事業以公開傳輸之方法，犯第91條、第92條及第93條第4款之罪，法院判決有罪者，應即停止其行為。倘不停止者，經主管機關邀集專家學者及相關業者認定侵害情節重大者，嚴重影響著作財產權人之權益者，主管機關應限期1個月內改正，屆期不改正者，得命停業或勒令歇業（著作權法第97條之1）。反之，侵害著作權之民事確定判決，無法請求主管機關介入[105]。

參、例題解析——邊境查扣措施

查扣之物經法院確定判決，不屬侵害著作權者，申請人並應賠償被查扣人因查扣所受損害（著作權法第90條之1第7項第1款）。被查扣人就申請人提出之保證金與質權人有同一之權利（第10項）。準此，著作權人乙以丙輸入侵害其著作權之重製物，向海關提出書面申請，並提供相當於海關核估該進口貨物

---

[105] 章忠信，著作權法逐條釋義，五南圖書出版股份有限公司，2017年8月，4版修訂3刷，頁266。

完稅價格或出口貨物離岸價格之保證金，作為被查扣人丙因查扣所受損害之賠償擔保。經海關查扣丙所輸入之著作。嗣後丙輸入之著作經法院確定判決，不屬侵害著作權者。丙得向乙請求損害賠償，該損害賠償對於乙提供之保證金具有質權。

第十一章

網路服務提供者之責任

關鍵詞

移除、三振條款、回復通知、侵權行為、安全港條款、財產上利益

我國著作權法於2009年5月13日修正增訂第六章之一「網路服務提供者之民事免責事由專章」，係賦予網路服務提供者安全港條款之機制，其免責事由分為一般要件與特別要件。特別要件依據提供連線、快速存取、資訊儲存及搜尋服務四種類型，各異其要件。

第一節　網路服務提供者之類型

我國著作權法參考美國1998年訂定之數位千禧年著作權法（Digital Millennium Copyright Act of 1998, DMCA），前於2009年5月13日在著作權法第3條第1項增訂第19款，規範網路服務提供者之定義，將網路服務提供者定義為提供連線、快速存取、資訊儲存及搜尋服務等類型。

例題1

> A公司建置平臺，提供使用者得「嵌入」Youtube上影片之服務。試問：(一)A公司屬何類型之網路服務提供者（Internet Service Provider, ISP）？(二)其將網路影片連結轉貼於A公司網站而供人點閱瀏覽，是否侵害他人之著作財產權？

壹、連線服務提供者

其透過所控制或營運之系統或網路，以有線或無線方式，提供資訊傳輸（transmitting）、發送（routing）、接收（providing connections），或於前開過程中之中介（intermediate）及短暫儲存（transient）之服務者（著作權法第3條第1項第19款第1目）。例如，提供撥接上網服務之中華電信Hinet、Sonet及Seednet[1]。

---

[1] 蕭雄淋，著作權法論，五南圖書出版股份有限公司，2017年8月，8版修訂2刷，頁302至303。

貳、快速存取服務提供者

其應使用者之要求傳輸資訊後，透過所控制或營運之系統或網路，將該資訊為中介及暫時儲存（temporary），以供其後要求傳輸該資訊之使用者加速進入該資訊之服務者（著作權法第3條第1項第19款第2目）。例如，為加速服務者之資訊獲取，其於連線服務中提供中介或暫時儲存資訊服務之中華電信Hinet、Sonet及Seednet[2]。

參、資訊儲存服務提供者

其透過所控制或營運之系統或網路，應使用者之要求提供資訊儲存之服務者（著作權法第3條第1項第19款第3目）。舉例說明之：(一)提供部落格、網路拍賣等服務之Yahoo奇摩、PChome及露天拍賣[3]；(二)業者經營之雲端列印服務網站，對於資訊之儲存事項，屬不可或缺，提供該服務之業者，符合著作權法第3條第19款第3目規定資訊儲存服務提供者[4]。

肆、搜尋服務提供者

其提供使用者有關網路資訊之索引、參考或連結之搜尋或連結之服務者（著作權法第3條第1項第19款第4目）。例如，提供搜尋服務之Google、百度等搜尋引擎[5]。

伍、例題解析

A公司建置平臺，提供使用者得「嵌入」Youtube上影片之服務，屬著作權法第六章之一所稱之搜尋服務提供者。A公司自行藉由「內嵌embed」功能，將Youtube網站之影片呈現在公司網站，在技術面係指藉由網站間連結之方式，由使用者點選後直接開啟Youtube網站瀏覽，實質並未將影片內容重製

---

[2] 蕭雄淋，著作權法論，五南圖書出版股份有限公司，2017年8月，8版修訂2刷，頁303。

[3] 蕭雄淋，著作權法論，五南圖書出版股份有限公司，2017年8月，8版修訂2刷，頁303。

[4] 經濟部智慧財產局2015年1月9日智著字第10300094430號函。

[5] 蕭雄淋，著作權法論，五南圖書出版股份有限公司，2017年8月，8版修訂2刷，頁303。

在公司網站，即不會涉及著作之重製行為，不構成對重製權之侵害。反之，知悉嵌入之內容，屬於未經他人授權之非法檔案，仍透過超連結之方式提供在公司網站，有可能成為上傳非法檔案之人侵害公開傳輸權之共犯或幫助犯[6]。

第二節　民事責任

　　為使ISP免於隨時被訴，並遏阻網路著作權或製版權侵害之滋生與氾濫，促進網路服務之順暢，有利公眾網路活動，我國著作權法第六章之一，名為網路服務提供者之民事免責事由，建立網路服務提供者責任避風港。申言之：(一)ISP於符合著作權法所定之共通與特別規範，對其使用者侵害他人著作權或製版權之行為，不負賠償責任；(二)ISP依著作權法所定程序，執行一定行為後，對其使用者所生損害，亦不負賠償責任[7]。

例題2

　　甲為A文字著作之著作權人，發現乙未經其同意，經由丙網路公司將A文字著作內容儲存於丙公司所營運之網路。試問：(一)甲是否得請求丙公司移除該涉及侵權內容？(二)倘丙公司儲存之內容，並未成立侵權行為，乙應如何主張？

例題3

　　丁加入C拍賣網站成為該網站之賣家，雙方約定每完成1筆買賣交易，C拍賣網站可取得1%之手續費。丁利用C拍賣網站販賣盜版電影光碟，其收入甚豐。經著作權人發現上開侵權情事，通知C拍賣網站取下該侵權網頁內容，C拍賣網站於接獲通知後，立即配合通知將該網頁移除。試問著作權人得否以丁用C拍賣網站販賣盜版電影光碟，向C拍賣網站請求損害賠償？

6　經濟部智慧財產局2012年5月22日電子郵件字第1010522e號函。

7　章忠信，著作權法逐條釋義，五南圖書出版股份有限公司，2017年8月，4版修訂3刷，頁238。

壹、一般民事免責事由

一、告知與履行保護措施

(一)方　式

網路服務提供者應採取著作權或製版權保護措施，除向其使用者明確告知外，並應確實履行該等保護措施。有關網路服務提供者向使用者告知其保護措施之方法，得以契約、電子傳輸、自動偵測系統或其他方式為之（著作權法第90條之4第1項第1款）。舉例說明之：1.訂定使用者約款，載明使用者應避免侵害他人著作權或製版權，使用者涉有侵害他人著作權或製版權時，網路服務提供者得為之處置，並將該等約款納入各種網路服務相關契約；2.網路服務提供者在使用者上傳或分享資訊時，跳出視窗提醒上傳或分享之使用者，必須取得合法授權，始得利用該服務等訊息，提醒使用者避免侵害他人著作權或製版權；3.自動偵測系統，包含自動或半自動之偵測或過濾侵害著作權或製版權內容之技術；4.設置專人處理著作權或製版權侵害之檢舉事宜，並在具體個案中積極協助釐清是否涉有侵權之爭議。

(二)轉送權利人之電子郵件

為鼓勵連線服務提供者協助防制網路之侵權行為，特別是網路交換軟體之侵權。例如，經由P2P軟體下載或分享受本法保護之檔案。連線服務提供者於接獲著作權人或製版權人通知涉有侵權行為之情事後，將該通知以電子郵件轉送給該IP位址使用者，亦屬確實履行著作權或製版權保護措施（著作權法第90條之4第2項）。本項僅規定免責之先決要件，並非課予連線服務提供者轉送之義務，故縱使連線服務提供者未配合轉送，倘有其他確實履行著作權或製版權保護措施之情事者，仍得適用免責之先決要件。

二、終止使用者之服務

網路服務提供者應告知使用者，其利用網路服務提供者所提供之服務涉有侵權行為時，倘網路服務提供者已告知使用者3次，得終止全部或部分之服務（著作權法第90條之4第1項第2款）。職是，網路服務提供者有告知使用者涉有侵權行為義務，經告知3次後，網路服務提供者，得終止服務，此稱三振條

款（Three Strike Out）[8]。

三、通知聯繫窗口

公告接收通知文件之聯繫窗口資訊，便利著作權人或製版權人提出通知，或使用者提出回復通知，以加速處理時效（著作權法第90條之4第1項第3款）。

四、配合執行技術措施

(一)通用辨識或保護技術措施

著作權人或製版權人主動提供網路服務提供者通用辨識（identify）或保護（protect）技術措施，網路服務提供者有配合執行（著作權法第90條之4第1項第1項第4款、第3項）。所謂通用者，係指辨識或保護技術措施，係依據著作權人、製版權人及網路服務提供者，在廣泛共識下所開發完成而被採行者。

(二)不合理負擔者

著作權人或製版權人已提供其保護著作權或製版權之通用辨識或保護技術措施予網路服務提供者，且不致造成網路服務提供者不合理負擔，網路服務提供者，始有配合執行之義務，其並無負有發展技術措施之義務。所謂成不合理負擔者，係指會增加網路服務提供者重大費用支出，或導致其系統或網路運作之重大負擔者。

五、移除侵權內容或相關資訊

(一)經著作權人或製版權人通知

因網路服務提供者不負侵權與否之判斷責任，僅要通知文件內容形式上齊備，應立即移除或使他人無法進入該涉嫌侵權內容，除可不負著作權或製版權侵害賠償責任外，縱使事後證明該被移除之內容並不構成侵權，網路服務提供者亦無須對使用者負民事賠償責任（著作權法第90條之10第1款）[9]。在資訊儲

---

[8] 章忠信，2009年修正著作權法簡析—網路服務提供者之責任限制，月旦法學雜誌，173期，2009年10月，頁11。

[9] 經濟部智慧財產局2012年8月16日電子郵件字第1010816號函。

存服務提供者之情況，尚須履行第90條之9所定之處理程序，始可對該涉有侵權之使用人，不負賠償責任。

(二)網路服務提供者知悉侵權行為

網路服務提供者於著作權人或製版權人正式通知以外之其他管道，知悉侵權情事，主動移除或使他人無法進入該涉有侵權之內容或相關資訊，可無須為使用人之侵權行為負損害賠償責任。例如，網路服務提供者因第三人檢舉、著作權人或製版權人不合實施辦法規定格式之通知，而知悉使用者涉及侵權之情事，網路服務提供者主動移除或使他人無法進入涉有侵權之內容或相關資訊時，自無須為使用人之侵權行為對著作權人或製版權人負損害賠償責任。再者，網路服務提供者於上開情況，僅要網路服務提供者基於善意，而移除該涉有侵害之內容或相關資訊，縱使事後證明該被移除之內容並不構成侵權，對該被移除內容之使用者，仍不負賠償責任（著作權法第90條之10第2款）。所謂善意者，係指網路服務提供者對該涉有侵權之內容，未構成侵權之情事，並不知情而言，縱使有過失者，仍可免責，以鼓勵網路服務提供者於主動知悉侵權活動時，採取適當之措施，以維護著作權人或製版權人之正當權益。

貳、特別民事免責事由

一、連線服務提供者

連線服務提供者，對其使用者侵害他人著作權或製版權之行為，有如後之情形，不負賠償責任：(一)所傳輸資訊，係由使用者所發動或請求（著作權法第90條之5第1款）；(二)資訊傳輸、發送、連結或儲存，係經由自動化技術予以執行，且連線服務提供者未就傳輸之資訊為任何篩選或修改（第2款）。

二、快速存取服務提供者

快速存取服務提供者，對其使用者侵害他人著作權或製版權之行為，有如後情形，不負賠償責任：(一)未改變存取之資訊（著作權法第90條之6第1款）；(二)其資訊提供者就該自動存取之原始資訊為修改、刪除或阻斷時，透過自動化技術為相同之處理（第2款）；(三)經著作權人或製版權人通知其使用者涉有侵權行為後，立即移除或使他人無法進入涉有侵權之內容或相關資訊（第3款）。因網路服務提供者接獲著作權人或製版權人之通知後，並不負侵

權與否之判斷責任，僅要通知文件內容形式上齊備，應立即移除或使他人無法進入該涉嫌侵權內容。

三、資訊儲存服務提供者

(一)免責要件

資訊儲存服務提供者，對其使用者侵害他人著作權或製版權之行為，有如後情形，不負賠償責任：1.對使用者涉有侵權行為不知情（著作權法第90條之7第1款）。例如，資訊儲存服務提供者，對具體利用其設備、服務從事侵權一事確不知情；或者資訊儲存服務提供者，明顯不瞭解侵權行為事實；2.未直接自使用者之侵權行為獲有財產上利益（第2款）。所謂未直接獲有財產上利益者，係指網路服務提供者之獲益與使用者之侵權行為間，不具有相當因果關係。所謂財產上利益者，指金錢或得以金錢計算之利益，廣告收益及會員入會費均屬之。例如，在網拍之情形，對使用者收取費用，而該等費用之收取係使用者使用其服務之對價。因不論使用者係從事販買合法或非法商品，均有收取，故向難認其係直接自侵權行為獲有財產上利益。反之，倘其提供之所有服務，侵權活動所占之比率甚高，該廣告收益，即可能構成直接自使用者侵權行為獲有財產上利益[10]；3.經著作權人或製版權人通知其使用者涉有侵權行為後，立即移除或使他人無法進入該涉有侵權之內容或相關資訊（第3款）。

(二)移除或阻卻接觸之程序

1.資訊儲存服務提供者之通知

資訊儲存服務提供者，應將移除或使他人無法進入涉有侵權內容之處理情形，通知涉有侵權之使用者。基於降低資訊儲存服務提供者通知之成本及其掌握之使用者聯絡資訊未必真實等情事，故資訊儲存服務提供者以其與使用者約定之方式，或依使用者留存之聯絡資訊通知即可，不以絕對送達使用者為必要（著作權法第90條之9第1項本文）。再者，資訊儲存服務提供者依其提供服務之性質，而未留存使用者連絡資訊之事實，資訊儲存服務提供者不負通知之義務（但書）。例如，架設網站供使用者無須註冊或登記，即得利用其服務，而未留存連絡資訊。

---

[10] 王怡蘋，著作權法關於網路服務提供者之民事免責規範，月旦法學雜誌，173期，2009年10月，頁36。

2.使用者之回復通知

涉有侵權之使用者如認為其有合法權利使用被移除或無法進入之內容或相關資訊時，得檢具回復通知（counter notification）文件，要求資訊儲存服務提供者，回復其被移除或使他人無法進入之內容（著作權法第90條之9第2項）。資訊儲存服務提供者，應立即將回復通知文件轉送予著作權人或製版權人之義務，俾於進行後續處理之判斷（第3項）。

3.權利人之訴訟證明

著作權人或製版權人於接獲資訊儲存服務提供者回復通知之次日起10個工作日內，向資訊儲存服務提供者提出已對使用者訴訟之證明者，資訊儲存服務提供者，不負回復之義務（著作權法第90條之9第4項）。訴訟之證明範圍，包含排除侵害或損害賠償民事訴訟之證明，或依刑事訴訟法之規定提出告訴或自訴之證明。

4.資訊儲存服務提供者之回復處理

著作權人或製版權人未於法定期間內，提出訴訟之證明者，資訊儲存服務提供者應予以回復之義務及無法回復時之處理方式。詳言之，資訊儲存服務提供者至遲應於轉送回復通知之次日起14個工作日內，回復被移除或使他人無法進入之內容或相關資訊。倘無法回復者，應事先告知使用者，或提供其他適當方式供使用者回復（著作權法第90條之9第5項）。

四、搜尋服務提供者

搜尋服務提供者對其使用者侵害他人著作權或製版權之行為，有如後之情形，不負賠償責任：(一)對所搜尋或連結之資訊涉有侵權不知情（著作權法第90條之8第1款）；(二)未直接自使用者之侵權行為獲有財產上利益（第2款）；(三)著作權人或製版權人通知其使用者涉有侵權行為後，立即移除或使他人無法進入該涉有侵權之內容或相關資訊（第3款）。

參、民事損害賠償責任

因網路服務提供者不負侵權與否之判斷責任，僅要著作權人或製版權人之通知文件或使用者之回復通知文件，內容形式上齊備，應移除或使他人無法進入該涉嫌侵權內容或予以回復。準此，任何人提出不實通知或回復通知，致他人因網路服務提供者移除或回復，涉有侵權內容或相關資訊，而受有損害者，

該等提出不實通知或回復通知之行為，除對網路服務提供者造成營運之困擾，亦會影響網路服務提供者配合執行通知或回復通知制度之意願。職是，因使用者、著作權人或製版權人之故意或過失，向網路服務提供者提出不實通知或回復通知者，對使用者、著作權人、製版權人或網路服務提供者，應依民法第184條第1項前段規定負損害賠償責任（著作權法第90條之11）。

肆、例題解析

一、移除或阻卻接觸侵權內容或資訊

(一)通知移除或阻卻接觸之程序

甲為A文字著作之著作權人，其發現乙未徵得其同意，透過丙網路公司將A文字著作內容儲存於丙公司所營運之網路，經著作權人甲將使用者乙涉有侵權行為通知丙公司後，丙公司應立即移除或使他人無法進入該涉有侵權之內容或相關資訊（著作權法第90條之7第3款）。丙公司應將移除或使他人無法進入該涉有侵權內容之處理情形，通知涉有侵權之乙（著作權法第90條之9第1項本文）。

(二)回復通知

倘乙認為其有合法權利使用該被移除或無法進入之內容或相關資訊時，得檢具回復通知文件，要求丙公司回復其被移除或使他人無法進入之內容（著作權法第90條之9第2項）。丙公司應立即將回復通知文件轉送予著作權人甲（第3項）。甲於接獲丙公司回復通知之次日起10個工作日內，向丙公司提出已對使用者乙訴訟之證明，丙公司不負回復之義務（第4項）。反之，著作權人甲未於法定期間內提出訴訟之證明者，丙公司應予以回復。倘無法回復者，應事先告知乙，或提供其他適當方式供乙回復（第5項）。

(三)民事損害賠償責任

為避免通知或回復通知機制遭濫用，故應令不實通知或回復通知者應負侵權行為法律責任。是甲向丙公司提出不實通知，其有故意或過失，使乙或丙公司受有損害，甲應依民法第184條第1項前段規定負損害賠償責任。反之，乙向丙公司提出回復通知，致甲或丙公司受有損害，乙具有故意或過失，亦應負損害賠償責任（著作權法第90條之11）。

二、網路服務提供業者之安全港條款

　　C拍賣網站係資訊儲存服務提供者，其經由所控制或營運之系統或網路，應賣家之要求，提供賣家儲存販賣商品資訊之服務業者（著作權法第3條第1項第19款第3目）。其對用戶之侵權行為，欲主張免責之要件，必須符合未直接自使用者之侵權行為獲有財產上利益（著作權法第90條之7第2款）。換言之，應證明網路服務提供者之獲益與使用者之侵權行為間，不具有相當因果關係。在本件網拍之情形，C拍賣網站雖對賣家丁收取買賣交易手續費，然該費用之收取係使用者使用其服務之對價，不論使用者係從事販買合法或非法商品，均應收取，故不得認為係直接自侵權行為獲有財產上利益。職是，丁利用C拍賣網站販賣盜版電影光碟，經著作權人將侵權情事，通知C拍賣網站取下該侵權網頁內容，C拍賣網站於接獲通知後，立即配合通知將該網頁移除（著作權法第90條之4）。縱使C拍賣網站就每1筆買賣交易取得1%之手續費，因該收益未直接自使用者之侵權行為獲取財產上利益，是著作權人不得向C拍賣網站請求損害賠償[11]。

---

[11] 簡啓煜，著作權法案例解析，元照出版有限公司，2009年6月，頁326。

第十二章

集體管理團體與委員會

目　次

關鍵詞

利用人、社團法人、使用報酬、授權契約、著作財產權

著作權審議及調解委員會就著作權或製版權爭議進行調解，其屬著作財產權侵害爭端之非訟解決。著作權審議及調解委員會之組織規程及有關爭議之調解辦法，由主管機關擬訂，報請行政院核定後發布之（著作權法第83條）。著作權法主管機關訂有「經濟部智慧財產局著作權審議及調解委員會組織規程」與「著作權爭議調解辦法」。本章之目標，係使研讀者瞭解著作權集體管理團體與著作權審議及調解委員會。

第一節　著作權集體管理團體

著作權法第81條為著作權集體管理團體成立之法律依據，而著作權集體管理團體條例之立法目的有二：(一)藉由著作財產權人之結合，成立集體管理團體，藉集體管理團體之力量，聘用各種專業人員來為會員行使著作財產權，使會員安心從事創作，間接提高創作品質，以促進社會整體文化經濟發展；(二)經由集體管理團體使利用人能順利取得授權，合法利用著作，對社會文化經濟秩序之維持，形成良性循環。

例題1

> 　　甲音樂著作權協會與乙簽訂概括授權契約，約定甲將其管理之全部著作財產權授權利用人乙在一定期間內，不限次數利用，利用人乙應支付使用報酬。試問乙未定期提供使用清單予甲音樂著作權協會，作為分配使用報酬計算之標準，甲音樂著作權協會應如何救濟？

壹、著作權集體管理團體之目的

所謂著作權集體管理團體，係指以促進公眾利用著作為目的，為著作財產權人為管理其著作財產權，以集體管理團體之名義，行使權利、履行義務、收受及分配使用報酬，由著作財產權人與專屬授權之被授權人（著作權法第37條第4項）。依據著作權集體管理團體條例組織登記成立，並經著作權專責機關許可，具有公益性質之社團法人（著作權法第81條；著作權集體管理團體條例第3條第1款）。職是，著作權集體管理團體之許可設立、組織、職權及其監

督、輔導，以著作權集體管理團體條例定之。

貳、集體管理團體之成立

　　集體管理團體者應依著作權集體管理團體條例組織登記為，否則不得執行集體管理業務或以集體管理團體名義為其他法律行為，係採強制設立登記之制度（著作權集體管理團體條例第10條第1項）。違反前開規定者，其所訂之個別授權契約或概括授權契約無效；因而致他人受損害者，行為人應負賠償責任。行為人有二人以上者，連帶負責（第2項）。再者，著作權集體管理團體之會員，應將屬於集管團體管理之著作財產權均交由集管團體管理，倘僅部分授權管理，則於法不符（著作權集體管理團體條例第14條）[1]。

參、個別授權契約與概括授權契約

　　著作財產權人與著作權集體管理團體為管理其著作財產權，當事人可約定由集體管理團體管理其著作財產權，並將所收受使用報酬分配予著作財產權人之管理契約（著作權集體管理團體條例第3條第5款）。著作權集體管理團體執行仲介業務，可向著作財產權人收取之管理費（第6款）。集體管理團體與利用人得簽訂個別授權契約與概括授權契約：(一)所謂個別授權契約，係指集體管理團體與利用人約定，集體管理團體將其管理之特定著作財產權，授權利用人利用，利用人支付使用報酬之契約（第3款）；(二)所謂概括授權契約，係指集體管理團體與利用人約定，集體管理團體將其管理之全部著作財產權，授權利用人在一定期間內，不限次數利用，利用人支付使用報酬之契約（第4款）。

肆、集體管理團體之功能

　　集體管理團體之主要功能，在於蒐集使用資料與分配利益。蒐集使用資料之任務有二：(一)必須確定被使用之著作；(二)必須確定真正應分配之人。對於使用之數據與總收益之計算，集體管理團體通常會要求使用者自行回報，繼

---

[1] 經濟部智慧財產局2013年9月23日電子郵件字第1020923號函。

而計算報酬。例如，電臺可利用電腦記錄其所播放之著作[2]。

伍、例題解析——著作利用人之義務

利用人應定期將使用清單提供集體管理團體，作為分配使用報酬計算之標準（著作權集體管理團體條例第37條第1項）。集體管理團體亦得支付費用，隨時請求利用人提供使用清單（第2項）。利用人不提供使用清單或所提供之使用清單錯誤不實情節重大者，集體管理團體得終止其與利用人所訂之授權契約（第3項）。準此，甲音樂著作權協會與乙簽訂概括授權契約，乙有義務定期提供使用清單予甲音樂著作權協會，作為分配使用報酬計算之標準。倘利用人乙不提供使用清單，甲音樂著作權協會得終止其與利用人乙所訂之概括授權契約。

第二節　著作權審議及調解委員會

著作權審議及調解委員會之組織規程及有關爭議之調解辦法，由主管機關擬訂，報請行政院核定後發布之（著作權法第83條）。經濟部智慧財產局有參照鄉鎮市調解條例，前於2004年4月14日制定公告著作權爭議調解辦法。

例題2

丙電臺向A音樂著作權仲介協會商談，欲利用該集體管理團體管理之音樂著作，因當事人對使用報酬發生爭議，乃向著作權審議及調解委員會申請調解，經調解成立後，經送法院核定在案，丙電臺竟拒絕依據調解內容給付使用報酬。試問A音樂著作權仲介協會，應如何向丙電臺主張權利？

---

[2] 蔡鎔宇，建立與伯恩公約／TRIPs相容之著作權形式要件（formalities）制度，專利師季刊，21期，2015年4月，頁8。

壹、組織與職權

一、組　織

　　有關著作權集體管理團體與利用人間，對使用報酬之爭議。或著作權或製版權之爭議。由經濟部智慧財產局著作權審議及調解委員會依事件之性質或著作之類別指定委員一人至三人調解之（著作權爭議調解辦法第2條、第3條）。

二、職　權

　　著作權專責機關應設置著作權審議及調解委員會，辦理下列事項（著作權法第82條）：(一)第47條第4項規定使用報酬率之審議；(二)著作權集體管理團體與利用人間，對使用報酬爭議之調解。例如，經濟部智慧財產局對於使用報酬率具有審議與變更之權（著作權集體管理團體條例第25條）[3]；(三)著作權或製版權爭議之調解。爭議之調解，倘涉及刑事者，以告訴乃論罪之案件為限。因非告訴乃論之罪，縱使調解成立，亦無從因撤回告訴而免除刑責；(四)其他有關著作權審議及調解之諮詢[4]。

三、專業判斷之餘地

　　著作權審議及調解委員會由智慧局局長聘派有關機關代表、學者、專家、權利人代表、利用人代表及智慧局業務有關人員兼任之。足認使用報酬率之形成，係專門學識經驗之學者專家、業者、利害關係人及機關代表組成，經由不同屬性及專業之代表，並以合議制及公開方式獨立行使職權，共同作成決定。因此涉及具高度屬人性之評定、專業性之判斷及獨立專家委員會，就使用報酬率所為之判斷，基於尊重其不可替代性、專業性及法律授權之專屬性，行政機關就此等事項享有專業判斷之餘地，行政法院僅得審查行政機關之判斷，是否有恣意濫用及其他違法情事[5]。

---

[3] 最高行政法院104年度判字第464號、第465號行政判決；智慧財產及商業法院102年度行著訴字第9號、第10號行政判決。

[4] 經濟部智慧財產局2014年4月16日電子郵件字第1030416號函。

[5] 最高行政法院108年度判字第421號行政判決；智慧財產及商業法院101年度行著訴字第5號行政判決。

貳、調解制度

一、調解書之審核

　　著作權專責機關應於調解成立後7日內，將調解書送請管轄法院審核（著作權法第82條之1第1項）。前開調解書，法院應儘速審核，除有違反法令、公序良俗或不能強制執行者外，應由法官簽名並蓋法院印信，除抽存1份外，發還著作權專責機關送達當事人（第2項）。法院未予核定之事件，應將其理由通知著作權專責機關（第3項）。未經核定之調解書，雖不發生與確定判決之同一效果，惟屬民法之和解契約，倘當事人一方不履行，另一方得持調解書向法院起訴，請求他方履行調解內容。

二、調解書之效力

(一)具有民事確定判決同一效力

　　調解經法院核定後，當事人就該事件不得再行起訴、告訴或自訴（著作權法第82條之2第1項）。經法院核定之民事調解，與民事確定判決有同一之效力；經法院核定之刑事調解，以給付金錢或其他代替物或有價證券之一定數量為標的者，其調解書具有執行名義，此為著作爭議調解得以取代司法爭訟程序之益處（第2項）。

(二)撤回起訴、告訴或自訴

　　民事事件已繫屬於法院，在判決確定前，調解成立，並經法院核定者，視為於調解成立時撤回起訴（著作權法第82條之3第1項）。刑事事件於偵查中或第一審法院辯論終結前，調解成立，經法院核定，並經當事人同意撤回者，視為於調解成立時撤回告訴或自訴，使刑事訴訟程序終結（第2項）。

(三)宣告調解無效或撤銷調解之訴

　　民事調解經法院核定後，有無效或得撤銷之原因者，當事人得向原核定法院提起宣告調解無效或撤銷調解之訴（著作權法第82條之4第1項）。前開訴訟，當事人應於法院核定之調解書送達後30日內提起之（第2項）。

參、例題解析——調解之效力

　　丙電臺與A音樂著作權仲介協會，對使用音樂著作之報酬發生爭議，經著

作權審議及調解委員會調解成立後，並送法院核定在案。經法院核定之民事調解，其與民事確定判決有同一之效力。準此，丙電臺拒絕依據調解內容給付使用報酬，A音樂著作權仲介協會得持該執行名義，向法院聲請執行丙電臺之責任財產。

參考書目
BIBLIOGRAPHY

一、專 書

林洲富,智慧財產權法專題研究(1),翰蘆圖書出版有限公司,2006年5月。

林洲富,民法—案例式,五南圖書出版股份有限公司,2020年9月,8版1刷。

林洲富,智慧財產權法案例式,五南圖書出版股份有限公司,2021年12月,12版1刷。

林洲富,民事訴訟法理論與案例,元照出版有限公司,2023年2月,6版1刷。

林金吾,法官辦理民事事件參考手冊17,司法院,2008年4月。

林爵士,文化創意產業法制之研究—以文化創意產業發展法為中心,國立中正大學法律學系研究所碩士論文,2015年6月。

林詩凱,故宮數位典藏之智慧財產保障與管理,逢甲大學財經法律研究所碩士論文,2014年12月。

李茂瑋,TRIPS協定第13條於兩岸具體實踐之研究,國立中正大學財經法律學研究所碩士論文,2011年6月。

李文龍,新型態網路犯罪之探討,國立中正大學法律學系研究所碩士論文,2013年9月。

彭佳俊,著作權侵害之刑事責任,逢甲大學財經法律研究碩士論文,2014年1月。

陳佳麟,專利侵害損害賠償之研究:從美國案例檢討我國專利損害償制度,國立交通大學科技法律研究所碩士論文,2002年6月。

陳櫻琴、葉玟妤,智慧財產權法,五南圖書出版股份有限公司,2012年9月,4版1刷。

章忠信,著作權一本就通,書泉出版社,2010年。

章忠信,著作權法逐條釋義,五南圖書出版股份有限公司,2017年8月,4版修訂3刷;2007年3月。

孫森焱,民法債編總論,三民書局股份有限公司,1990年10月。

曾勝珍，論網路著作權之侵害，元照出版有限公司，2010年11月，2版1刷。

黃銘傑主編，著作權合理使用規範之現在與未來，元照出版有限公司，2011年9月。

黃吉良，著作權在教育之合理使用，國立中正大學法律學系研究所碩士論文，2015年6月。

賴文智、王文君，校園著作權百寶箱，經濟部智慧財產局，2007年3月。

廖婉君，攝影著作權之研究，國立中正大學法律學系碩士論文，2016年7月。

劉瀚宇，智慧財產權法，中華電視股份有限公司，2005年8月。

劉明芳，我國有線電視產業節目訊號播送之法律問題研究，國立中正大學財經法律學研究所碩士論文，2015年1月。

潘素霞，論著作權保護之客體－以原創性之色情著作為中心，國立中正大學法律學系研究所碩士論文，2015年7月。

羅明通，著作權法論1，群彥圖書股份有限公司，2005年9月，6版。

羅明通，著作權法論2，群彥圖書股份有限公司，2005年9月，6版。

蔡惠如，我國著作權法合理使用之挑戰與契機，著作權合理使用規範之現在與未來，元照出版有限公司，2011年9月。

蔡蕙芳，P2P網站經營者之教唆或公然煽惑他人犯罪責任，著作權侵權與其刑事責任，新學林出版股份有限公司，2008年2月。

蕭雄淋，著作權法論，五南圖書出版股份有限公司，2017年8月，8版修訂2刷；2006年3月，3版2刷。

蕭雄淋，著作權法職務著作之研究，經濟部智慧財產局，2010年8月15日。

蕭雄淋，新著作權法逐條釋義(一)，五南圖書出版股份有限公司，2001年9月，修正2版3刷，257頁。

蕭雄淋，新著作權法逐條釋義(二)，五南圖書出版股份有限公司，2001年9月，2版2刷。

蕭雄淋、幸秋妙、嚴裕欽、李庭熙、胡中瑋，國際著作權法合理使用立法趨勢之研究，經濟部智慧財產局，2009年12月8日。

謝在全，民法物權論下，新學林出版股份有限公司，2009年6月修訂4版。

謝銘洋，智慧財產權之基礎理論，瀚蘆圖書出版有限公司，2004年10月，4版。

簡啓煜，著作權法案例解析，元照出版有限公司，2009年6月。

智慧財產訴訟制度相關論文彙編，1輯，司法院，2010年11月。

智慧財產訴訟制度相關論文彙編，2輯，司法院，2013年12月。
智慧財產訴訟制度相關論文彙編，3輯，司法院，2014年12月。
智慧財產訴訟制度相關論文彙編，4輯，司法院，2015年12月。
智慧財產訴訟制度相關論文彙編，5輯，司法院，2016年12月。

二、專 論

王怡蘋，著作權法關於網路服務提供者之民事免責規範，月旦法學雜誌，173期，2009年10月。

石木欽，智慧財產權犯罪專題研究，智慧財產專業法官培訓課程，司法院司法人員研習所，2006年6月。

章忠信，2009年修正著作權法簡析－網路服務提供者之責任限制，月旦法學雜誌，173期，2009年10月。

徐玉蘭，著作權法民事責任案例研討，智慧財產專業法官培訓課程，司法院司法人員研習所，2006年6月。

張玉英，新修正著作權法之介紹及其對審判之影響，104年智慧財產法院法官在職研修課程，2015年9月9日。

馮震宇，網路最新著作侵權案例講解分析，101年度智慧財產法院法官在職研修課程，司法院司法人員研習所，2012年8月8日。

馮震宇，數位環境下著作權侵害之認定及相關案例研討，著作權侵害之認定及相關案例研討會會議手冊，司法院、最高法院、臺灣本土法學雜誌有限公司，2012年2月7日。

馮震宇，論文物藝術品攝影著作之保護與利用，月旦法學雜誌，249期，2016年2月。

黃 立，契約自由的限制，月旦法學雜誌，125期，2005年10月。

蔡鎛宇，建立與伯恩公約／TRIPs相容之著作權形式要件（formalities）制度，專利師，21期，2015年4月。

劉孔中，著作重製、改作與案例分析，101年度智慧財產法院法官在職研修課程，司法院司法人員研習所，2012年8月8日。

羅明通，著作權法罰則專題研究—著作抄襲之刑責判斷，智慧財產專業法官培訓課程，司法院司法人員研習所，2006年6月。

蘇 南、方星淵，建築設計之著作權研究，科技法學評論，10卷2期，2013年12月15日，元照出版有限公司。

謝銘洋，衍生著作及相關問題研究，台灣法學雜誌，338期，2018年2月28日。

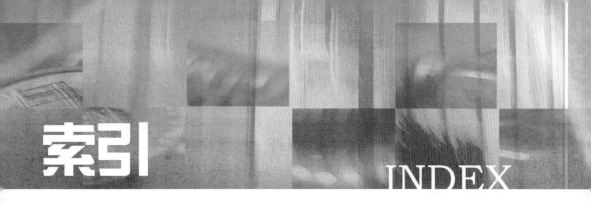

索引　INDEX

附錄　著作權法

2022年6月15日總統令修正公布

第一章　總則

第1條

為保障著作人著作權益，調和社會公共利益，促進國家文化發展，特制定本法。
本法未規定者，適用其他法律之規定。

第2條

本法主管機關為經濟部。
著作權業務，由經濟部指定專責機關辦理。

第3條

本法用詞，定義如下：

一、著作：指屬於文學、科學、藝術或其他學術範圍之創作。

二、著作人：指創作著作之人。

三、著作權：指因著作完成所生之著作人格權及著作財產權。

四、公眾：指不特定人或特定之多數人。但家庭及其正常社交之多數人，不在此限。

五、重製：指以印刷、複印、錄音、錄影、攝影、筆錄或其他方法直接、間接、永久或暫時之重複製作。於劇本、音樂著作或其他類似著作演出或播送時予以錄音或錄影；或依建築設計圖或建築模型建造建築物者，亦屬之。

六、公開口述：指以言詞或其他方法向公眾傳達著作內容。

七、公開播送：指基於公眾直接收聽或收視為目的，以有線電、無線電或其他器材之廣播系統傳送訊息之方法，藉聲音或影像，向公眾傳達著作內容。由原播送人以外之人，以有線電、無線電或其他器材之廣播系統傳送訊息之方法，將原播送之聲音或影像向公眾傳達者，亦屬之。

八、公開上映：指以單一或多數視聽機或其他傳送影像之方法於同一時間向現場

　　或現場以外一定場所之公眾傳達著作內容。

九、公開演出：指以演技、舞蹈、歌唱、彈奏樂器或其他方法向現場之公眾傳達著作內容。以擴音器或其他器材，將原播送之聲音或影像向公眾傳達者，亦屬之。

十、公開傳輸：指以有線電、無線電之網路或其他通訊方法，藉聲音或影像向公眾提供或傳達著作內容，包括使公眾得於其各自選定之時間或地點，以上述方法接收著作內容。

十一、改作：指以翻譯、編曲、改寫、拍攝影片或其他方法就原著作另為創作。

十二、散布：指不問有償或無償，將著作之原件或重製物提供公眾交易或流通。

十三、公開展示：指向公眾展示著作內容。

十四、發行：指權利人散布能滿足公眾合理需要之重製物。

十五、公開發表：指權利人以發行、播送、上映、口述、演出、展示或其他方法向公眾公開提示著作內容。

十六、原件：指著作首次附著之物。

十七、權利管理電子資訊：指於著作原件或其重製物，或於著作向公眾傳達時，所表示足以確認著作、著作名稱、著作人、著作財產權人或其授權之人及利用期間或條件之相關電子資訊；以數字、符號表示此類資訊者，亦屬之。

十八、防盜拷措施：指著作權人所採取有效禁止或限制他人擅自進入或利用著作之設備、器材、零件、技術或其他科技方法。

十九、網路服務提供者，指提供下列服務者：

　　（一）連線服務提供者：透過所控制或營運之系統或網路，以有線或無線方式，提供資訊傳輸、發送、接收，或於前開過程中之中介及短暫儲存之服務者。

　　（二）快速存取服務提供者：應使用者之要求傳輸資訊後，透過所控制或營運之系統或網路，將該資訊為中介及暫時儲存，以供其後要求傳輸該資訊之使用者加速進入該資訊之服務者。

　　（三）資訊儲存服務提供者：透過所控制或營運之系統或網路，應使用者之要求提供資訊儲存之服務者。

　　（四）搜尋服務提供者：提供使用者有關網路資訊之索引、參考或連結之

　　　搜尋或連結之服務者。

前項第8款所定現場或現場以外一定場所，包含電影院、俱樂部、錄影帶或碟影片播映場所、旅館房間、供公眾使用之交通工具或其他供不特定人進出之場所。

第4條

外國人之著作合於下列情形之一者，得依本法享有著作權。但條約或協定另有約定，經立法院議決通過者，從其約定：

一、於中華民國管轄區域內首次發行，或於中華民國管轄區域外首次發行後30日內在中華民國管轄區域內發行者。但以該外國人之本國，對中華民國人之著作，在相同之情形下，亦予保護且經查證屬實者為限。

二、依條約、協定或其本國法令、慣例，中華民國人之著作得在該國享有著作權者。

第二章　著作

第5條

本法所稱著作，例示如下：

一、語文著作。

二、音樂著作。

三、戲劇、舞蹈著作。

四、美術著作。

五、攝影著作。

六、圖形著作。

七、視聽著作。

八、錄音著作。

九、建築著作。

十、電腦程式著作。

前項各款著作例示內容，由主管機關訂定之。

第6條

就原著作改作之創作為衍生著作，以獨立之著作保護之。

衍生著作之保護，對原著作之著作權不生影響。

第7條

就資料之選擇及編排具有創作性者爲編輯著作，以獨立之著作保護之。

編輯著作之保護，對其所收編著作之著作權不生影響。

第7-1條

表演人對既有著作或民俗創作之表演，以獨立之著作保護之。

表演之保護，對原著作之著作權不生影響。

第8條

二人以上共同完成之著作，其各人之創作，不能分離利用者，爲共同著作。

第9條

下列各款不得爲著作權之標的：

一、憲法、法律、命令或公文。

二、中央或地方機關就前款著作作成之翻譯物或編輯物。

三、標語及通用之符號、名詞、公式、數表、表格、簿冊或時曆。

四、單純爲傳達事實之新聞報導所作成之語文著作。

五、依法令舉行之各類考試試題及其備用試題。

前項第1款所稱公文，包括公務員於職務上草擬之文告、講稿、新聞稿及其他文書。

第三章　著作人及著作權

第一節　通則

第10條

著作人於著作完成時享有著作權。但本法另有規定者，從其規定。

第10-1條

依本法取得之著作權，其保護僅及於該著作之表達，而不及於其所表達之思想、程序、製程、系統、操作方法、概念、原理、發現。

第二節　著作人

第11條

受雇人於職務上完成之著作，以該受雇人爲著作人。但契約約定以雇用人爲著作人者，從其約定。

依前項規定，以受雇人爲著作人者，其著作財產權歸雇用人享有。但契約約定其著作財產權歸受雇人享有者，從其約定。

前二項所稱受雇人，包括公務員。

第12條

出資聘請他人完成之著作，除前條情形外，以該受聘人爲著作人。但契約約定以出資人爲著作人者，從其約定。

依前項規定，以受聘人爲著作人者，其著作財產權依契約約定歸受聘人或出資人享有。未約定著作財產權之歸屬者，其著作財產權歸受聘人享有。

依前項規定著作財產權歸受聘人享有者，出資人得利用該著作。

第13條

在著作之原件或其已發行之重製物上，或將著作公開發表時，以通常之方法表示著作人之本名或眾所周知之別名者，推定爲該著作之著作人。

前項規定，於著作發行日期、地點及著作財產權人之推定，準用之。

第14條（刪除）

第三節　著作人格權

第15條

著作人就其著作享有公開發表之權利。但公務員，依第11條及第12條規定爲著作人，而著作財產權歸該公務員隸屬之法人享有者，不適用之。

有下列情形之一者，推定著作人同意公開發表其著作：

一、著作人將其尚未公開發表著作之著作財產權讓與他人或授權他人利用時，因著作財產權之行使或利用而公開發表者。

二、著作人將其尚未公開發表之美術著作或攝影著作之著作原件或其重製物讓與他人，受讓人以其著作原件或其重製物公開展示者。

三、依學位授予法撰寫之碩士、博士論文，著作人已取得學位者。

依第11條第2項及第12條第2項規定，由雇用人或出資人自始取得尚未公開發表著作之著作財產權者，因其著作財產權之讓與、行使或利用而公開發表者，視爲著作人同意公開發表其著作。

前項規定，於第12條第3項準用之。

第16條

著作人於著作之原件或其重製物上或於著作公開發表時，有表示其本名、別名或不具名之權利。著作人就其著作所生之衍生著作，亦有相同之權利。

前條第1項但書規定，於前項準用之。

利用著作之人，得使用自己之封面設計，並加冠設計人或主編之姓名或名稱。但著作人有特別表示或違反社會使用慣例者，不在此限。

依著作利用之目的及方法，於著作人之利益無損害之虞，且不違反社會使用慣例者，得省略著作人之姓名或名稱。

第17條

著作人享有禁止他人以歪曲、割裂、竄改或其他方法改變其著作之內容、形式或名目致損害其名譽之權利。

第18條

著作人死亡或消滅者，關於其著作人格權之保護，視同生存或存續，任何人不得侵害。但依利用行為之性質及程度、社會之變動或其他情事可認為不違反該著作人之意思者，不構成侵害。

第19條

共同著作之著作人格權，非經著作人全體同意，不得行使之。各著作人無正當理由者，不得拒絕同意。

共同著作之著作人，得於著作人中選定代表人行使著作人格權。

對於前項代表人之代表權所加限制，不得對抗善意第三人。

第20條

未公開發表之著作原件及其著作財產權，除作為買賣之標的或經本人允諾者外，不得作為強制執行之標的。

第21條

著作人格權專屬於著作人本身，不得讓與或繼承。

第四節　著作財產權

第一款　著作財產權之種類

第22條

著作人除本法另有規定外，專有重製其著作之權利。

表演人專有以錄音、錄影或攝影重製其表演之權利。

前二項規定，於專為網路合法中繼性傳輸，或合法使用著作，屬技術操作過程中必要之過渡性、附帶性而不具獨立經濟意義之暫時性重製，不適用之。但電腦程式著作，不在此限。

前項網路合法中繼性傳輸之暫時性重製情形，包括網路瀏覽、快速存取或其他為達成傳輸功能之電腦或機械本身技術上所不可避免之現象。

第23條

著作人專有公開口述其語文著作之權利。

第24條

著作人除本法另有規定外，專有公開播送其著作之權利。

表演人就其經重製或公開播送後之表演，再公開播送者，不適用前項規定。

第25條

著作人專有公開上映其視聽著作之權利。

第26條

著作人除本法另有規定外，專有公開演出其語文、音樂或戲劇、舞蹈著作之權利。

表演人專有以擴音器或其他器材公開演出其表演之權利。但將表演重製後或公開播送後再以擴音器或其他器材公開演出者，不在此限。

錄音著作經公開演出者，著作人得請求公開演出之人支付使用報酬。

第26-1條

著作人除本法另有規定外，專有公開傳輸其著作之權利。

表演人就其經重製於錄音著作之表演，專有公開傳輸之權利。

第27條

著作人專有公開展示其未發行之美術著作或攝影著作之權利。

第28條

著作人專有將其著作改作成衍生著作或編輯成編輯著作之權利。但表演不適用之。

第28-1條

著作人除本法另有規定外，專有以移轉所有權之方式，散布其著作之權利。

表演人就其經重製於錄音著作之表演，專有以移轉所有權之方式散布之權利。

第29條

著作人除本法另有規定外,專有出租其著作之權利。

表演人就其經重製於錄音著作之表演,專有出租之權利。

第29-1條

依第11條第2項或第12條第2項規定取得著作財產權之雇用人或出資人,專有第22條至第29條規定之權利。

第二款　著作財產權之存續期間

第30條

著作財產權,除本法另有規定外,存續於著作人之生存期間及其死亡後50年。

著作於著作人死亡後40年至50年間首次公開發表者,著作財產權之期間,自公開發表時起存續10年。

第31條

共同著作之著作財產權,存續至最後死亡之著作人死亡後50年。

第32條

別名著作或不具名著作之著作財產權,存續至著作公開發表後50年。但可證明其著作人死亡已逾50年者,其著作財產權消滅。

前項規定,於著作人之別名為眾所周知者,不適用之。

第33條

法人為著作人之著作,其著作財產權存續至其著作公開發表後50年。但著作在創作完成時起算50年內未公開發表者,其著作財產權存續至創作完成時起50年。

第34條

攝影、視聽、錄音及表演之著作財產權存續至著作公開發表後50年。

前條但書規定,於前項準用之。

第35條

第30條至第34條所定存續期間,以該期間屆滿當年之末日為期間之終止。

繼續或逐次公開發表之著作,依公開發表日計算著作財產權存續期間時,如各次公開發表能獨立成一著作者,著作財產權存續期間自各別公開發表日起算。如各次公開發表不能獨立成一著作者,以能獨立成一著作時之公開發表日起算。

前項情形,如繼續部分未於前次公開發表日後3年內公開發表者,其著作財產權存續期間自前次公開發表日起算。

第三款　著作財產權之讓與、行使及消滅

第36條

著作財產權得全部或部分讓與他人或與他人共有。

著作財產權之受讓人，在其受讓範圍內，取得著作財產權。

著作財產權讓與之範圍依當事人之約定；其約定不明之部分，推定為未讓與。

第37條

著作財產權人得授權他人利用著作，其授權利用之地域、時間、內容、利用方法或其他事項，依當事人之約定；其約定不明之部分，推定為未授權。

前項授權不因著作財產權人嗣後將其著作財產權讓與或再為授權而受影響。

非專屬授權之被授權人非經著作財產權人同意，不得將其被授與之權利再授權第三人利用。

專屬授權之被授權人在被授權範圍內，得以著作財產權人之地位行使權利，並得以自己名義為訴訟上之行為。著作財產權人在專屬授權範圍內，不得行使權利。

第2項至前項規定，於中華民國90年11月12日本法修正施行前所為之授權，不適用之。

有下列情形之一者，不適用第七章規定。但屬於著作權集體管理團體管理之著作，不在此限：

一、音樂著作經授權重製於電腦伴唱機者，利用人利用該電腦伴唱機公開演出該著作。

二、將原播送之著作再公開播送。

三、以擴音器或其他器材，將原播送之聲音或影像向公眾傳達。

四、著作經授權重製於廣告後，由廣告播送人就該廣告為公開播送或同步公開傳輸，向公眾傳達。

第38條（刪除）

第39條

以著作財產權為質權之標的物者，除設定時另有約定外，著作財產權人得行使其著作財產權。

第40條

共同著作各著作人之應有部分，依共同著作人間之約定定之；無約定者，依各著作人參與創作之程度定之。各著作人參與創作之程度不明時，推定為均等。

共同著作之著作人拋棄其應有部分者，其應有部分由其他共同著作人依其應有部分之比例分享之。

前項規定，於共同著作之著作人死亡無繼承人或消滅後無承受人者，準用之。

第40-1條

共有之著作財產權，非經著作財產權人全體同意，不得行使之；各著作財產權人非經其他共有著作財產權人之同意，不得以其應有部分讓與他人或為他人設定質權。各著作財產權人，無正當理由者，不得拒絕同意。

共有著作財產權人，得於著作財產權人中選定代表人行使著作財產權。對於代表人之代表權所加限制，不得對抗善意第三人。

前條第2項及第3項規定，於共有著作財產權準用之。

第41條

著作財產權人投稿於新聞紙、雜誌或授權公開播送著作者，除另有約定外，推定僅授與刊載或公開播送一次之權利，對著作財產權人之其他權利不生影響。

第42條

著作財產權因存續期間屆滿而消滅。於存續期間內，有下列情形之一者，亦同：

一、著作財產權人死亡，其著作財產權依法應歸屬國庫者。

二、著作財產權人為法人，於其消滅後，其著作財產權依法應歸屬於地方自治團體者。

第43條

著作財產權消滅之著作，除本法另有規定外，任何人均得自由利用。

第四款　著作財產權之限制

第44條

中央或地方機關，因立法或行政目的所需，認有必要將他人著作列為內部參考資料時，在合理範圍內，得重製他人之著作。但依該著作之種類、用途及其重製物之數量、方法，有害於著作財產權人之利益者，不在此限。

第45條

專為司法程序使用之必要，在合理範圍內，得重製他人之著作。

前條但書規定，於前項情形準用之。

第46條

依法設立之各級學校及其擔任教學之人，為學校授課目的之必要範圍內，得重

製、公開演出或公開上映已公開發表之著作。

前項情形，經採取合理技術措施防止未有學校學籍或未經選課之人接收者，得公開播送或公開傳輸已公開發表之著作。

第44條但書規定，於前二項情形準用之。

第46-1條

依法設立之各級學校或教育機構及其擔任教學之人，為教育目的之必要範圍內，得公開播送或公開傳輸已公開發表之著作。但有營利行為者，不適用之。

前項情形，除符合前條第2項規定外，利用人應將利用情形通知著作財產權人並支付適當之使用報酬。

第47條

為編製依法規應經審定或編定之教科用書，編製者得重製、改作或編輯已公開發表之著作，並得公開傳輸該教科用書。

前項規定，除公開傳輸外，於該教科用書編製者編製附隨於該教科用書且專供教學之人教學用之輔助用品，準用之。

前二項情形，利用人應將利用情形通知著作財產權人並支付使用報酬；其使用報酬率，由主管機關定之。

第48條

供公眾使用之圖書館、博物館、歷史館、科學館、藝術館、檔案館或其他典藏機構，於下列情形之一，得就其收藏之著作重製之：

一、應閱覽人供個人研究之要求，重製已公開發表著作之一部分，或期刊或已公開發表之研討會論文集之單篇著作，每人以一份為限。但不得以數位重製物提供之。

二、基於避免遺失、毀損或其儲存形式無通用技術可資讀取，且無法於市場以合理管道取得而有保存資料之必要者。

三、就絕版或難以購得之著作，應同性質機構之要求者。

四、數位館藏合法授權期間還原著作之需要者。

國家圖書館為促進國家文化發展之目的，得以數位方式重製下列著作：

一、為避免原館藏滅失、損傷或污損，替代原館藏提供館內閱覽之館藏著作。但市場已有數位形式提供者，不適用之。

二、中央或地方機關或行政法人於網路上向公眾提供之資料。

依第1項第2款至第4款及前項第1款規定重製之著作，符合下列各款規定，或依前項第2款規定重製之著作，符合第2款規定者，得於館內公開傳輸提供閱覽：

一、同一著作同一時間提供館內使用者閱覽之數量，未超過該機構現有該著作之館藏數量。

二、提供館內閱覽之電腦或其他顯示設備，未提供使用者進行重製、傳輸。

國家圖書館依第2項第1款規定重製之著作，除前項規定情形外，不得作其他目的之利用。

第48-1條

中央或地方機關、依法設立之教育機構或供公眾使用之圖書館，得重製下列已公開發表之著作所附之摘要：

一、依學位授予法撰寫之碩士、博士論文，著作人已取得學位者。

二、刊載於期刊中之學術論文。

三、已公開發表之研討會論文集或研究報告。

第49條

以廣播、攝影、錄影、新聞紙、網路或其他方法為時事報導者，在報導之必要範圍內，得利用其報導過程中所接觸之著作。

第50條

以中央或地方機關或公法人之名義公開發表之著作，在合理範圍內，得重製、公開播送或公開傳輸。

第51條

供個人或家庭為非營利之目的，在合理範圍內，得利用圖書館及非供公眾使用之機器重製已公開發表之著作。

第52條

為報導、評論、教學、研究或其他正當目的之必要，在合理範圍內，得引用已公開發表之著作。

第53條

中央或地方政府機關、非營利機構或團體、依法立案之各級學校，為專供視覺障礙者、學習障礙者、聽覺障礙者或其他感知著作有困難之障礙者使用之目的，得以翻譯、點字、錄音、數位轉換、口述影像、附加手語或其他方式利用已公開發表之著作。

前項所定障礙者或其代理人為供該障礙者個人非營利使用，準用前項規定。

依前二項規定製作之著作重製物，得於前二項所定障礙者、中央或地方政府機關、非營利機構或團體、依法立案之各級學校間散布或公開傳輸。

第54條

中央或地方機關、依法設立之各級學校或教育機構辦理之各種考試，得重製已公開發表之著作，供為試題之用。但已公開發表之著作如為試題者，不適用之。

第55條

非以營利為目的，未對觀眾或聽眾直接或間接收取任何費用，且未對表演人支付報酬者，得於活動中公開口述、公開播送、公開上映或公開演出他人已公開發表之著作。

第56條

廣播或電視，為公開播送之目的，得以自己之設備錄音或錄影該著作。但以其公開播送業經著作財產權人之授權或合於本法規定者為限。

前項錄製物除經著作權專責機關核准保存於指定之處所外，應於錄音或錄影後6個月內銷燬之。

第56-1條

為加強收視效能，得以依法令設立之社區共同天線同時轉播依法設立無線電視臺播送之著作，不得變更其形式或內容。

第57條

美術著作或攝影著作原件或合法重製物之所有人或經其同意之人，得公開展示該著作原件或合法重製物。

前項公開展示之人，為向參觀人解說著作，得於說明書內重製該著作。

第58條

於街道、公園、建築物之外壁或其他向公眾開放之戶外場所長期展示之美術著作或建築著作，除下列情形外，得以任何方法利用之：

一、以建築方式重製建築物。

二、以雕塑方式重製雕塑物。

三、為於本條規定之場所長期展示目的所為之重製。

四、專門以販賣美術著作重製物為目的所為之重製。

第59條

合法電腦程式著作重製物之所有人得因配合其所使用機器之需要，修改其程式，或因備用存檔之需要重製其程式。但限於該所有人自行使用。

前項所有人因滅失以外之事由，喪失原重製物之所有權者，除經著作財產權人同意外，應將其修改或重製之程式銷燬之。

第59-1條

在中華民國管轄區域內取得著作原件或其合法重製物所有權之人，得以移轉所有權之方式散布之。

第60條

著作原件或其合法著作重製物之所有人，得出租該原件或重製物。但錄音及電腦程式著作，不適用之。

附含於貨物、機器或設備之電腦程式著作重製物，隨同貨物、機器或設備合法出租且非該項出租之主要標的物者，不適用前項但書之規定。

第61條

揭載於新聞紙、雜誌或網路上有關政治、經濟或社會上時事問題之論述，得由其他新聞紙、雜誌轉載或由廣播或電視公開播送，或於網路上公開傳輸。但經註明不許轉載、公開播送或公開傳輸者，不在此限。

第62條

政治或宗教上之公開演說、裁判程序及中央或地方機關之公開陳述，任何人得利用之。但專就特定人之演說或陳述，編輯成編輯著作者，應經著作財產權人之同意。

第63條

依第44條、第45條、第48條第1款、第48條之1至第50條、第52條至第55條、第61條及第62條規定得利用他人著作者，得翻譯該著作。

依第46條及第51條規定得利用他人著作者，得改作該著作。

依第46條至第50條、第52條至第54條、第57條第2項、第58條、第61條及第62條規定利用他人著作者，得散布該著作。

第64條

依第44條至第47條、第48條之1至第50條、第52條、第53條、第55條、第57條、第58條、第60條至第63條規定利用他人著作者，應明示其出處。

前項明示出處，就著作人之姓名或名稱，除不具名著作或著作人不明者外，應以合理之方式為之。

第65條

著作之合理使用，不構成著作財產權之侵害。

著作之利用是否合於第44條至第63條所定之合理範圍或其他合理使用之情形，應審酌一切情狀，尤應注意下列事項，以為判斷之基準：

一、利用之目的及性質，包括係為商業目的或非營利教育目的。

二、著作之性質。

三、所利用之質量及其在整個著作所占之比例。

四、利用結果對著作潛在市場與現在價值之影響。

著作權人團體與利用人團體就著作之合理使用範圍達成協議者，得為前項判斷之參考。

前項協議過程中，得諮詢著作權專責機關之意見。

第66條

第44條至第63條及第65條規定，對著作人之著作人格權不生影響。

第五款　著作利用之強制授權

第67條（刪除）

第68條（刪除）

第69條

錄有音樂著作之銷售用錄音著作發行滿6個月，欲利用該音樂著作錄製其他銷售用錄音著作者，經申請著作權專責機關許可強制授權，並給付使用報酬後，得利用該音樂著作，另行錄製。

前項音樂著作強制授權許可、使用報酬之計算方式及其他應遵行事項之辦法，由主管機關定之。

第70條

依前條規定利用音樂著作者，不得將其錄音著作之重製物銷售至中華民國管轄區域外。

第71條

依第69條規定，取得強制授權之許可後，發現其申請有虛偽情事者，著作權專責機關應撤銷其許可。

依第69條規定，取得強制授權之許可後，未依著作權專責機關許可之方式利用著作者，著作權專責機關應廢止其許可。

第72條至第78條（刪除）

第四章　製版權

第79條

無著作財產權或著作財產權消滅之文字著述或美術著作，經製版人就文字著述整理印刷，或就美術著作原件以影印、印刷或類似方式重製首次發行，並依法登記者，製版人就其版面，專有以影印、印刷或類似方式重製之權利。

製版人之權利，自製版完成時起算存續10年。

前項保護期間，以該期間屆滿當年之末日，為期間之終止。

製版權之讓與或信託，非經登記，不得對抗第三人。

製版權登記、讓與登記、信託登記及其他應遵行事項之辦法，由主管機關定之。

第80條

第42條及第43條有關著作財產權消滅之規定、第44條至第48條、第49條、第51條、第52條、第54條、第64條及第65條關於著作財產權限制之規定，於製版權準用之。

第四章之一　權利管理電子資訊及防盜拷措施

第80-1條

著作權人所為之權利管理電子資訊，不得移除或變更。但有下列情形之一者，不在此限：

一、因行為時之技術限制，非移除或變更著作權利管理電子資訊即不能合法利用該著作。

二、錄製或傳輸系統轉換時，其轉換技術上必要之移除或變更。

明知著作權利管理電子資訊，業經非法移除或變更者，不得散布或意圖散布而輸入或持有該著作原件或其重製物，亦不得公開播送、公開演出或公開傳輸。

第80-2條

著作權人所採取禁止或限制他人擅自進入著作之防盜拷措施，未經合法授權不得

予以破解、破壞或以其他方法規避之。

破解、破壞或規避防盜拷措施之設備、器材、零件、技術或資訊，未經合法授權不得製造、輸入、提供公眾使用或為公眾提供服務。

前二項規定，於下列情形不適用之：

一、為維護國家安全者。

二、中央或地方機關所為者。

三、檔案保存機構、教育機構或供公眾使用之圖書館，為評估是否取得資料所為者。

四、為保護未成年人者。

五、為保護個人資料者。

六、為電腦或網路進行安全測試者。

七、為進行加密研究者。

八、為進行還原工程者。

九、為依第44條至第63條及第65條規定利用他人著作者。

十、其他經主管機關所定情形。

前項各款之內容，由主管機關定之，並定期檢討。

第五章　著作權集體管理團體與著作權審議及調解委員會

第81條

著作財產權人為行使權利、收受及分配使用報酬，經著作權專責機關之許可，得組成著作權集體管理團體。

專屬授權之被授權人，亦得加入著作權集體管理團體。

第1項團體之許可設立、組織、職權及其監督、輔導，另以法律定之。

第82條

著作權專責機關應設置著作權審議及調解委員會，辦理下列事項：

一、第47條第4項規定使用報酬率之審議。

二、著作權集體管理團體與利用人間，對使用報酬爭議之調解。

三、著作權或製版權爭議之調解。

四、其他有關著作權審議及調解之諮詢。

前項第3款所定爭議之調解，其涉及刑事者，以告訴乃論罪之案件爲限。

第82-1條

著作權專責機關應於調解成立後7日內，將調解書送請管轄法院審核。

前項調解書，法院應儘速審核，除有違反法令、公序良俗或不能強制執行者外，應由法官簽名並蓋法院印信，除抽存一份外，發還著作權專責機關送達當事人。

法院未予核定之事件，應將其理由通知著作權專責機關。

第82-2條

調解經法院核定後，當事人就該事件不得再行起訴、告訴或自訴。

前項經法院核定之民事調解，與民事確定判決有同一之效力；經法院核定之刑事調解，以給付金錢或其他代替物或有價證券之一定數量爲標的者，其調解書具有執行名義。

第82-3條

民事事件已繫屬於法院，在判決確定前，調解成立，並經法院核定者，視爲於調解成立時撤回起訴。

刑事事件於偵查中或第一審法院辯論終結前，調解成立，經法院核定，並經當事人同意撤回者，視爲於調解成立時撤回告訴或自訴。

第82-4條

民事調解經法院核定後，有無效或得撤銷之原因者，當事人得向原核定法院提起宣告調解無效或撤銷調解之訴。

前項訴訟，當事人應於法院核定之調解書送達後30日內提起之。

第83條

前條著作權審議及調解委員會之組織規程及有關爭議之調解辦法，由主管機關擬訂，報請行政院核定後發布之。

第六章　權利侵害之救濟

第84條

著作權人或製版權人對於侵害其權利者，得請求排除之，有侵害之虞者，得請求防止之。

第85條

侵害著作人格權者，負損害賠償責任。雖非財產上之損害，被害人亦得請求賠償

相當之金額。

前項侵害，被害人並得請求表示著作人之姓名或名稱、更正內容或爲其他回復名譽之適當處分。

第86條

著作人死亡後，除其遺囑另有指定外，下列之人，依順序對於違反第18條或有違反之虞者，得依第84條及前條第2項規定，請求救濟：

一、配偶。

二、子女。

三、父母。

四、孫子女。

五、兄弟姊妹。

六、祖父母。

第87條

有下列情形之一者，除本法另有規定外，視爲侵害著作權或製版權：

一、以侵害著作人名譽之方法利用其著作者。

二、明知爲侵害製版權之物而散布或意圖散布而公開陳列或持有者。

三、輸入未經著作財產權人或製版權人授權重製之重製物或製版物者。

四、未經著作財產權人同意而輸入著作原件或其國外合法重製物者。

五、以侵害電腦程式著作財產權之重製物作爲營業之使用者。

六、明知爲侵害著作財產權之物而以移轉所有權或出租以外之方式散布者，或明知爲侵害著作財產權之物，意圖散布而公開陳列或持有者。

七、未經著作財產權人同意或授權，意圖供公眾透過網路公開傳輸或重製他人著作，侵害著作財產權，對公眾提供可公開傳輸或重製著作之電腦程式或其他技術，而受有利益者。

八、明知他人公開播送或公開傳輸之著作侵害著作財產權，意圖供公眾透過網路接觸該等著作，有下列情形之一而受有利益者：

　（一）提供公眾使用匯集該等著作網路位址之電腦程式。

　（二）指導、協助或預設路徑供公眾使用前目之電腦程式。

　（三）製造、輸入或銷售載有第1目之電腦程式之設備或器材。

前項第7款、第8款之行爲人，採取廣告或其他積極措施，教唆、誘使、煽惑、說

服公眾利用者,為具備該款之意圖。

第87-1條

有下列情形之一者,前條第4款之規定,不適用之:

一、為供中央或地方機關之利用而輸入。但為供學校或其他教育機構之利用而輸入或非以保存資料之目的而輸入視聽著作原件或其重製物者,不在此限。

二、為供非營利之學術、教育或宗教機構保存資料之目的而輸入視聽著作原件或一定數量重製物,或為其圖書館借閱或保存資料之目的而輸入視聽著作以外之其他著作原件或一定數量重製物,並應依第48條規定利用之。

三、為供輸入者個人非散布之利用或屬入境人員行李之一部分而輸入著作原件或一定數量重製物者。

四、中央或地方政府機關、非營利機構或團體、依法立案之各級學校,為專供視覺障礙者、學習障礙者、聽覺障礙者或其他感知著作有困難之障礙者使用之目的,得輸入以翻譯、點字、錄音、數位轉換、口述影像、附加手語或其他方式重製之著作重製物,並應依第53條規定利用之。

五、附含於貨物、機器或設備之著作原件或其重製物,隨同貨物、機器或設備之合法輸入而輸入者,該著作原件或其重製物於使用或操作貨物、機器或設備時不得重製。

六、附屬於貨物、機器或設備之說明書或操作手冊隨同貨物、機器或設備之合法輸入而輸入者。但以說明書或操作手冊為主要輸入者,不在此限。

前項第2款及第3款之一定數量,由主管機關另定之。

第88條

因故意或過失不法侵害他人之著作財產權或製版權者,負損害賠償責任。

數人共同不法侵害者,連帶負賠償責任。

前項損害賠償,被害人得依下列規定擇一請求:

一、依民法第216條之規定請求。但被害人不能證明其損害時,得以其行使權利依通常情形可得預期之利益,減除被侵害後行使同一權利所得利益之差額,為其所受損害。

二、請求侵害人因侵害行為所得之利益。但侵害人不能證明其成本或必要費用時,以其侵害行為所得之全部收入,為其所得利益。

依前項規定,如被害人不易證明其實際損害額,得請求法院依侵害情節,在新臺

幣1萬元以上100萬元以下酌定賠償額。如損害行為屬故意且情節重大者，賠償額得增至新臺幣500萬元。

第88-1條

依第84條或前條第1項請求時，對於侵害行為作成之物或主要供侵害所用之物，得請求銷燬或為其他必要之處置。

第89條

被害人得請求由侵害人負擔費用，將判決書內容全部或一部登載新聞紙、雜誌。

第89-1條

第85條及第88條之損害賠償請求權，自請求權人知有損害及賠償義務人時起，2年間不行使而消滅。自有侵權行為時起，逾10年者亦同。

第90條

共同著作之各著作權人，對於侵害其著作權者，得各依本章之規定，請求救濟，並得按其應有部分，請求損害賠償。

前項規定，於因其他關係成立之共有著作財產權或製版權之共有人準用之。

第90-1條

著作權人或製版權人對輸入或輸出侵害其著作權或製版權之物者，得申請海關先予查扣。

前項申請應以書面為之，並釋明侵害之事實，及提供相當於海關核估該進口貨物完稅價格或出口貨物離岸價格之保證金，作為被查扣人因查扣所受損害之賠償擔保。

海關受理查扣之申請，應即通知申請人。如認符合前項規定而實施查扣時，應以書面通知申請人及被查扣人。

申請人或被查扣人，得向海關申請檢視被查扣之物。

查扣之物，經申請人取得法院民事確定判決，屬侵害著作權或製版權者，由海關予以沒入。沒入物之貨櫃延滯費、倉租、裝卸費等有關費用暨處理銷燬費用應由被查扣人負擔。

前項處理銷燬所需費用，經海關限期通知繳納而不繳納者，依法移送強制執行。

有下列情形之一者，除由海關廢止查扣依有關進出口貨物通關規定辦理外，申請人並應賠償被查扣人因查扣所受損害：

一、查扣之物經法院確定判決，不屬侵害著作權或製版權之物者。

二、海關於通知申請人受理查扣之日起12日內，未被告知就查扣物為侵害物之訴
　　訟已提起者。

三、申請人申請廢止查扣者。

前項第2款規定之期限，海關得視需要延長12日。

有下列情形之一者，海關應依申請人之申請返還保證金：

一、申請人取得勝訴之確定判決或與被查扣人達成和解，已無繼續提供保證金之
　　必要者。

二、廢止查扣後，申請人證明已定20日以上之期間，催告被查扣人行使權利而未
　　行使者。

三、被查扣人同意返還者。

被查扣人就第2項之保證金與質權人有同一之權利。

海關於執行職務時，發現進出口貨物外觀顯有侵害著作權之嫌者，得於1個工作日
內通知權利人並通知進出口人提供授權資料。權利人接獲通知後對於空運出口貨
物應於4小時內，空運進口及海運進出口貨物應於1個工作日內至海關協助認定。

權利人不明或無法通知，或權利人未於通知期限內至海關協助認定，或經權利人
認定系爭標的物未侵權者，若無違反其他通關規定，海關應即放行。

經認定疑似侵權之貨物，海關應採行暫不放行措施。

海關採行暫不放行措施後，權利人於3個工作日內，未依第1項至第10項向海關申
請查扣，或未採行保護權利之民事、刑事訴訟程序，若無違反其他通關規定，海
關應即放行。

第90-2條

前條之實施辦法，由主管機關會同財政部定之。

第90-3條

違反第80條之1或第80條之2規定，致著作權人受損害者，負賠償責任。數人共同
違反者，負連帶賠償責任。

第84條、第88條之1、第89條之1及第90條之1規定，於違反第80條之1或第80條之2
規定者，準用之。

第六章之一　網路服務提供者之民事免責事由

第90-4條

符合下列規定之網路服務提供者，適用第90條之5至第90條之8之規定：

一、以契約、電子傳輸、自動偵測系統或其他方式，告知使用者其著作權或製版權保護措施，並確實履行該保護措施。

二、以契約、電子傳輸、自動偵測系統或其他方式，告知使用者若有三次涉有侵權情事，應終止全部或部分服務。

三、公告接收通知文件之聯繫窗口資訊。

四、執行第3項之通用辨識或保護技術措施。

連線服務提供者於接獲著作權人或製版權人就其使用者所為涉有侵權行為之通知後，將該通知以電子郵件轉送該使用者，視為符合前項第1款規定。

著作權人或製版權人已提供為保護著作權或製版權之通用辨識或保護技術措施，經主管機關核可者，網路服務提供者應配合執行之。

第90-5條

有下列情形者，連線服務提供者對其使用者侵害他人著作權或製版權之行為，不負賠償責任：

一、所傳輸資訊，係由使用者所發動或請求。

二、資訊傳輸、發送、連結或儲存，係經由自動化技術予以執行，且連線服務提供者未就傳輸之資訊為任何篩選或修改。

第90-6條

有下列情形者，快速存取服務提供者對其使用者侵害他人著作權或製版權之行為，不負賠償責任：

一、未改變存取之資訊。

二、於資訊提供者就該自動存取之原始資訊為修改、刪除或阻斷時，透過自動化技術為相同之處理。

三、經著作權人或製版權人通知其使用者涉有侵權行為後，立即移除或使他人無法進入該涉有侵權之內容或相關資訊。

第90-7條

有下列情形者，資訊儲存服務提供者對其使用者侵害他人著作權或製版權之行

為,不負賠償責任:

一、對使用者涉有侵權行為不知情。

二、未直接自使用者之侵權行為獲有財產上利益。

三、經著作權人或製版權人通知其使用者涉有侵權行為後,立即移除或使他人無法進入該涉有侵權之內容或相關資訊。

第90-8條

有下列情形者,搜尋服務提供者對其使用者侵害他人著作權或製版權之行為,不負賠償責任:

一、對所搜尋或連結之資訊涉有侵權不知情。

二、未直接自使用者之侵權行為獲有財產上利益。

三、經著作權人或製版權人通知其使用者涉有侵權行為後,立即移除或使他人無法進入該涉有侵權之內容或相關資訊。

第90-9條

資訊儲存服務提供者應將第90條之7第3款處理情形,依其與使用者約定之聯絡方式或使用者留存之聯絡資訊,轉送該涉有侵權之使用者。但依其提供服務之性質無法通知者,不在此限。

前項之使用者認其無侵權情事者,得檢具回復通知文件,要求資訊儲存服務提供者回復其被移除或使他人無法進入之內容或相關資訊。

資訊儲存服務提供者於接獲前項之回復通知後,應立即將回復通知文件轉送著作權人或製版權人。

著作權人或製版權人於接獲資訊儲存服務提供者前項通知之次日起10個工作日內,向資訊儲存服務提供者提出已對該使用者訴訟之證明者,資訊儲存服務提供者不負回復之義務。

著作權人或製版權人未依前項規定提出訴訟之證明,資訊儲存服務提供者至遲應於轉送回復通知之次日起14個工作日內,回復被移除或使他人無法進入之內容或相關資訊。但無法回復者,應事先告知使用者,或提供其他適當方式供使用者回復。

第90-10條

有下列情形之一者,網路服務提供者對涉有侵權之使用者,不負賠償責任:

一、依第90條之6至第90條之8之規定,移除或使他人無法進入該涉有侵權之內容

　　或相關資訊。

二、知悉使用者所為涉有侵權情事後，善意移除或使他人無法進入該涉有侵權之
　　內容或相關資訊。

第90-11條

　　因故意或過失，向網路服務提供者提出不實通知或回復通知，致使用者、著作權
人、製版權人或網路服務提供者受有損害者，負損害賠償責任。

第90-12條

　　第90條之4聯繫窗口之公告、第90條之6至第90條之9之通知、回復通知內容、應記
載事項、補正及其他應遵行事項之辦法，由主管機關定之。

第七章　罰則

第91條

　　擅自以重製之方法侵害他人之著作財產權者，處3年以下有期徒刑、拘役，或科或
併科新臺幣75萬元以下罰金。

　　意圖銷售或出租而擅自以重製之方法侵害他人之著作財產權者，處6月以上5年以
下有期徒刑，得併科新臺幣20萬元以上200萬元以下罰金。

　　著作僅供個人參考或合理使用者，不構成著作權侵害。

第91-1條

　　擅自以移轉所有權之方法散布著作原件或其重製物而侵害他人之著作財產權者，
處三年以下有期徒刑、拘役，或科或併科新臺幣50萬元以下罰金。

　　明知係侵害著作財產權之重製物而散布或意圖散布而公開陳列或持有者，處3年以
下有期徒刑，得併科新臺幣7萬元以上75萬元以下罰金。

　　犯前項之罪，經供出其物品來源，因而破獲者，得減輕其刑。

第92條

　　擅自以公開口述、公開播送、公開上映、公開演出、公開傳輸、公開展示、改
作、編輯、出租之方法侵害他人之著作財產權者，處3年以下有期徒刑、拘役、或
科或併科新臺幣75萬元以下罰金。

第93條

　　有下列情形之一者，處2年以下有期徒刑、拘役，或科或併科新臺幣50萬元以下罰

金：

一、侵害第15條至第17條規定之著作人格權者。

二、違反第70條規定者。

三、以第87條第1項第1款、第3款、第5款或第6款方法之一侵害他人之著作權者。但第91條之1第2項及第3項規定情形，不在此限。

四、違反第87條第1項第7款或第8款規定者。

第94條（刪除）

第95條

違反第112條規定者，處1年以下有期徒刑、拘役，或科或併科新臺幣2萬元以上25萬元以下罰金。

第96條

違反第59條第2項或第64條規定者，科新臺幣5萬元以下罰金。

第96-1條

有下列情形之一者，處1年以下有期徒刑、拘役，或科或併科新臺幣2萬元以上25萬元以下罰金：

一、違反第80條之1規定者。

二、違反第80條之2第2項規定者。

第96-2條

依本章科罰金時，應審酌犯人之資力及犯罪所得之利益。如所得之利益超過罰金最多額時，得於所得利益之範圍內酌量加重。

第97條（刪除）

第97-1條

事業以公開傳輸之方法，犯第91條、第92條及第93條第4款之罪，經法院判決有罪者，應即停止其行為；如不停止，且經主管機關邀集專家學者及相關業者認定侵害情節重大，嚴重影響著作財產權人權益者，主管機關應限期1個月內改正，屆期不改正者，得命令停業或勒令歇業。

第98條（刪除）

第98-1條（刪除）

第99條

犯第91條至第93條、第95條之罪者，因被害人或其他有告訴權人之聲請，得令將

判決書全部或一部登報，其費用由被告負擔。

第100條

本章之罪，須告訴乃論。但有下列情形之一，就有償提供著作全部原樣利用，致著作財產權人受有新臺幣100萬元以上之損害者，不在此限：

一、犯第91條第2項之罪，其重製物為數位格式。

二、意圖營利犯第91條之1第2項明知係侵害著作財產權之重製物而散布之罪，其散布之重製物為數位格式。

三、犯第92條擅自以公開傳輸之方法侵害他人之著作財產權之罪。

第101條

法人之代表人、法人或自然人之代理人、受雇人或其他從業人員，因執行業務，犯第91條至第93條、第95條至第96條之1之罪者，除依各該條規定處罰其行為人外，對該法人或自然人亦科各該條之罰金。

對前項行為人、法人或自然人之一方告訴或撤回告訴者，其效力及於他方。

第102條

未經認許之外國法人，對於第91條至第93條、第95條至第96條之1之罪，得為告訴或提起自訴。

第103條

司法警察官或司法警察對侵害他人之著作權或製版權，經告訴、告發者，得依法扣押其侵害物，並移送偵辦。

第104條（刪除）

第八章　附則

第105條

依本法申請強制授權、製版權登記、製版權讓與登記、製版權信託登記、調解、查閱製版權登記或請求發給謄本者，應繳納規費。

前項收費基準，由主管機關定之。

第106條

著作完成於中華民國81年6月10日本法修正施行前，且合於中華民國87年1月21日修正施行前本法第106條至第109條規定之一者，除本章另有規定外，適用本法。

著作完成於中華民國81年6月10日本法修正施行後者，適用本法。

第106-1條

著作完成於世界貿易組織協定在中華民國管轄區域內生效日之前,未依歷次本法規定取得著作權而依本法所定著作財產權期間計算仍在存續中者,除本章另有規定外,適用本法。但外國人著作在其源流國保護期間已屆滿者,不適用之。

前項但書所稱源流國依西元1971年保護文學與藝術著作之伯恩公約第5條規定決定之。

第106-2條

依前條規定受保護之著作,其利用人於世界貿易組織協定在中華民國管轄區域內生效日之前,已著手利用該著作或為利用該著作已進行重大投資者,除本章另有規定外,自該生效日起2年內,得繼續利用,不適用第六章及第七章規定。

自中華民國92年6月6日本法修正施行起,利用人依前項規定利用著作者,除出租或出借之情形外,應對被利用著作之著作財產權人支付該著作一般經自由磋商所應支付合理之使用報酬。

依前條規定受保護之著作,利用人未經授權所完成之重製物,自本法修正公布1年後,不得再行銷售。但仍得出租或出借。

利用依前條規定受保護之著作另行創作之著作重製物,不適用前項規定。但除合於第44條至第65條規定外,應對被利用著作之著作財產權人支付該著作一般經自由磋商所應支付合理之使用報酬。

第106-3條

於世界貿易組織協定在中華民國管轄區域內生效日之前,就第106條之1著作改作完成之衍生著作,且受歷次本法保護者,於該生效日以後,得繼續利用,不適用第六章及第七章規定。

自中華民國92年6月6日本法修正施行起,利用人依前項規定利用著作者,應對原著作之著作財產權人支付該著作一般經自由磋商所應支付合理之使用報酬。

前二項規定,對衍生著作之保護,不生影響。

第107條至第109條(刪除)

第110條

第13條規定,於中華民國81年6月10日本法修正施行前已完成註冊之著作,不適用之。

第111條

有下列情形之一者，第11條及第12條規定，不適用之：

一、依中華民國81年6月10日修正施行前本法第10條及第11條規定取得著作權者。

二、依中華民國87年1月21日修正施行前本法第11條及第12條規定取得著作權者。

第112條

中華民國81年6月10日本法修正施行前，翻譯受中華民國81年6月10日修正施行前本法保護之外國人著作，如未經其著作權人同意者，於中華民國81年6月10日本法修正施行後，除合於第44條至第65條規定者外，不得再重製。

前項翻譯之重製物，於中華民國81年6月10日本法修正施行滿2年後，不得再行銷售。

第113條

自中華民國92年6月6日本法修正施行前取得之製版權，依本法所定權利期間計算仍在存續中者，適用本法規定。

第114條（刪除）

第115條

本國與外國之團體或機構互訂保護著作權之協議，經行政院核准者，視為第4條所稱協定。

第115-1條

製版權登記簿、註冊簿或製版物樣本，應提供民眾閱覽抄錄。

中華民國87年1月21日本法修正施行前之著作權註冊簿、登記簿或著作樣本，得提供民眾閱覽抄錄。

第115-2條

法院為處理著作權訴訟案件，得設立專業法庭或指定專人辦理。

著作權訴訟案件，法院應以判決書正本一份送著作權專責機關。

第116條（刪除）

第117條

本法除中華民國87年1月21日修正公布之第106條之1至第106條之3規定，自世界貿易組織協定在中華民國管轄區域內生效日起施行，95年5月30日修正公布條文，自95年7月1日施行，及111年4月15日修正之條文，其施行日期由行政院定之外，自公布日施行。

國家圖書館出版品預行編目資料

著作權法：案例式／林洲富著. -- 六版.
-- 臺北市：五南圖書出版股份有限公司,
2023.08
面；　公分
ISBN 978-626-366-448-7（平裝）

1.CST: 著作權法　2.CST: 判例解釋例

588.34　　　　　　　　112012949

1S24

著作權法—案例式

作　　　者 ― 林洲富（134.2）

發 行 人 ― 楊榮川

總 經 理 ― 楊士清

總 編 輯 ― 楊秀麗

副總編輯 ― 劉靜芬

責任編輯 ― 林佳瑩、許鈺梅

封面設計 ― 姚孝慈

出 版 者 ― 五南圖書出版股份有限公司

地　　　址：106台北市大安區和平東路二段339號4樓

電　　　話：(02)2705-5066　傳　　真：(02)2706-6100

網　　　址：https://www.wunan.com.tw

電子郵件：wunan@wunan.com.tw

劃撥帳號：01068953

戶　　　名：五南圖書出版股份有限公司司

法律顧問　林勝安律師

出版日期　2008年10月初版一刷
　　　　　2011年 7 月二版一刷
　　　　　2016年 3 月三版一刷
　　　　　2017年 8 月四版一刷
　　　　　2020年 6 月五版一刷
　　　　　2023年 8 月六版一刷

定　　　價　新臺幣450元

經典永恆・名著常在

五十週年的獻禮——經典名著文庫

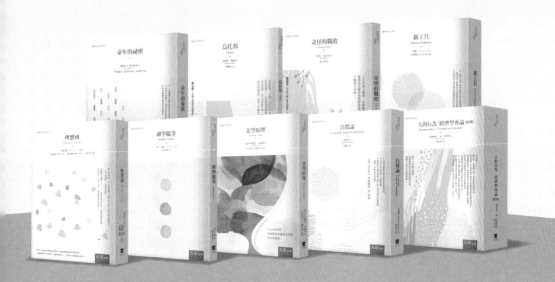

五南，五十年了，半個世紀，人生旅程的一大半，走過來了。

思索著，邁向百年的未來歷程，能為知識界、文化學術界作些什麼？

在速食文化的生態下，有什麼值得讓人雋永品味的？

歷代經典・當今名著，經過時間的洗禮，千錘百鍊，流傳至今，光芒耀人；

不僅使我們能領悟前人的智慧，同時也增深加廣我們思考的深度與視野。

我們決心投入巨資，有計畫的系統梳選，成立「經典名著文庫」，

希望收入古今中外思想性的、充滿睿智與獨見的經典、名著。

這是一項理想性的、永續性的巨大出版工程。

不在意讀者的眾寡，只考慮它的學術價值，力求完整展現先哲思想的軌跡；

為知識界開啟一片智慧之窗，營造一座百花綻放的世界文明公園，

任君遨遊、取菁吸蜜、嘉惠學子！